本书为2019年山东省社会科学普及应用研究项目

明代衡藩及人文传承

朱猷武　王俊芳　谢金勇　著

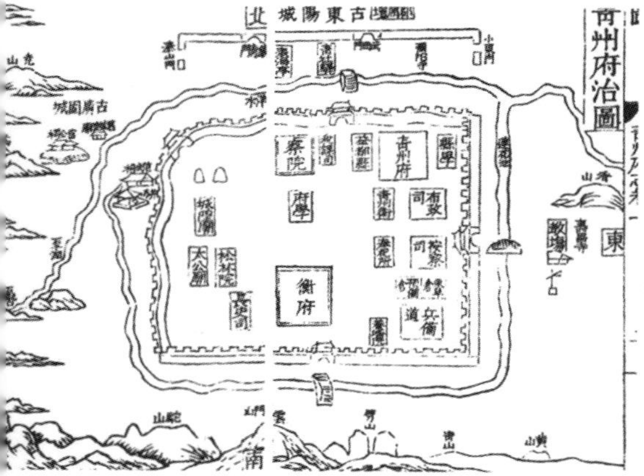

齊魯書社

图书在版编目（CIP）数据

明代衡藩及人文传承 / 朱猷武，王俊芳，谢金勇著. -- 济南：齐鲁书社，2021.8
ISBN 978-7-5333-4482-5

Ⅰ. ①明… Ⅱ. ①朱… ②王… ③谢… Ⅲ. ①分封制-研究-中国-明代 Ⅳ. ①D691.4

中国版本图书馆CIP数据核字（2021）第152630号

责任编辑：贺 伟
责任校对：王其宝 赵自环
装帧设计：赵萌萌

明代衡藩及人文传承

MINGDAI HENGFAN JI RENWEN CHUANCHENG

朱猷武 王俊芳 谢金勇 著

主管单位	山东出版传媒股份有限公司
出版发行	齊魯書社
社　　址	济南市英雄山路189号
邮　　编	250002
网　　址	www.qlss.com.cn
电子邮箱	qilupress@126.com
营销中心	（0531）82098521 82098519 82098517
印　　刷	日照日报印务中心
开　　本	880mm×1230mm 1/32
印　　张	8.25
插　　页	8
字　　数	215千
版　　次	2021年8月第1版
印　　次	2021年8月第1次印刷
标准书号	ISBN 978-7-5333-4482-5
定　　价	38.00元

朱元璋

明朝南京都城分布示意图

朱　棣

皇帝	庙号	年号
朱棣	成祖	永乐
朱高炽	仁宗	洪熙
朱瞻基	宣宗	宣德
朱祁镇	英宗	正统 / 天顺
朱祁钰	代宗	景泰
朱见深	宪宗	成化
朱祐樘	孝宗	弘治
朱厚照	武宗	正德
朱厚熜	世宗	嘉靖
朱载垕	穆宗	隆庆
朱翊钧	神宗	万历
朱常洛	光宗	泰昌
朱由校	熹宗	天启
朱由检	思宗	崇祯

明代皇位传承表

辈分字

高瞻祁见祐，厚载翊常由，

慈和怡伯仲，简靖迪先猷

（说明：朱棣称帝后，据太祖朱元璋钦定的“高瞻祁见祐，厚载翊常由，慈和怡伯仲，简靖迪先猷”二十个辈分字起名。起名时取双名，双名中的前一个字依太祖所定，后一个字须以五行为偏旁，按“木、火、土、金、水”相生的顺序而取。表中颜色与五行的相应颜色对应）

朱见深

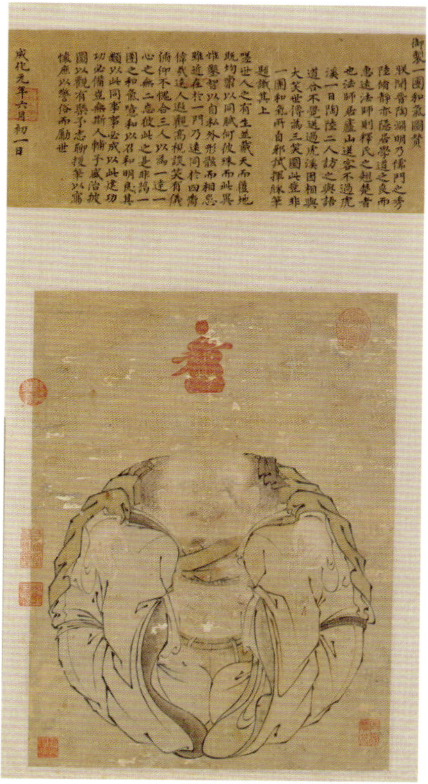
御製一團和氣圖贊
朕聞晉陶淵明乃儒門之秀
陸脩靜亦隱居學道之良而
慧遠法師則釋氏之翹楚者
也法師居廬山送客不過虎
溪一日陶陸二人訪之與語
道合不覺送過虎溪因相與
大笑世傳爲三笑圖此豈非
一團和氣所自邪試揮絲筆
題識其上
嗟世人之有生並戴天而履地
既均禀以同賦何彼殊而此異
惟鑿智以自私外形骸而相忌
雖近在於一門乃遠間於四裔
偉哉達人遐觀高視談笑有儀
俯仰不愧合三人以爲一達一
心之無二忘彼此之是非藹一
團之和氣噫和以召和明良其
類以此同事事必成以此建功
功必備豈無斯人輔予盛治披
圖以觀有槩予志聊援筆以寫
懷庶以警俗而勵世
成化元年六月初一日

一团和气

朱祐樘

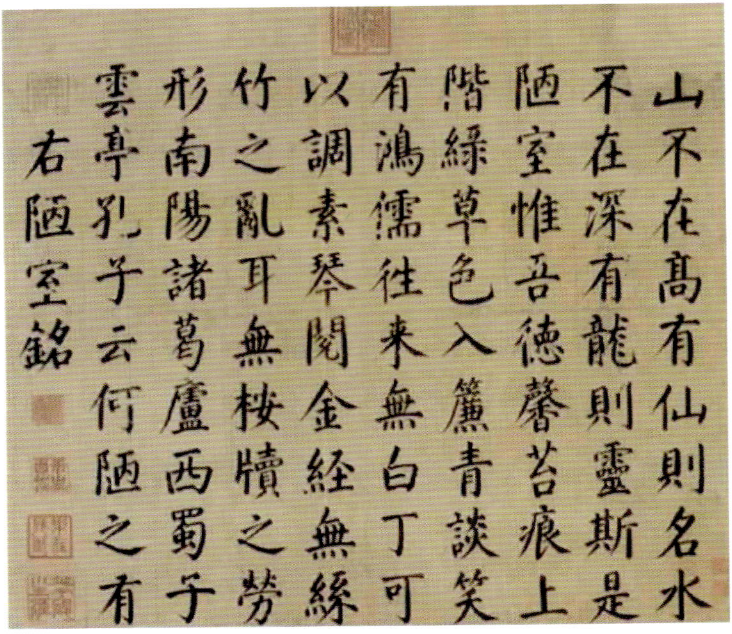
山不在高有仙則名水
不在深有龍則靈斯是
陋室惟吾德馨苔痕上
階緑草色入簾青談笑
有鴻儒往来無白丁可
以調素琴閱金経無絲
竹之亂耳無案牘之勞
形南陽諸葛廬西蜀子
雲亭孔子云何陋之有
右陋室銘

衡王书作

衡府石坊

衡府石坊横匾“孝友宽仁”

衡府石坊横匾“大雅不群”

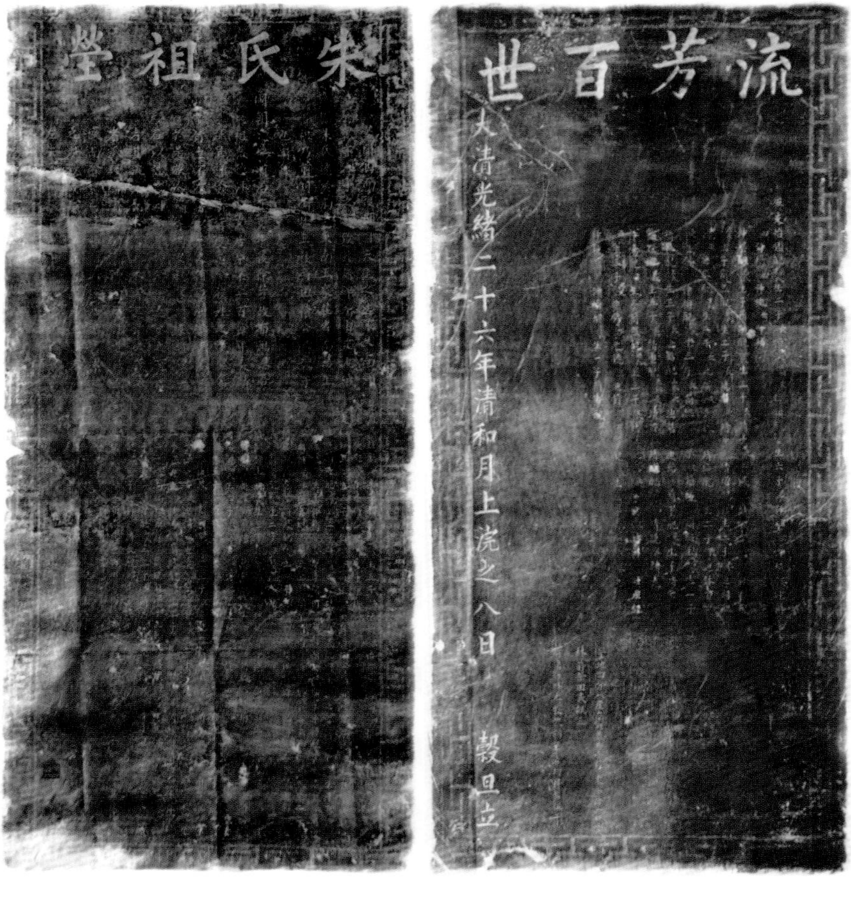

新王庄朱氏碑文

序

孙敬明

按之典籍，爰征考古，惟吾中华史前时期，氏族厕域，部落分区，畛畦厘然。帝尧仁神，“百姓昭明，合和万国”①。夏商肇封疆列土之名，西周行册命诸侯之实。甲骨文有“天”字，孔夫子立言“天下”之名实，观之天下“封藩”之制，滥觞于三代，而迄止于明季矣。“封”者植树木、颁命析符；“藩”者分疆界、屏障版图。“封”之字最早见于山东莒县陵阳河大汶口文化遗址出土之陶文，“藩”字后出，而“封藩”之制度，惟汉、晋与明者，堪称典型。以维国之大体、系祚运宗法矣。

《史记》引《尚书·禹贡》云：“海岱维青州，堣夷既略，潍、淄其道……浮于汶，通于济。”② 海岱虚危息壤，厚土承载万物，夏代夷姒毗邻，后羿寒浞，浇伐斟鄩，帝杼东征至于平寿。商周国族林立，亚醜逢蒙，杞诸莱莒，纪谮齐哀。秦汉郡国，魏晋羯鼓，隋唐胡烟，宋辽铁马，金元兵燹，大明一统，建都石城，封建子

① 〔汉〕司马迁：《史记·五帝本纪》，中华书局1982年版，第15页。

② 〔汉〕司马迁：《史记·夏本纪》，中华书局1982年版，第55页。

孙，郡国并行。

朱明定鼎，封藩海岱，青州为王，初齐再汉，不代式微。赓续者衡藩，王宫府邸建于益都；面山背海，左挽弥潍，右襟河济，膏腴广壤，山海鱼盐，物阜民丰；且为贯通省辕登莱、远涉辽东海外，南下徐淮、北锁海疆之军事重镇。先秦乃临淄阙下，汉代则富巨长安，东晋为南燕之都；洎明太祖择次封藩，延建屏捍，乃其北方军事战略防守格局之宏猷。

裂土封疆，王室郡国，溥天之下，莫非王土，率土之滨，莫非王臣。衡藩凡六世七王，贵胄瓜瓞，绵延百四十余秋。子子孙孙，瑶林琼树，支封亚建，星罗海岱。衡府王公有鉴前代齐、汉及诸封藩行状，故得崇皇室、守王法、重礼乐、习孔孟、明尊卑、行忠孝，屏捍京师而龙蟠海岱；宗先贤、绪文脉，富藏书、擅音乐、舞翰墨、钟丹青，帝德沾溉则源远流长。

海岱景物，齐鲁文明，衡府植根沃土，其生也繁，其运也昌；而地方士族庶民，对皇室裔胄，京师人文，天下英彦，莫不仰望，宗法效仿；王子王孙，冠盖风流，礼贤下士，诗酒樽彝，姻娅婚媾，堪能影响地方。凡此双方碰撞，遂使文化激荡，浸润吸纳，播扬兼容，滋生曼妙，推进区域文明之升华。类其特征，则于封建、民族、习俗、饮食、教化、宗教、城防、园囿、明堂、庙坛、街坊、里巷、碑表、桥梁、津渡与书画艺术、戏曲舞蹈、丝竹檀板、武术竞技、民间故事、俚语巷言诸种而裨益良多焉！

诸如民间信仰，泰山碧霞元君崇拜，始宋洎明，臻极兴盛。泰山“香税除上缴国库外，主要用于布政司公务、修建庙宇、修筑城墙、协助科场、支山场公务、补里甲差银、补德鲁衡三王府禄米、襄助河工、济助军饷等方面”①。明崇祯二年（1629）“时泰山香社

① 周郢：《碧霞纪历》，泰山碧霞祠刊行 2020 年版，上册第 18 页。

不仅盛于民间，而且渐及山东境内各藩府。本年封藩青州的衡王之第三女及宫媵李氏、宫人刘氏，邵陵王府宫人王氏、侍长李氏，平度宫懿王妃杨氏，齐东王府许氏等各府宫眷结社诣泰山进香，并立《衡府进香酬神建醮施财碑记》碑于万仙楼”①。由此可见衡府及其支系，不仅男性封建统辖于王府，而且各支系宫眷亦是听命于衡府后宫之提领，相协一体共襄社会宗教活动。

复如小说笔札，周郢《衡王宫李姑墓志林四娘》曰：“由于明清鼎革，有关衡王府的文献资料大都散佚。而今与衡宫旧史有密切关系的一方刻石——《李姑墓志》重出九原，可藉以重考这一藩府旧事……‘清郡衡王以李氏世为名阀，乃委禽焉。问名纳币，一如礼。天启乙丑（1625），年二十，聘为衡世子妃。丁卯（1627），衡王薨，衡世子立，册立为王妃。宫壶雍穆，小星颂德。戊辰（1628），衡世子薨，其弟立，出居别所，备宫妾、宦监，隆其敬养。崇祯甲申（1644），逆闯射天，妃闻变，尝以死自誓。无何，东兵入，尽诛贼党，及□兴有命，徙诸王及眷属入京。妃因聚衣饰器用悉焚之，自制衣衾殓具毕，嘱宫妾曰：我死，方下殓，倘再生，必杀汝矣。遂以赤缣自缢于殿中，去地丈余。’……林四娘在历史上颇负盛名，清人蒲松龄《聊斋志异》、王渔洋《池北偶谈》、陈维崧《妇人集》及曹雪芹《红楼梦》都有关于其人的记叙……这方《李姑墓志》，不但印证了上述林四娘故事的诸多本事，其对了解林四娘故事的产生与变化，也有新的启示……林四娘故事的出现，为古青州、为衡王府增添了一段动人的色彩。”② 由墓志所载，

---

① 周郢：《碧霞纪历》，泰山碧霞祠刊行 2020 年版，上册第 65 页。

② 周郢：《衡王宫李姑墓志林四娘》，载《潍坊文化三百年》，文化艺术出版社 2006 年版，第 213-216 页。敬明按：《李姑墓志》十数年前出土于莱芜凤城办事处西泉村，藏莱芜博物馆。

李氏于天启丁卯（1627）册立为衡王妃，泰山《衡府进香酬神建醮施财碑记》载，崇祯二年（1629）衡王第三女及宫媵李氏等结社诣泰山进香。此李氏与衡王妃李氏，极有可能为同母家，甚或姊妹行也。

传清益都李文藻著《齐藩录》已佚，不及见；日前庄明军、李宝垒与崔照忠合作《海岱雄藩衡王府》初付剞劂，未曾读。如今潍坊学院朱猷武教授，乃明皇室裔胄，其世次之"猷"，为明初太祖钦定，赐诸皇子各廿字为辈分世次，以往复循环，子子孙孙永保用之，如孔门辈分然，此皆世家名门之风也。朱教授谙于政治历史学术，学海弄舟研讨有年而成就斐然。近数载感念衡府系于海岱区域政治历史文化，意义重大。故立心继绝，与良朋同仁合撰《明代衡藩及人文传承》一书。

衡府间罹明清鼎革，覆巢之灾，不堪回首。如清初衡藩王孙朱和睦《青州怀古》诗云："桐叶当年锡此州，荒台古瓦晚烟收。王孙去后多芳草，宫监归来尽白头。关设穆陵山北拱，城空广固水东流。于今寰海歌安宅，雨露欣沾四十秋。"① 当时子孙离散，奔窜播迁，遍布海岱，间涉徐淮，而今迭历近四百年之沧桑烟云，探索研讨洵非易事。朱教授偕同仁兼年阅岁，辛劳不辞，为著书立说访学天下，旁搜远绍，按之本元、追逐源流。躬亲乡邦调查，以文献、文物、口碑、家乘、谱牒，相与重证。故能拾遗补缺，剔抉幽微，揭櫫大道，撰述成章，如提纲张网，厘然分明。大著凡四章，曰：血统根：明代衡藩历史溯源；曰：谱系树：衡王府及主要支系；曰：毓秀土：地方文化与衡藩的互动；曰：文化果：文化衡藩与精神传承。章孳十三节，通篇一二十万言。

荷承雅意，蒙朱猷武屈驾知松堂，惠示巨著，余幸得拜读鸿

① 〔清〕邱琮玉：《青社琐记》，青州博物馆藏民国稿本。

篇，初识崖略。掩卷凝思：凡此史家笔法，爰征考古，新修一地、一区、一封藩之历史，树立典型，其意义非比寻常。

窃以为盛世修史，可以之记录文化演进，此亦本书编撰之由。本书凭课题之依托，经由实地调研及对文献资料挖掘、整理而成基础，加之对前人研究之借鉴，终而成书。本书从布局谋篇及内容表述、从文献整理及史料挖掘、从分析推理及史实考证，无不表现出严谨之态度与翔实之求证，其中亦不乏诸多创新及于史料之补正，更有甚者填补历史之空白。

一者，本书着力于“合”，探讨明衡藩文化与中国传统文化之交融。本书虽云明之衡藩文化，然不惜笔墨于其与中国传统文化尤海岱文化之互动，借以管窥中华文明之开放包容，呈以小见大之特点。本书既有梳理明衡藩文化及人文传承之意向，又重视其融合之态势，尤以与中国传统之文化、海岱与齐鲁地方之文化之融合与互动，与民间乡俗之文化之融合与互动，与名人之文化之融合与互动等，探究颇为系统，以期从作为文化传承之经线与文化交流之纬线之交点，观中华文明之博大。

再者，本书布线于“文”，研究明衡藩文化之史料且有发掘之贡献。本书以挖掘整理明衡藩后裔传承之脉络为依托，秉承文献整理与田野调查相结合，尤重一手资料之挖掘与利用。比较、综合、分析方志与时人著述等资料，与明衡藩后裔反复交流，入村找庙、入庙找碑，集可观之口述及坊间之家谱、碑文等，获取抢救性发掘之珍贵史料，亦为后人研究提供难能可贵之参考。

三者，本书还史于“真”，甄别明衡藩文化传承微观史料之真伪。本书以田野调查、民间访谈之途径，获取前人未发现之丰厚史料，且以综合分析、比较研判、逻辑推理等方式，对诸多口述、史传加以考订、梳理，甄别虚实真伪。诸如对临朐县志辛寨卷记载“平度王事件”之研究、明衡藩支脉后裔传承谱系之建构、明衡藩平度王讳常湍之五子由椟公之考证认定、明“丁亥之变”流亡他乡衡藩支脉后裔之分布等，无一不呈现著者学养之厚重、学风之严谨，亦为史实之趋真有独到之贡献。

凡此皇皇巨制，补史征史，功在学林，厥功至伟，故祷之祝之，欣欣然而为之序焉！

岁次庚子季届孟冬瑞雪初降于潍水之湄白浪河干海岱复盦

（孙敬明，字鉴泉，号辰生。为中国先秦史学会常务理事，中国殷商文化学会理事，中国钱币学理事会学术委员会委员，山东省社会科学专家库成员，山东省文物专家委员会委员，山东省文物鉴定委员会委员，山东大学、山东师范大学、烟台大学兼职教授及研究生导师，山东省博物馆特聘研究员、潍坊市博物馆特聘研究员。）

前　言

一

文化是人类历史发展的符号印记，是国家和民族的根脉、血脉和命脉，是人类心灵栖息的家园，体现和展示着一个国家、民族以及每个个体的生命力。在人类文明史上，中华文化特有的理念、智慧、气度、神韵，使中华民族内心深处充满了高度的自信和无比的自豪。诚然，传统文化涵盖了一个民族的整体生活方式和价值系统，是一个民族内部认同的核心理念，是民族之根、文化之源。社会主义核心价值观体系，即深深根植于中华传统文化的沃土之中，没有中华传统文化之根，就没有中国民族精神之源。

中华文化的内涵、精神不是孤立的、抽象的，它不分高低贵贱，不论帝王将相、王公贵胄或平民百姓，存在于华夏历史的肌肤和血液中，浸润于中华儿女的日常生活和精神世界里，薪火相传导引着社会的发展进步，并为全人类提供了宝贵的思想文化资源，成为人类历史上不可或缺的重要文明。弘扬中华优秀的传统文化，传承中华悠久的精神文明，首先要充分挖掘中华传统文化精华，以坚守中华文化根本，揭橥中华文化基因，增强中华文化认同，铸牢中华民族共同体意识。

二

明代是中国封建社会后期的一个重要朝代。明王朝的缔造者朱元璋为保江山永固，分封建藩，奠定了明代宗藩①制度的基础。有明一代，皇子受封为亲王的共有62人，其中50个建立了王府，大都世代相沿、支系繁多，除长子袭承王位外，支子、庶孙皆封为郡王、镇国将军、镇国中尉等。仅今天山东一省，即先后在四个地区建立了藩王府——济南德王府，青州齐王府、汉王府、衡王府，沂州泾王府和兖州鲁王府。宗藩制度成为明代政治、经济、军事、文化、社会生活的组成部分，对明代的社会历史产生了重要影响。

青州为中国古九州之一，历史悠久、文化底蕴深厚，南通淮沂、北接燕冀，具有重要的战略地位，明朝时期仍为山东地区的政治、交通、经济、文化中心之一。青州是东夷文化的发源地，从后李文化、北辛文化、大汶口文化，到龙山文化、岳石文化，文脉源远流长，前后相继、传承有序，儒、释、道兼容并包，堪称海岱文化、齐鲁文化重镇。明朝先后有三位宗室亲王分藩在此地，即齐王朱榑、汉王朱高煦和衡王朱祐楎。其中衡王爵位世袭，共传六世七人，故称“六代七王”。弘治八年至十二年（1495—1499），衡王府建成，朱祐楎就藩，开启了“海岱雄藩”衡王府的历史。明宗藩扎根齐鲁大地，皇室威仪、王藩文化与礼乐文明、区域文化交相辉映、汇聚融合，以青州为中心的中华文化园区中，生长出了一朵瑰丽奇葩——明衡藩文化。

---

① “宗藩”有广义和狭义之分。广义而言，宗藩涉及国内皇帝与宗室成员、功臣贵戚等实力集团的关系以及古代史上中国与周边国家之间特殊的传统关系；狭义的宗藩主要是指除太子之外的，与皇帝有血缘关系的宗室及其后代。本著作主要取“宗藩”狭义之义。

三

本著作是山东省社会科学普及应用研究项目“明代衡藩人文传承研究”的最终成果，着重从学术价值和文化意义两个层面，探究明代衡藩文化与齐鲁区域文化的互动融合，描述并解释明代衡藩的文化内涵和精神传承。

学术层面。明代宗藩制度的起始与演变，对明朝政治、经济、军事及社会生活都有着重大的影响，它与明王朝相始终，是明代政治史和生活史的重要内容，是理解和研究明代历史的重要切入点。本著作前两章以历史学研究方法为主，探究明代宗藩的制度安排、藩王的政治地位与角色、藩王的生存状态与社会活动，并着重对明衡藩的历史演进和承袭脉络进行了系统梳理、考察与分析。第一章“血统根：明代衡藩历史溯源”，从封藩制的起源与发展、朱元璋赐辈字与分藩封王、明成祖朱棣和明宪宗朱见深对衡藩的影响等方面，对明代衡藩的血统进行了追根溯源。第二章“谱系树：衡王府及主要支系”，依据衡王支系家谱，概述了衡王府王室更替、家族兴衰的历史，梳理了衡王主要支系的繁衍传承，分析了明代衡藩与中央及地方的关系、藩王的权利、宗藩内部的生活状态、明代衡藩的地位和作用。这两部分对于了解宗藩制对明王朝及青州、山东地方社会的影响提供了史料支持，也为本著作后两章探讨衡藩与地方经济和地方社会的互动关系，揭示明代衡藩文化的内涵、精神和时代价值奠定了基础。

文化层面。明代王室宗藩是庞大的、特殊的集团阶层，在政治上、经济上对明代社会产生了重大影响，他们不仕不农的悠闲优渥生活，使其具备了良好的从事文化活动的环境和条件。本著作后两章主要运用历史学、文化学、社会学、民俗学等研究方法，通过史料分析、文献整理、谱牒考据、实地勘察、数据统计，对明衡藩文化进行回顾、总结和阐释。第三章“毓秀土：地方文化与衡藩的互动”，论述了明衡藩受封青州之后，由“外来者”到“世居者”的角色转换和身份嬗变，讨论了齐鲁大地，尤其是青州的文脉传承，如何成为滋润衡藩文化的养分，着重分析了衡王府成为当地的文化中心之后，衡藩文化与地方文化互动融合，给齐鲁文化注入了新鲜血液。第四章“文化果：文化衡藩与精神传承”，通过对传世文献的解读、文化残片的补缀以及对历史痕迹中那些沉睡的、被遗忘的精神余沥的追寻和唤醒，描述了明代衡藩及其支系后裔的价值取向、文化品位、审美情趣，对其文化遗产进行了挖掘、整理和甄别，揭示其对本土文化的影响和示范意义，并探讨了衡藩文化及其精神内核的现代价值。

研究探讨明代衡藩文化的内涵和精神传承，兼具学术价值与现实意义。明代衡藩绵延不断的家国情怀、忠孝家风、仁爱之心、兼容之德、修为之境，传递着俯仰天地的担当意识、修齐治平的进取精神、孝悌忠信的道德理念、仁礼并重的处世哲学、尚德向善的价值判断和自省自律的行为方式，成为齐鲁大地精神文明的文脉基因和中华民族生命力、创造力和凝聚力不竭的泉源，也灌溉和滋养着当代国人的心田。

目　录

第一章

血统根：明代衡藩历史溯源

衡藩，顾名思义，是分封为衡王的藩国。在明代，出于加强皇权及巩固边防等目的，从朱元璋开始，大封朱姓藩王，衡王即明朝分封到古青州之地的藩王。所以，衡藩的血统自然属于明代皇室血统。在追溯衡藩血统的过程中，我们需要寻求并阐明其间的关键要素和关键人物，如封藩制的起源、发展与明代传承，朱元璋是如何进行赐辈与分封的；明太祖朱元璋、明成祖朱棣、明宪宗朱见深等皇帝的作为及其对衡藩的影响。从这一系列要素中，一窥衡藩的皇室渊源及传承脉络。

一、封藩制的渊源

明代的封藩制是中国古代藩属制度的重要组成部分。而藩属制度则是中国古代国家政体的重要内容之一，其初设目的都是捍卫王朝的安全。可以说，从周初直到清末，藩属制度的实质和作用基本"没有根本性的变化"①，但在各朝各代的表达方式有所差异。

---

① 黄松筠：《中国古代藩属制度五个阶段的基本特征》，《社会科学战线》2007 年第 6 期，第 156 页。

（一）藩属制度

藩属制度由来已久。中国长期以来，统一是历史的大趋势，但分裂势力也不断地挑起矛盾，因此以拱卫王室为主要目的之分封这面旗帜一直被打到封建制度的灭亡。①

藩属制度最初表现为分封制。古人在相当长的时期里，将分封制的起源推至天地初生之时（或者说上古传说时代），先秦诸多文献中就有分封万国的说法，比如《尚书·尧典》（阮元校刻《十三经注疏》，中华书局1980年版）载有“百姓昭明，协和万邦”的说法，《墨子集诂·非攻（下）》（王焕镳撰，上海古籍出版社2005年版）中也说：“古者天子之始封诸侯也，万有余。”在司马迁那里，分封制大约起源于五帝时期，柳宗元则认为这一制度是由古人所处时期的情势决定的，其《封建论》（《柳宗元集》卷三，中华书局1979年版）有言：“彼封建者，更古圣王尧、舜、禹、汤、文、武而莫能去之。盖非不欲去之也，势不可也……封建，非圣人意也……德又大者，诸侯之列又就而听命焉，以安其封。”显然，言外之意是这一制度起源于黄帝及尧舜禹时代。而宋元之际的马端临则对这一观点持怀疑态度，他认为传说时代的分封制度无从考据，可以归为荒渺古事，分封制应起始于商代。

受种种看法影响，今天仍有少数学者相信分封制起源于原始社会时期，但更多的学者认为其应起源于虞夏时期。关于分封制的形成时间，当今学者中绝大多数人认为形成于殷商时期，但也有学者坚持形成于周王朝时期。② 但一般认为，中国古代藩属制度于周代

---

① 朱诚如：《明代的封藩与清代封爵制之比较研究》，《清代王府及王府文化国际学术研讨会论文集》，文化艺术出版社2006年版，第224页。

② 李雪山、韩燕彪：《分封制起源与形成问题研究综述》，《中国史研究动态》2018年第2期，第16页。

得以形成、汉代得以确立、唐代得以创新，到明代进入强化时期，清代则是其完备阶段。藩属制度在各阶段有不同的特征。

西周的封国以及“服国”，与两汉以后的藩国、属国有着大致相似的性质，都属于国家政体的范畴。西周时期的封国作为周王朝在边陲的政权机关，与周王朝在王畿地区的地方政权机关，构成了周朝地方政权的两类不同形式。两汉以后，藩属实体作为王朝中央在边陲的最高政权机关，与中央王朝在内地的最高政权机关郡（以及后来的州、道、省等），是历代王朝在地方上的最高一级政权机关的两类不同构成形式。从西周封国建立的预期目的来看，统治集团在边陲地区建立封国，是拿所封之国作为藩卫王室的屏障，即所谓“以蕃屏周”“以亲屏周”①。两汉以来历代王朝推行的藩属制度，无不把拱卫中央王室作为预期目标和初衷。后来的实际效果也许与这一初衷出现或大或小的偏差，但是，可以确定的是，从西周的“以蕃屏周”到明清时代的“控驭抚绥，以固邦翰”②，其预期目的可谓一以贯之。③

（二）明朝封藩制

明王朝沿袭了明朝之前已经比较规范的分封制。明初，在边疆之藩王可以主持地方军务，以九大“攘夷塞王”为核心，形成了著名的“九边重镇”，牢固地藩屏帝室。但靖难之役后，出于进一步强化中央集权的需要，规定藩王不得干涉地方军政事务，不得擅自离开封地，不得结交地方官员。最终形成了“有明诸藩，分封而不锡（赐）土，列爵而不临民，食禄而不治事”、世袭罔替的模式。

---

① 〔春秋〕左丘明：《左传·僖公二十四年》，上海古籍出版社 1997 年版。

② 赵尔巽：《清史稿》，中华书局 2003 年版。

③ 黄松筠：《中国古代藩属制度五个阶段的基本特征》，《社会科学战线》2007 年第 6 期，第 156 页。

明初，朱元璋实行分封制，大封诸王，“藩屏帝室”是其分封的终极意图。① 出身贫寒的朱元璋，把皇权看得极重，为了保持朱家天下的长久统治，登基以后大行分封。朱元璋自认为其处境与汉高祖刘邦有许多相似之处，所以在政制方面，也是处处模仿，如杀功臣、徙富户、建都城等，其中最重要的一项就是大封诸王。

图 1-1　朱元璋像

分封同姓诸王，是维护稳定的需要。朱元璋登基之初，蒙古势力仍然对明朝政权存在威胁，功臣宿将手中的军权也是对政权的威胁。并且，为了配合废除丞相制度，防范权臣把持朝政，故而赋予诸王“清君侧”的权力。同时，分封同姓诸王也是从朱氏天下的长治久安来考虑的。和很多皇帝一样，朱元璋也确信诸皇子大都贤明，一旦分封为王，作为藩王的他们一定会尊重皇权，也会尽安抚百姓之责，从而拱卫明朝王室。基于以上这种认识，朱元璋的 26 个儿子中，除太子朱标外，只有一人没被封王。

太祖朱元璋（图 1-1）在与其谋臣总结兴衰经验时，一致认为，宋朝和元朝灭亡的重要原因之一为“主弱臣强”。由于“主弱

---

① 梁曼容：《明代藩王研究》，东北师范大学 2016 年博士论文，第 22 页。

臣强”，所以朝廷需要同姓宗室的保护和防卫，于是他指出分封同姓藩王就是以史为鉴、接受元朝灭亡教训，保证朱明王朝久安之良策：

> 昔者，元失其驭，群雄并起，四方鼎沸，民遭涂炭。朕躬率师徒，以靖大难，皇天眷佑，海宇宁谧，然天下之大，必建藩屏，上卫国家，下安生民。今诸子既长，宜各有爵封，分镇诸国。朕非私其亲，乃遵古先哲王之制，为久安长治之计……先王封建，所以庇民，周行之而久远，秦废之而速亡，汉晋以来，莫不皆然，其间治乱不齐，特顾施为何如尔？要之为长久之计，莫过于此。①

在这样的认识基础上，朱元璋决定建立宗亲藩国，从洪武三年（1370）开始，他分封各位皇子为亲王，并制定了一套严格的封藩制度。这一制度被明朝历代皇帝奉为万世不变的祖训，一直延续至明末。②

的确，封藩也是加强边防的需要。作为由南向北打天下的皇帝，朱元璋对北部蒙古尤其关注，加强北部的防卫，自然是其要政之一。为此，他把多个儿子封在边塞要地，加强对蒙古的防御。《明史》记载说，当时，皇帝非常关注边防，要求所有皇子必须习武、练兵，被分封的诸王也都主管军务。这样，一方面有利于加强边塞的防御力量，另一方面又便于控制握有兵权的边塞大将。这样

---

① 《明太祖实录》卷五十一，洪武三年夏四月辛酉，台北“中研院”历史语言研究所校印，1962 年。

② 朱方生：《明代皇族拟名“派语”》，《寻根》2005 年第 5 期，第 98 页。

一来，明代的藩王权力很大。第一，从地域范围来看，所封地域广大且为要地，一般都统辖数十个城邑。秦、燕、齐、晋、梁、楚，均是如此。第二，从军事上看，诸王都拥有庞大的军队，仅藩王府就拥有两个护卫（每个护卫编制是5600人）。尤其是朱元璋对其抱有厚望的朱权（宁王），竟拥有甲兵8万，革车6000乘。① 在诸王府中，武相地位高于文相（这和中国绝大部分朝代是不同的），王可以节制封国内的镇守军队，可以率领大军出征，只有军中重要事宜才需奏请皇帝。皇帝征调诸王之兵，必须得到藩王允许。第三，从行政权来看，诸王还可以设置官署，节制文武，处理封藩内的军事、民政事宜。第四，从所享礼仪及俸禄等待遇看，各藩王所享受的是天子之下的最高等级。公侯大臣都得对诸王行跪拜之礼，而不敢和诸王平起平坐。诸王的衣帽、旗帜、车舆、宅第仅仅低于天子一级。从俸禄来看，洪武九年（1376）规定诸王岁供5万石，锦40匹，钞25000贯，丝300匹，纱、罗各百匹，绢500匹，冬夏布各千匹，绵2000两，盐200引，茶1000斤。洪武二十八年（1395）开始，减少诸王岁禄，藩王的岁供减为万石。② 可见，明太祖时期各藩王权势很大，这种状况直到朱棣时代才出现改观。朱元璋笃信分封制既可以屏卫中央也可使诸王有所作为，因此，对那些上书言及分封之弊的人不惜施以重刑，可见朱元璋在这一问题上的偏执。

作为中国古代封藩制度的重要组成部分，明朝的封藩在预期目标方面和前朝区别不大，但封藩的具体背景、意图、对待各藩王的态度（尤其是初期）、权力的赐予及限制（尤其是成祖朱棣之后）

---

① 十堰晚报：《370年前，定武帝建都房县抗清》，http://www.10yan.com/2016/1025/370397.shtml

② 朱诚如：《明代的封藩与清代封爵制之比较研究》，《清代王府及王府文化国际学术研讨会论文集》，文化艺术出版社2006年版，第225页。

方面还是具有不少特点的。明初藩王的兵权很大，也能够节制文武，实际上拥有了临民与赐土之权。加上有丰厚的岁禄，又大都扼守军事要地，因此权力很大。“至洪武末年，藩王已集合成一支拥有强大军事力量及相应政治势力的贵族集团——藩王集团。”① 由于封藩这一制度的确立和各藩王的持续扩张，多数藩王拥有重兵，也屡屡奉命出塞，更使得强兵悍卒尽属麾下，军事实力不断扩张。

统治集团内部的斗争错综复杂，而实力的对比，则是决定这种再分配结局的关键所在。一旦实力的原有平衡被打破，统治集团内部的矛盾斗争便会立即升级或者爆发。洪武末年，一度是极端皇权的重要基础的藩王集团，日益不满足既得权力与地位，开始向皇权提出挑战。洪武二十五年（1392），朱允炆被立为皇太孙，引发多方面的矛盾，朱允炆是晚辈，其他藩王都是长辈，在各位长辈藩王面前，朱允炆作为储君处理君臣关系非常棘手。皇权与藩王的矛盾日趋白热化。这引起朱元璋、朱允炆的严重关切，洪武三十一年（1398），朱元璋驾崩，其遗诏特别提到：“诸王临国中，无得至京。王国所在，文武吏士听朝廷节制，惟护卫官军听王。”（《明史纪事本末·削夺诸藩》）朱允炆即位后，迅即将其削藩构想付诸实践。一方面，他再次重申“亲王不得节制文武吏士”，另一方面，以强硬手段削藩。正当建文帝着手解决燕藩问题时，朱棣举起了“靖难”的旗帜，经过三年多的苦战，终于推翻了建文帝，朱棣便成了年号“永乐”的明成祖。

登上皇位以后，朱棣一改以前大肆分封之旧制，着手削藩。因为封藩制度对皇权的威胁，明成祖太清楚了。可以这样说，在靖难之役之前，明代的封藩更多是从藩王能够“拱卫皇室”这一效果出

---

① 周积明：《封藩制与初明军权的转移》，《湖北大学学报（哲学社会科学版）》1986 年第 1 期，第 67 页。

发的，而此后的封藩，则平添了或多或少的“防范”之意——防范藩王威胁皇权。这点一定要高度重视，这样才可以理解后来的“分封而不锡（赐）土”的政策。

朱棣以后的几代皇帝，也加都强对宗藩的监视、约束和限制，并逐渐形成了藩禁制度，目的就是从各方面对各藩王加以裁抑和钳制。如，规定宗藩不得干预兵事和政事，不许入仕做官，也不许从事工商业；两王之间不经奏准不许会见，宗室有出城之禁；藩王就封后，不经特许不得还京，不得与封地的官府交往，甚至连与宗藩联姻的人也不得被选任当高官，藩王不许自立王府的官吏，也不得拒绝由朝廷派来的王府官。甚至还规定，宗室生子，名字也必须向朝廷请求，名义上是由皇帝赐名。等到年长，也不准擅自婚配，必须向朝廷请婚选配。至于各藩王王府的建筑样式、规格、服制等均有繁琐的要求。为约束藩府遵守各种规定，特别是打击冒犯皇权之人，明代在凤阳（朱元璋的故乡）设立了名为“高墙”的特种监狱，专门囚禁那些犯禁的宗藩，在押者常有数百人之多。①

据《明史·诸王传》和《明史·诸王世表》统计，在全国各地，明代共建立了50个藩王府。“在这50个藩王府系中，除去无子除封、因罪夺爵者外，均延续至明朝灭亡。200多年间，共册封亲王289位、靖江王11位，其中9位未就藩即薨，1位死后追尊帝号（兴献王），10位因罪被废，24位至明亡时被起义军所害，或不知所终，未能按明代亲王规制修建陵寝。其余246位亲王、10位靖江王均建有各自的陵寝。”②

---

① 朱诚如：《明代的封藩与清代封爵制之比较研究》，《清代王府及王府文化国际学术研讨会论文集》，文化艺术出版社2006年版，第225-227页。

② 周红梅：《明朝封藩钟祥刍议》，《第十四届明史国际学术研讨会论文集》，云南人民出版社2013年版，第41页。

分封藩王是朱元璋为长治久安而精心部署的政治设计。为了使受封藩王肩负起拱卫王室的政治大任，朱元璋还制定了王府官制，经屡次改革，王官由过去的辅导之臣变为藩王的监视者，朝廷赋予王府官监察藩王及王府的职权，鼓励王官告发，以此来打压藩王；这使得王官虽名为藩王属官，但实际位于藩王之上，导致王官能够“欺凌”藩王。加之后来的“藩禁”政策，藩王的实际权力和初封时期相比有了很大变化。如，藩王的军事权力被逐步解除，藩王在封地内的其他权力也受到了进一步限制，朝廷对藩王的控制更为苛刻。到宣宗时期，诸王交往自由又受到进一步的限制，如求医问药等细琐之事，也得奏请。从成化朝开始，朝廷开始对王亲任官制度，根据宗室爵位高低、亲疏服制远近、任官品秩和为官地点作出较为具体的限定，总体上限定越来越严格，对藩王王亲的限制也比下层宗室更为苛刻。客观说来，藩禁政策、藩王活动空间的限定等都是为了限制藩王权力，最大程度上降低藩王对皇权的威胁；但这些内容过于苛刻，使得藩王时刻处于如履薄冰的境地。①

二、明太祖的赐辈与分封

明太祖朱元璋建立明朝后，创制王朝需要的各项政治制度的同时，也为他的后世子孙制定了需要遵循的祖训制度，尤其是在辈分的遵从和所封藩王的权利义务方面都有严格规定，如《皇明祖训·首章》就对分封的诸王权利做出严格的规定。

（一）辈分字

在子孙命名问题上，朱元璋也制定了明确的规制。规制的突出表现之一即辈分字的赐予和区分。因为子孙繁多，朱元璋担心命名

① 梁曼容：《明代藩王研究》，东北师范大学 2016 年博士论文，第 166-167 页。

存在重复，于是为各房子嗣赐下字辈。在其 26 个儿子中，九子赵王朱杞早夭、二十六子朱楠幼殇未封。明太祖为其余二十四子及靖江王各拟二十字，一字为一世，子孙初生，宗人府依世系立双名，上一字为辈分字，下一字则取五行偏旁者，以火、土、金、水、木为序。惟靖江王系不拘（靖江王祖父朱兴隆为明太祖长兄，为太祖孙辈，故同孙辈取火字旁名，初名为朱炜，后太祖将其改名为守谦，并令靖江王府后代命名不拘五行之例）。

太祖给每个儿子二十个排辈字，然后按照五行相生的规则起名，这个世系从太祖的孙辈开始排起，而五行从儿子辈就开始算，太祖朱元璋每个儿子的名字都是木字旁的，孙辈则按字辈和五行取双名。在宗派繁多、数量庞大的皇明宗室队伍中，字派彰显“辈分”，五行宣示“属命”。如建文帝朱允炆为“允”字辈，属“火”命。崇祯帝朱由检为“由”字辈，属“木”命。太祖所赐子嗣字辈基本情况如下：

朱标太子：允文遵祖训，钦武大君胜，顺道宜逢吉，师良善用晟。

朱樉秦王：尚志公诚秉，惟怀敬谊存，辅嗣资廉直，匡时永信惇。

朱㭎晋王：济美钟奇表，知新慎敏求，审心咸景慕，述学继前修。

朱棣燕王：高瞻祁见祐，厚载翊常由，慈和怡伯仲，简靖迪先猷。

朱橚周王：有子同安睦，勤朝在肃恭，绍伦敷惠润，昭格广登庸。

朱桢楚王：孟季均荣显，英华蕴盛容，宏才升博衍，茂士立全功。

朱榑齐王：贤能长可庆，睿智实堪宗，养性期渊雅，寅思复会通。

朱檀鲁王：肇泰阳当健，观颐寿以弘，振举希兼达，康庄遇本宁。

朱椿蜀王：悦友申宾让，承宣奉至平，懋进深滋益，端居务穆清。

朱柏湘王：久镇开方岳，扬威谨礼仪，刚毅循超卓，权衡素自持。

朱桂代王：逊仕成聪俊，充廷鼐鼎彝，传贻连秀郁，炳燿壮洪基。

朱楧肃王：瞻禄贡真弼，缙绅识烈忠，曦晖跻当运，凯谏处恒隆。

朱植辽王：贵豪恩宠致，宪术俨尊儒，云仍祺保合，操翰丽龙舆。

朱㮵庆王：秩邃寘台鼐，倪伸帅倬奇，适完因巨衎，鹭眷发需毗。

朱权宁王：磐奠觐宸拱，多谋统议中，总添支庶阔，作哲向亲衷。

朱楩岷王：徽音膺彦誉，定干企禋雍，崇理原谘访，宽镕喜贲从。

朱橞谷王：赋质信雄敞，从兴阐福昌，笃谐恂怿豫，扩霁昱祯祥。

朱松韩王：冲范徵偕旭，融谟朗璟逵，亶韶愉灏慥，令绪价蕃维。

朱模沈王：佶幼诠勋胤，恬理效回堭，湜源谔哲晧，圭璧澈澄昂。

朱楹安王：斐序斌廷赏，凝覃浚祉裹，恢严颛辑矩，缜密廓程纲。

朱桱唐王：琼芝弥宇宙，硕器聿琳琚，启龄蒙颂体，嘉历协铭图。

朱栋郢王：伟闻参望爽，箴诲洎皋夔，麒麟余积兆，奎颖晔璇玑。

朱㰘伊王：颙勉諟訏典，褒珂采凤琛，应畴颁胄选，昆玉冠泉金。

朱守谦靖江王：赞佐相规约，经邦任履亨，若依纯一行，远得袭芳名。①

燕王朱棣称帝后，燕府根据太祖钦定，自朱棣后辈起，均按“高瞻祁见祐，厚载翊常由，慈和怡伯仲，简靖迪先猷”二十个辈分字起名。起名时取双名，双名中的前一个字依太祖所定，后一个字须以五行为偏旁，按“火、土、金、水、木”相生的顺序而取。第一遍使用，辈分字排名字中间；第二遍使用排名字最后。循环往复使用。

青州衡藩先祖燕王，治理青州前后长达近160年，其影响之大、后裔之多，超出我们的预料。目前，在齐鲁大地上，在潍坊、日照、临沂、青岛、章丘及周边省市，尤其是在今天潍坊的朱氏家族中，仍然可以看到这些字辈的传承，特别是在潍坊的昌乐、临朐、寿光、诸城等地，燕王一支“族姓之多，椒蕃竹立”。

① 〔清〕张廷玉等：《明史·诸王世表》，中华书局1974年版，第2504页。

（二）分封

除了将朱标立为太子，朱元璋大封其他各房子孙。基本情况如下①：

图 1-2　朱　樉

秦王朱樉。朱樉（1356—1395）（图 1-2），朱元璋嫡次子，朱棣同母兄，是明初九大攘夷塞王之一。洪武三年（1370）被封，年十五岁。洪武十一年（1378）就藩西安府。据史料记载，朱樉幼年聪慧，严毅英武，太祖委以关西兵事，专行赏罚。朱樉每年亲自巡边，大将皆听节制，御军整肃，所过秋毫无犯，未尝妄戮一人，故戎狄都害怕明军，太祖对他很是赏识。朱樉正妃王氏，原元朝太傅、中书左丞相、河南王王保保女弟（即妹妹）；次妃邓氏，宁河王邓愈之女；另次妃张氏。朱樉薨，王妃（王保保妹）殉。朱樉谥号愍。

秦藩当时在各藩中，势力最为强大，号称“天下第一藩”，镇守西北。今西安市内的新城（皇城）即当时秦王府所在地。西安市南郊雁塔区东南隅的“明代郡王墓”，即当时秦王五世孙朱秉欆墓。朱

① 本部分参考朱华昌：《皇明宗室宗支衍续疏》（上卷），天津古籍出版社 2020 年版，第 106-178 页。

秉椟属秦府“秉”字辈，五行属木。最后一位秦王朱存枢于明亡后不知葬在何处，其他各世秦王，故后均葬于长安少陵原一带，有“小十三陵”之称。朱存枢为秦王朱樉第十世孙，属秦府“存”字辈。

晋王朱㭎。朱㭎（1358—1398），朱元璋嫡三子，生母孝慈高皇后马氏（马皇后），也是明初九大攘夷塞王之一。洪武三年（1370）封晋王，十一年（1378）就藩太原府（今山西太原），妃谢氏，永平侯谢成女。次妃傅氏，颍国公傅友德女。另有樊氏、刘氏。朱㭎就藩后，镇守北方重镇太原，与秦王、燕王一起成为明初最具实力之藩王，多次参与军国大事。洪武二十三年（1390）命与燕王一起率师远征。二十八年（1395）又受命与周王橚一起率河南、山西诸卫军出塞，筑城屯田以巩固边防。对明初稳定政权、发展民生做出了重大贡献。但朱㭎生性骄狂，受到朱元璋的责备与疏远，于三十一年（1398）三月，在忧怨抑郁中薨逝。在位二十八年，寿享四十一岁。谥号恭，史称晋恭王。第二代晋王庆成王朱济炫，儿子多达百人，且均长大成人，兄弟们多得不尽相识。

燕王朱棣。朱元璋嫡四子，母孝慈高皇后马氏（马皇后）。洪武三年（1370）封燕王，十三年（1380）就藩北平府（今北京）。统兵镇守北方重镇北平，为明初九大攘夷塞王之一。多次受命参与北方军事活动。两次率师北征，招降北元太尉乃儿不花，生擒北元大将索林帖木儿。洪武末，太子朱标、秦王朱樉、晋王朱㭎离世后，朱棣在军事实力与家族尊序上均已成诸王之首。“靖难”后尊为帝系，庙号成祖。成祖娶开国元勋徐达长女为妻，即徐皇后。另有宠爱之昭献贵妃王氏、昭懿贵妃张氏、恭献贤妃权氏等妃嫔。生四子：高炽、高煦、高燧、高爔。其中，长子朱高炽继帝业；次子朱高煦，封汉王；三子朱高燧，封赵王；四子朱高爔，早殇未封。

周王朱橚。朱橚（1361—1425），朱元璋嫡五子，生母孝慈高皇后马氏（马皇后）。元至正二十一年（1361）秋七月初九日丁巳生，育于孙贵妃，妃卒，服以慈母斩衰三年，主丧事。洪武三年（1370）封吴王，钱塘工部尚书张允请建诸王府，上曰："吴府且勿建。"七年，有司请置护卫于杭州。帝曰："钱塘财赋地，不可。"洪武十一年（1378）改封周王，命与燕、楚、齐三王驻凤阳。洪武十四年（1381）就藩开封，即宋故宫地为府。王妃冯氏，宋国公冯胜女，侧妃杨氏。王于洪熙元年（1425）薨，谥号定。最后一位周王为朱恭枵，明末李自成军围攻开封时逃亡彰德。恭枵属周府第十代孙"恭"字辈，木行。

楚王朱桢，洪武十四年就藩武昌府。朱桢（1364—1424），太祖第六子，生母昭敬太充妃胡氏。元至正二十四年（1364）三月生。始生时，平武昌报适至，太祖喜曰："子长，以楚封之。"遂于洪武三年（1370）四月封楚王，十四年（1381）就藩武昌，王府位于黄鹤楼下蛇山之阳。时年十七岁。妃王氏，定远侯王弼女。永乐二十二年（1424）二月薨，在位五十五年，享年六十一岁，谥号昭。最后一任楚王朱华奎，明末张献忠攻破武昌，被农民军"竹笼沉湖"杀死，华奎属楚府第七代孙，"华"字辈，土行。据明太祖二十代孙、楚府昭王朱桢二十一世朱功敬、朱功民等人介绍，目前在湖北武昌、汉口、汉川、孝昌、鄂州等城乡地区，都有大量楚王后裔聚居，具体人口数量暂无统计。楚藩陵区位于今武汉市江夏区龙泉乡龙泉山风景区内。这里有昭、庄、宪、康、靖、端、愍、恭、巴陵悼简等王之陵寝与陵园，形成北京有"十三陵"，武汉有"九王墓"之奇观。

齐王朱榑。朱榑，太祖第七子，生母定妃达氏。元至正二十四年（1364）生，洪武三年（1370）封齐王，十五年（1382）就藩青州府。元妃吴氏，安陆侯吴复孙女，继妃邓氏，卫国公邓愈女。建文元年遭削藩，废为庶人，锢高墙。"靖难之役"后复爵，令归藩。永乐四年（1406）以罪废为庶人，幽禁于南京（当时的京师）。宣德三年（1428）暴卒，无谥。隆武二年（1646）四月追复齐王封爵，谥曰恭。洪武二十三年（1390），命王帅护卫及山东徐、邳诸军从燕王北征。二十四年复帅护卫骑士出开平。时已令颍国公傅友德调发山东都司各卫军出塞，谕王遇敌当自为队，奏凯之时勿与诸将争功。榑数历塞上，以武略自喜，然性暴躁，多行不法。建文初，或有告变者。召至京，废为庶人，与周王同禁锢。

潭王朱梓。朱梓，朱元璋第八子，生母定妃达氏。洪武二年（1369）九月生，三年封潭王。十八年（1385）就藩长沙府。妃于氏，都督于显之女。潭王本为才华横溢之亲王，然恃才而骄，秉性倔强。洪武二十三年（1390）因受“胡惟庸案”连累，惊惧不已，又无洗雪之策，自焚而死。无后，因之除国。帝恶之，不予谥。

鲁王朱檀。朱檀为太祖第十子，生母宁妃郭氏。生于洪武三年（1370）春二月，出生两月封鲁王，十八年（1385）就藩兖州府。好文礼士，善诗歌。饵金石药，毒发伤目，帝恶之。二十二年（1389）薨，葬于邹城九龙山麓，为鲁荒王。元妃汤氏，信国公汤和次女。次妃戈氏，以良家女子入侍亲藩。汤妃无所出，戈妃生子肇煇，二十三年追册荒王妃。朱檀虽短寿，其独生子靖王肇煇在位六十四年，后代人丁兴旺。至明末国倾，传十代。第十二任鲁王朱以派，在崇祯十五年清兵攻陷兖州时殉国。而他名为朱以海的五弟逃到台州，在崇祯十七年袭任鲁王，后称监国，该支发展为南明的重要抗清力量。关于末代鲁王朱以海后裔的说法有很多。鲁藩巨野王族谱记载：“崇祯十五年，清军攻兖州，王府失陷，鲁王以派自缢，宗室千余人被杀。乱军中，其弟以海逃出后遂南迁。”在泰安市辖新泰市天宝村，亦有部分自称朱以海后人者。有残谱记载“鲁王以派于崇祯十五年失城缢死，其弟以海袭封鲁王，妃王氏，子弘桓，字继恒。弘桓有四子，明末携眷南逃不知所往，惟我王氏祖母领幼孙来此安插得所云”①。在浙江也有人自称是朱以海后人。客观来说，当时战乱频繁，扑朔迷离，原皇室后人东躲西藏，多处落脚，也在情理之中。而《皇明监国鲁王圹志》（1959 年自金门出土后，就移交至台湾历史博物馆典藏，2011 年被指定为国宝）之发现，不仅揭示了朱以海之死真相，为郑国姓洗清了不白之冤，亦为当代人追寻鲁王朱以海后人踪迹提供了颇有价值的线索。（图 1–3）

图 1–3　重修后之皇明监国鲁王之墓

蜀王朱椿。朱椿（1371—1423），太祖第十一子，生母惠妃郭氏（滁阳王郭子兴女）。洪武四年生，十一年（1378）封蜀王。十八年命驻凤阳。二十三年（1390）就藩成都府。王妃蓝氏，凉国公蓝玉女。永乐十四年母弟谷王朱橞欲谋反，椿据实以报之，成祖誉其有大义。二十一年（1423）二月薨，谥曰献，为蜀献王。朱椿孝

① 朱华昌：《皇明宗室宗支衍续疏》（上卷），天津古籍出版社 2020 年版，第 160–161 页。

友慈祥，笃诚宽厚。读书好善，近儒生能文章，著《献园集》，帝尝呼为“蜀秀才”。时诸王皆备边练士卒，朱椿独以礼教守西陲。在其治理下，这里的人民安居乐业。最后一任蜀王朱至澍在崇祯十七年（1644）张献忠农民军攻陷成都时兵败自杀。蜀藩在西南鹤立二百多年，可谓根深叶茂，支系众多。虽遭张献忠屠杀，但仍有不少蜀藩后代特别是那些政治地位稍低者躲过劫难，衍续至今。据现居成都市郫都区三道堰十里水乡社区之献王二十世（太祖十九代孙）、八十多岁的朱穆凯及其孙朱磁峰介绍，自从张献忠抄了蜀王府后，蜀王府后人大都逃往乡下，留在城里居住的人不多，他们这一支就是在那时逃难来到现居地的。

湘王朱柏。朱柏（1371—1399），太祖十二子，生母顺妃胡氏。洪武四年（1371）八月生，十一年（1378）封湘王，十八年（1385）就藩荆州府。王妃吴氏，靖海侯吴祯之女。建文元年（1399）四月，因削藩，自焚死，无子，国除。

代王朱桂。朱桂（1374—1446），太祖第十三子，生母惠妃郭氏。明初九大攘夷塞王之一。洪武七年（1374）生，十一年（1378）封豫王，二十五年（1392）改封代王，同年就藩大同。妃徐氏，中山王徐达次女。建文削藩时，以罪被废为庶人。成祖即位，复如故。正统十一年（1446）十二月薨，在位六十九年，谥曰简，为代简王。崇祯十七年（1644）三月，李自成军攻陷大同，最后一位代王被杀，宗族惨遭劫难，惟二子逃出定居晋南万荣县。朱桂为万荣朱氏始祖。

肃王朱楧。朱楧（1376—1420），太祖第十四子，生母妃郜氏。明初九大攘夷塞王之一。洪武九年（1376）秋九月生，十一年（1378）封汉王，二十五年（1392）改封肃王。王妃孙氏，指挥使孙继达女。洪武二十六年（1393）驻平凉府（今甘肃平凉），二十八年（1395）就藩甘州（今甘肃张掖），建文元年（1399）迁兰州。永乐十七年（1419）薨。在位四十二年，谥曰庄，为肃庄王。最后一任肃王为李自成所杀。

辽王朱植。朱植（1377—1424），太祖第十五子，生母妃韩氏。明初九大攘夷塞王之一。洪武十年（1377）生，十一年（1378）封卫王，二十五年（1392）改封辽王。二十六年就藩广宁府（今辽宁北镇市）。王妃郭氏，武定侯郭英之女。王于永乐二十二年（1424）薨，在位四十七年，谥号简，为辽简王。朱棣即位后，将辽藩改建于荆州。后来的辽藩嫡系日渐衰落，其旁支繁衍得很好，曾产生宁靖王朱术桂这样的抗击清军、开拓台湾的优秀人物。

庆王朱栴。朱栴（1378—1438），太祖第十六子，生母妃余氏。明初九大攘夷塞王之一。洪武十一年（1378）生，二十四年（1391）封庆王，就藩韦州，建文三年，迁藩宁夏卫（今银川市），元妃孙氏，指挥孙继达女，无子。次妃汤氏。正统三年（1438）薨，葬于韦州罗山，谥曰靖，史称庆靖王。最后一任庆王在农民起义攻陷银川时被俘，下落不明。

宁王朱权。朱权（1378—1448），太祖朱元璋第十七子，生母杨妃。明初九大攘夷塞王之一。洪武十一年（1378）五月初一日生，二十四年（1391）封宁王，十三岁。王妃张氏，兵马指挥张泰之女。二十六年（1393）就藩大宁（今内蒙古宁城县西大名城）。靖难之役后，改封南昌。正统十三年（1448）薨，谥曰献，为宁献王。宁藩嫡系平庸，但旁支曾产生过个别优秀人物，如明末清初的大画家朱耷，原名朱统鋆，明亡后不肯降清，改名朱耷，自号“八大山人”，以卖画为生。

岷王朱楩。朱楩（1379—1450），太祖第十八子，生母周妃。洪武十二年（1379）春三月生，二十四年（1391）封岷王，藩岷州（今甘肃岷县）。王妃袁氏，右军都督袁洪之女。二十八年

（1395）改镇云南。建文元年废为庶人，徙漳州。永乐初复爵，回云南。洪熙元年（1425）迁湖南武冈。景泰元年（1450）薨，在位六十年，谥曰庄，为岷庄王。崇祯十六年（1643）张献忠攻陷武冈，最后一位岷王被杀。

谷王朱橞。朱橞（1379—1428），太祖第十九子，也是明初九大攘夷塞王之一。生母惠妃郭氏。洪武十二年（1379）生，二十四年（1391）封谷王。二十八年（1395）三月就藩宣府（今张家口市宣化区）。王妃周氏，兵马指挥周铎女。建文元年（1399）应帝诏，带甲三千回京师，四年（1402）开金川门纳燕王入城，结束靖难。永乐元年（1403）改藩长沙府，十五年（1417）以谋逆罪废为庶人，宣德三年（1428）卒狱中，无谥号。

韩王朱松。朱松（1380—1407），太祖第二十子，母妃周氏。与太祖十八子岷庄王朱楩同母生。洪武十三年（1380）七月生，二十四年（1391）封韩王，国开原（今辽东开原市），未就藩。在位十七年，永乐五年（1407）薨，葬于南京安德门外向山之原，谥号宪，为韩宪王。王妃冯氏，都督冯诚女。其子嗣封，永乐二十二年（1424）改封于平凉府（今甘肃平凉市）。韩藩镇守西北边陲，地位非常重要。前期历代韩王均遵礼守法做出较大贡献。最后一位韩王在崇祯十六年（1643）李自成部攻克平凉时被俘，后来得以逃脱，领导抗了清斗争，并被拥立为南明定武帝。

沈王朱模。朱模（1380—1431），太祖第二十一子，生母贵妃赵氏。洪武十三年（1380）生，二十四年（1391）封沈王，后易之。永乐六年（1408）五月就藩潞州（今山西长治市）。王妃张氏，指挥张文杰女。次妃，亦张氏。沈藩家族是诸藩中最普通平实的一支。

安王朱楹。朱楹（1382—1417），太祖第二十二子，生母贵妃赵氏。洪武十五年（1382）生，二十四年（1391）封安王，永乐六年（1408）就藩平凉府（今甘肃平凉市）。十五年（1417）薨，谥号惠，为安惠王。

唐王朱桱。朱桱（1386—1415），太祖第二十三子，生母贤妃李氏。洪武十九年（1386）秋九月生，洪武二十四年（1391）封唐王，藩南阳（今河南南阳）。王妃吴氏，黔国公吴复之孙女。朱桱八世孙朱聿键，崇祯五年（1632）承袭王位，后被废为庶人。明亡后复出领导抗清斗争，最后为清兵所俘。

郢王朱栋。朱栋（1388—1414），太祖第二十四子，生母惠妃刘氏。洪武二十一年（1388）夏五月生，二十四年（1391）封郢王。永乐六年（1408）就藩安陆府（湖北省钟祥市）。十二年（1414）薨，谥曰靖，史称郢靖王。无子，除封。

伊王朱㰘。朱㰘（1388—1414），太祖第二十五子，生母丽妃葛氏。洪武二十一年（1388）夏六月生，二十四年（1391）四月封伊王，藩洛阳。王妃刘氏，左军都督刘贞之女。永乐六年（1408）五月就藩，岁禄二千石。十二年（1414）九月以疾薨，在位二十四年，谥号厉，为伊厉王。伊藩是明代诸藩中最小、最劣的一支。历代伊王多为不肖之徒，贪得无厌，河南百姓怨声载道。嘉靖四十三年（1564）第六任伊王朱典模被世宗削除爵位，废为庶人。

靖江王朱守谦。朱守谦（1361—1392），太祖嫡兄南昌王朱兴隆之子朱文正嫡长子，即太祖从孙也。元至正二十一年（1361）九月生，洪武三年（1370）四月册封靖江王。五年（1372），靖江地名改桂林。九年（1376）十月之藩桂林府。王妃徐氏，夫人张氏、赵氏、林氏、徐氏、田氏、王氏。不谨宪度，肆为淫虐，十三年（1380）召还京师戒谕，不果，废为庶人，凤阳力田。二十年（1387）复其爵，徙镇云南。复奢纵淫佚，军民怨恣。复召回，仍置凤阳。横恣如故，乃召京师，禁锢之。二十五年（1392）正月卒，葬凤阳府泗州。无谥。

朱元璋第二十六子朱楠，朱棣异母弟，母尚妃。洪武二十六年（1393）生，逾月夭折，未封爵。

三、衡王府的封与建

从朱元璋到衡恭王，经历了成祖、仁宗、宣宗、英宗、代宗、宪宗等。其间最重要的节点是明成祖朱棣和明宪宗朱见深。而衡王一共三位，一是朱榑，二是朱高煦，三是朱祐楎。前两位都是洪武年间分封的。

图 1-4　朱　棣

（一）明成祖朱棣

1398 年明太祖驾崩，时为皇太孙的朱允炆即位，也就是建文帝。他与大臣密谋削藩，且以边防为名调离燕王朱棣的军队。结果朱棣以“清君侧，靖内难”的名义起兵，并率军南下，占领京师，这就是历史上著名的“靖难之役”①。朱棣就是明成祖，年号永乐。(图 1-4)

朱棣在位时期，是中国封建社会颇有影响力的时代。他雄才大略，即位后更是励精图治，使得天下大治，疆域辽

① 靖难之役，又称靖难之变，是建文元年（1399）到建文四年（1402）明朝统治阶级内部争夺帝位的战争。战争历时四年。战乱中建文帝下落不明，或说于宫中自焚死，或说由地道逃去，隐藏于云、贵一带为僧。

阔。后世的史学家称这一时期为“永乐盛世”。(图 1-5)

皇帝	庙号	年号
朱棣	成祖	永乐
朱高炽	仁宗	洪熙
朱瞻基	宣宗	宣德
朱祁镇	英宗	正统 / 天顺
朱祁钰	代宗	景泰
朱见深	宪宗	成化
朱祐樘	孝宗	弘治
朱厚照	武宗	正德
朱厚熜	世宗	嘉靖
朱载垕	穆宗	隆庆
朱翊钧	神宗	万历
朱常洛	光宗	泰昌
朱由校	熹宗	天启
朱由检	思宗	崇祯

图 1-5　明代皇位传承表

1. 革新军政

朱棣登基后，根据太祖遗训和明朝政治社会实际，进行了一系列政治、军事领域的改革。

首先是迁都北京。朱棣登基后，改北平为北京。从永乐五年

（1407）到永乐十八年（1420），经过十四年时间，建成了北京紫禁城，即故宫，并于次年（1421）正式将首都迁到北京。此后，北京成为明代的政治中心。北京的紫禁城集中国建筑艺术之大成，是皇权思想的集中体现，无论从总体规划还是建筑形制方面，都突出了至高无上的帝王权威。

其次是改革吏治、削减王权、倡导文官之治。朱棣多次颁布敕谕，号令吏部求贤纳贤。藩国一直是皇帝需要认真考虑的事情，随着皇权的巩固，朱棣着力削藩，如永乐元年（1403）削去朱桂的三护卫及官属、永乐四年（1406）削去齐王朱榑的官属及护卫等，这些努力基本达到了削减藩王的目的。同时，他在改组文官政府时，首先重建了在动乱内战中陷于混乱的帝国的官僚体制。朱棣认为，这方面的首要任务就是恢复已被建文帝放弃的朱元璋所建的制度，同时他又注入了革新的内容，组建新内阁并任命七位有能力的学者到翰林院任职。同时，为了确保其皇权的安全，他还设立特务机构。他不仅依赖文官中的监察和司法官员以及锦衣卫等，而且还有许多不知名的宦官也为他执行不同寻常的任务，包括刺探官员、皇族宗室成员以至平民百姓等的情报。1420 年，在北京设了特殊的调查机构东厂。

再次是强军扩疆和授予军功。朱棣能征善战，他即位后，采取了一系列措施，使得军队强大，疆域拓展，使明朝成为名副其实的明帝国。朱棣统治时期，军事武装结构方面经历了四大变化：一是取消护卫，即解除所封之亲王的广泛权力，解散藩王护卫；二是把大部分原驻扎在南京的京卫调到北方，并把某些北方的部队提到亲军地位，使北京京卫成为帝国最强的部队；三是通过在京师设营强化了军事训练；四是在长城沿线组织边防镇。朱棣还制定军功袭职例，鼓励百姓和具有军事能力的人为皇朝服务。为了边疆的巩固，他多次南征北战，亲自率领军队打击蒙古势力，并南征安南①。对安南这样一个受中国文化强烈影响的藩属国，朱棣非常重视，15 世纪初明朝对此投入大量作战军队。

2. 提振经济

朱棣提振经济的措施，不仅包括农业，也涵盖了手工业、制造业和商业等。主要表现在体恤民情，发展工业，尤其是造船业。朱棣要求各级官吏必须深入了解民情，随时向朝廷反映民间疾苦。朱棣在位时，布帛、棉花绒、丝绢等都成为赋税的重要来源，尤其是制瓷业发展到了鼎盛阶段。朱棣之后，景德镇作为全国制瓷业中心，制瓷业获得了很大发展，尤其在釉彩方面，如甜白、釉里红、翠青都是当时名瓷。还有称为“祭红”② 的瓷器，是用南洋红宝石羼和釉料烧制，尤其出彩。在冶铁业中，出现了官矿衰落、民矿发展的趋势，这一趋势和现象也是当时矿冶业等手工业共有的现象。同时，朱棣在位期间的造船业也非常发达，曾居世界前列。除了龙江船，其他地方的造船业也很发达，并且出现了各种各样的类别，如遮洋造、备倭造、风快船、战船、黄船等。为了方便工商业的发展和民间的交易，朱棣还铸钞重商。明初就设置了宝钞提举司，到洪武末年，江南一些行商大贾重钱轻钞，致使物价飞涨和钞法大乱，朱棣即位后诏令禁止金银交易，但效果不太理想。

---

① 安南为越南古名，得名于唐代的安南都护府，自公元前三世纪的中国秦朝开始成为中国领土，至五代十国时吴权割据安南脱离南汉，北宋无力统一，故正式独立，此后越南长期作为中国的藩属国存在。1406 年，朱棣派张辅率军深入安南，至 1407 年大获全胜，农历六月将之改名“交趾”，朱棣改安南国为交趾布政使司，自此明朝成功收复安南。

② 祭红釉是景德镇的陶工在明宣德时期创烧的著名红釉品种，色似初凝的鸡血，深沉安定，莹润均匀，釉中无龟裂纹理，因祭红器作祭祀郊坛之用，故名。

同时，朱棣还下令疏河兴航。针对大运河大段损坏、淤塞的现状，朱棣下令修复大运河，重开运河运输，使之成为另一条重要的南粮运输路线。永乐元年（1403），朱棣还准奏疏浚吴淞江，这一举措大大方便了苏、松地区的农田基本建设。

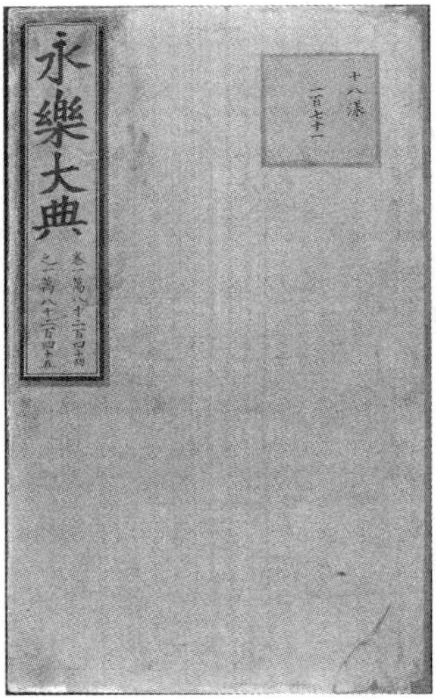

图 1-6 《永乐大典》

3. 助推文化

朱棣即位后，非常重视文化。他最主要的文化贡献之一就是修《永乐大典》（图 1-6）。《永乐大典》作为一部大型类书，收录的图书均未做删改。该类书成为当时中国和世界上最大的百科全书，比十八世纪中叶出版的《大英百科全书》等书籍要早三百多年。这一大型类书修纂，对于此后的学术研究贡献很大，直到今天，它在社科领域仍占有重要地位。这一时期，朱棣还命令一批翰林学士汇编“四书五经”的注疏。

4. 经略边远

在对外交流和联系方面，明朝也同样热衷于万国臣服的独尊。在浙江、广东、福建等地设立了市舶提举司，负责口岸的管理，查验贡使身份、安排贡使食宿等。朱棣在位期间，多次向海外各国派遣使臣，如诏令马彬等宦官出使爪哇国，派遣李兴等出使暹罗，尤其是派遣郑和多次下西洋。还派遣吏部验封司员外郎陈诚出使西域的帖木儿帝国、吐鲁番等国。

同时，还加强了和朝鲜、日本的交往。朝鲜方面，李氏王朝建立朝鲜国后，与明朝的政治、文化联系加强，与明朝互派使节。尤其值得书写的是和日本关系的调整。朱棣在位期间，中日两国恢复了洪武末年以来几乎断绝的关系。朱棣即位后，曾经派遣使臣诏谕日本。永乐元年（1403），朱棣遣左通政赵居任、行人张洪偕僧道成出使日本。还未成行之时，日本使臣已到达宁波。朱棣对来南京的日本使臣也是优礼相待，对其所携带的兵器等也特准出售。日本使臣还国时，朱棣遣官护送，并赠给源道义国王冠服、龟钮金印及锦绮、纱罗之物。

另外，朱棣还非常关注明朝在东南亚的影响，可以说，这一时期明朝对东南亚地区的影响达到了最高峰。郑和的探险性远航把东南亚诸国划入了明朝政治势力的影响范围。郑和的远航在通过和平方式扩大影响的同时，加强了明朝南部边境的安全，并大力发展了海外贸易。东南亚各国也看到了与明朝建立关系带来的巨大商业利益。1402 至 1424 年期间，明朝廷派了 62 个使团至东南亚各国，并接待了 95 个回访的使团，其中不算派至安南和从安南派来的使团，因为安南在 1406 至 1427 年期间是在明朝的统治之下。①

（二）明宪宗朱见深

朱棣到青州衡王的传承为：明成祖朱棣长子为仁宗朱高炽（次子即为分封于青州的汉王朱高煦）；仁宗长子为宣宗朱瞻基；宣宗长子为英宗朱祁镇；宣宗次子为代宗朱祁钰；英宗长子为宪宗朱见深；青州朱氏始祖衡恭王朱祐楎即为明宪宗朱见深第七子。

图 1-7　朱见深

衡藩的成就离不开明宪宗（图 1-7）的努力，当然，其结局也是

① 登山小鲁：《剑桥中国明代史 · 建文永乐之治》，http：//blog. sina. com. cn/s/blog_ 53ff0ec80102vk42. html

时代使然。自明朝开始，到宪宗已是六世八帝。经过洪武以来历代皇帝励精图治，明朝经济社会繁荣稳定。1465 年，英宗长子朱见深即位，年号成化，朱见深即宪宗。宪宗英明宽仁，复祁钰帝尊号，平于谦冤屈，任贤明大臣，显君王风度。其时，朝廷多名贤俊彦，他宽赋税，减刑罚，一度风清气明。《明史》赞曰：

> 宪宗早正储位，中更多故，而践阼之后，上景帝尊号，恤于谦之冤，抑黎淳而召商辂，恢恢有人君之度矣。时际休明，朝多耆彦，帝能笃于任人，谨于天戒，蠲赋省刑，闾里日益充足，仁、宣之治于斯复见。顾以任用汪直，西厂横恣，盗窃威柄，稔恶弄兵。夫明断如帝而为所蔽惑，久而后觉，妇寺之祸固可畏哉。

1. 继位传奇

朱见深，原名见濬，正统十二年（1447）十二月九日生于北京紫禁城。正统十四年（1449），瓦剌南犯，直逼大同，明英宗亲征。皇帝出征，太子监国，按皇太后旨意，立年幼的见濬为皇太子。不料，土木堡之变，英宗被瓦剌俘虏。为避免瓦剌借皇帝名义骗开关防，也避免国无长君，于谦等大臣与皇太后议定，拥立皇弟郕王祁钰为皇帝，遥尊英宗为太上皇。祁钰登基后，改元景泰，是为明代宗景泰帝。瓦剌阴谋破产后攻打北京，京城守军在于谦带领下，挡住瓦剌攻势，各地援兵接连赶到，击退瓦剌。景泰元年（1450）六月，瓦剌遣使与明朝议和，表示愿送回英宗。景帝虑皇位不保，不愿接回英宗，但在于谦等劝说下，最后应允讲和，接回太上皇。八月，明英宗被放回，此后七年，英宗被软禁南宫。景泰三年（1452），太子见濬被废为沂王，景泰帝立儿子见济为太子。第二年，见济夭折，被追封为怀献太子。景泰八年（1457）正月，明代宗病重。大臣石亨、徐有贞等人撞开南宫大门，迎英宗复位。英宗复位，废代宗为郕王。是年改元天顺，朱见濬改名朱见深，并被立为太子。不久代宗病逝，英宗封谥戾。朱见深太子之位失而复得。天顺八年（1464）正月，英宗病重。皇太子朱见深摄政。英宗驾崩后，乙亥日皇太子继位，次年改年号为成化。

成化时期也是明代历史发展的重要时期，为日后衡王朱祐楎等后裔的发展奠定了重要基础。

2. 政治清明

明英宗祁镇驾崩后，留给朱见深的绝不仅仅是那句看似温情的废除妃嫔殉葬制度那么简单，另外还有一个漏洞百出的江山。首先，土木之变导致京城三大营被打断脊梁骨，破坏了明初至宣德时期的军事力量，虽经于谦和景泰帝祁钰修补，却依旧没有恢复过来，可以说朱见深即位时完全没有自己父亲那样可以挥霍的本钱。其次，朝堂混乱，英宗在位期间，冤杀于谦，除此之外还有王文、范广等文臣武将被杀。再次，国不太平，英宗在位期间，东北女真逐渐壮大，西北河套丢失，边境不宁。在此背景下，宪宗急需要拨乱反正。其主要建树为：

平定内忧外患。成化十二年（1476）三月，李震大破靖州地区的苗乱。成化十二年（1476）十一月，四川都御史张瓒征讨湾溪地区，平定当地的苗乱。成化四年（1468），宁夏满俊、李俊举事反明，屡败官军，朝廷命令总督军务项忠，统帅官军、土军、京军和招募义勇共计三万三千余人，限期完成平叛任务，经反复征战，至成化五年（1469）正月，历时八个月的固原土达暴动宣告彻底失败。“搜套”：针对河套的失陷，朝廷组织军队对河套地区的蒙古部族开展清扫，被誉为定海神针的名将王越经威宁海、红盐池等大捷，平定西北；“犁穴”：在东北方向，明朝军队彻底击破东北开始发展壮大的建州女真，斩杀建州女真部首领董山（努尔哈赤的祖先）。

缓和矛盾。朱见深即位后，平反了于谦冤狱，恢复了于谦之子的官职。不顾明代宗曾废掉自己的太子之位，以德报怨，恢复代宗帝号，重修代宗陵寝，博得了朝野的称颂。朱见深任用李贤为相，阁臣之中还有彭时、商辂等人，可谓人才济济，朝政也比较清明。由于名相的辅佐，加之上述的一系列措施，朱见深还是以有作为君主的形象出现，解决流民之难，就是其杰作之一。

废置西厂。成化十三年（1477）正月，宪宗朱见深先设西厂，以加强特务机构，太监汪直担任提督；后又采纳大学士商辂、尚书项忠等人上书，废置了西厂。然而，不久宪宗便罢免了项忠，又恢复设置西厂，但在成化十八年（1482）正月，宪宗最终废置了西厂。

3. 别样君王

图 1-8　万贵妃像

宪宗的“别样”首先表现为笃情不二。宪宗对比他年长十几岁的万贵妃(图 1-8)① 情有独钟。万贵妃，小名贞儿，四岁入宫。正统十四年（1449），奉命照顾年仅两岁的皇太子（即后来的成化帝朱见深）。成化帝登基，想立她为皇后，因不合礼法祖制，被生母周太后驳斥，

---

① 万氏（1428—1487）：本名万贞儿，山东诸城人，比宪宗大十七岁。四岁选入宫中，为孙太后宫女，及长，侍宪宗于东宫。由于善迎帝意得以专宠，使得后宫女子难得进御。成化二十三年（1487），万贵妃去世。不久之后，宪宗因过于悲痛而驾崩。

只好立其为妃。宪宗宠幸万妃，吴皇后与万妃常常不和，甚至扑打万妃。宪宗为此大怒，废掉吴皇后，将其打入冷宫。宪宗想立万氏为后，终因周太后等执意反对未果。

成化二年（1466），38 岁万氏生下皇长子，得封贵妃。可惜没过一年，皇子夭折，万贵妃从此不再有孕。母凭子贵的愿望落空，万贵妃担心失宠，处处谗害宫廷妃嫔，几致成化帝一脉绝嗣。成化二十三年（1487）春，万氏暴病身亡，宪宗伤感哀叹，辍朝七天，加万氏谥号为“恭肃端慎荣靖皇贵妃”。

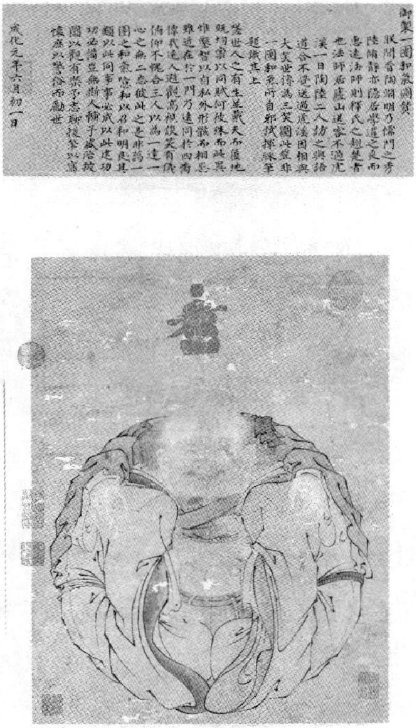

图 1–9　《一团和气图》

万贵妃喜欢瓷器，尤其是小巧精致的官窑瓷器。为此，朱见深下令景德镇瓷窑专门烧造精美小巧的瓷器御用。“成化瓷”的大名也由此而来，在成化瓷中就有大名远扬的斗彩鸡缸杯。

明宪宗朱见深的“别样”还表现为热衷绘画。从传世作品《一团和气图》（图 1–9）《岁朝佳兆图》①

① 作品创作于明成化十七年（1481），作者宪宗朱见深时年三十五岁。图绘钟馗手持如意，一随行小鬼双手托一放有柏枝与柿子的盘子，取谐音“百事如意”。

《树石双禽》① 可以看出，他的确可以称得上技法全面的画家。

作为故宫馆藏瑰宝的《一团和气图》，是朱见深的工笔人物画。该作品意在阐释华夏文化的中庸思想，代表了儒、道与佛和平共处的和谐观。此图粗看似一体态浑圆的笑面弥勒盘腿而坐，细看却是三人合一。左为一着道冠的老者，右为一戴方巾的儒士，二人各执经卷一端，相对微笑，第三人则手搭两人肩上，露出光光的头顶，手捻佛珠。作品构思绝妙，人物造型诙谐，用图像的形式表达了世界和谐的美好愿望。

朱见深对书画艺术家的待遇也非常高，在位期间，宫中养了近五千供奉官。这些供奉官中包含一千三百位能工巧匠和三百多位书画家以及差不多同样数量的民间艺术家。

（三）青州衡藩王

明太祖朱元璋为了巩固集权统治，实施藩国制。明初规定，天子众子，必封为王，明太祖朱元璋时，“太子诸王二十五人，公主十六人，皆受册封”②。之后明朝历代皇帝都遵从这一祖制。青州作为历史上的一个军事重镇，明朝曾先后有三位宗室亲王分藩于此。其一为齐王朱榑，其二为汉王朱高煦，其三为衡王朱祐楎及其后裔诸王。

朱高煦是明朝皇室分封于青州的第二个亲王，是明成祖朱棣的第二个儿子。他生性凶悍，明太祖对他很不喜欢。洪武二十八年（1395），朱高煦被封为高阳郡王。三十一年（1398）太祖驾崩、建文帝继位时，朱高煦与朱高炽一同入朝。舅舅徐辉祖见他品行不

---

① 从作品创作于明成化十六年（1480）可知，作者宪宗朱见深时年三十四岁，他既能创作精致工笔人物画，也能作阔笔写意花鸟画，可见其技法全面。

② 参见昌乐鄌郚大王庄朱猷庆收藏抄本《朱氏族谱》。

端，便暗中告诫他。朱高煦非但不听，还盗走舅舅心爱的宝马，渡江返回北平（今北京）。归途之中，朱高煦还杀死官民，朝臣都因此指责燕王。建文元年（1399），朱棣起兵靖难，朱高煦随军出征，经常作为前锋。后来，朱棣兵败东昌（今山东省聊城市），大将张玉战死，幸好朱高煦率军赶到，才化解危机。① 建文四年（1402），朱棣在浦子口被南军击败，朱高煦率军赶到，亲率军队力战，终于将南军击退。靖难之役时，朱棣多次濒临危难，朱高煦鼎力助战，转败为胜，因此朱高煦极为自负，并恃功骄横。永乐二年（1404），朱棣立朱高炽为皇太子，封朱高煦为汉王，藩国云南，但他不肯就藩。随巡北京时，朱高煦也极力请求与儿子返回南京。成祖权衡后只得同意。永乐十三年（1415），朱高煦被改封到青州，但仍不愿前去就藩。朱高煦还私自挑选卫士，招募精兵，使得朱棣大怒，后因诸王子纷纷为朱高煦求情，他才免于处罚。后于永乐十五年（1417）徙封乐安州。宣德元年（1426），因谋反被逮至北京，废为庶人。

图 1-10　朱祐榰

第三位被分封于青州的亲王为衡王朱祐榰（图 1-10），他是朱见深的第七子，明孝宗朱祐樘异母弟，成化二十三年（1487）封为衡王，弘治十三

① 予浅，朱高煦与史奇（1）http：//blog. sina. com. cn/s/blog_507451620102v1mk. html（2014-09-08）

年（1500）就藩青州。嘉靖十七年（1538）八月七日去世，谥号恭王。衡恭王朱祐楎守古礼，好善乐施，深得皇帝和当地百姓的爱戴。当他过寿诞时，明孝宗拨专款为青州衡府增建午朝门石坊，并御赐坊额题字：前坊为“乐善遗风”，后坊为“孝友宽仁”。这是明代封藩青州的最后一个王爵，也是历史最长、影响最大的一个藩王。

第二章
谱系树：衡王府及主要支系

作为海岱文化的重要组成部分，衡王府谱系及后裔传承无疑是海岱古青州及周边大地上的靓丽风景，其间的悲欢离合折射出王朝更替、家族兴衰的历史。

一、衡王府的兴衰

衡王府经历了一个兴衰的过程，这一过程始终伴随着各支脉的延续或更替。

自明成化二十三年（1487）宪宗朱见深封其七子朱祐楎到青州为衡王（祐楎实际就藩的时间是 1499 年），至清顺治初年（1646）第七位衡王朱由棷被害，共传六世七王，其中三世衡王康王朱载圭因无子，王位由其弟安王朱载封袭封，所以称六世七王。六世七王分别是：恭王朱祐楎，庄王朱厚燆，康王朱载圭，安王朱载封，定王朱翊镬，宪王朱常㴶和最后一任衡王朱由棷。历时近一百六十年。

莱芜博物馆藏《圆寂靖节禅师比丘尼李姑墓志铭》，还记载了一位未及册封的衡世子，这方墓志在莱芜凤城办事处西泉村出土。墓志记载："青郡衡王以李氏为名阀，乃委禽焉。问名纳币，一如礼。天启乙丑，年二十，聘为衡世子妃。丁卯，衡王薨，衡世子立，册立为王妃。宫壸雍穆，小星颂德。戊辰，衡世子薨，其弟立，出居别所。”这位衡世子当为衡宪王朱常㴖第二子。《衡宪王墓圹志》（衡宪王墓位于临朐石家河乡石家河村东800米处的王坟沟村后高土台上）记载：“（朱常㴖）子五位：第一子未名封，卒，第二子世子疾薨乏嗣，第三子改封世子，第四子封镇国将军，第五子报生未名封。”天启乙丑，即天启五年（1625），年二十岁的李氏，被聘为衡世子妃。丁卯年，即天启七年（1627），衡宪王朱常㴖薨，衡世子即朱常㴖第二子立，李氏被册封为王妃，但这位衡世子还没来得及正式册封，即于戊辰即明崇祯元年（1628）薨，在位一年左右。其弟即末代衡王朱由棷立。所以衡王六世七王之外，还有一位未正式册封的衡世子。又据昌乐鄌郚大王庄朱猷庆收藏《朱氏族谱》：朱由棷子朱慈□，衡世子，丁亥遇难。

（一）历代衡王

衡恭王朱祐楎（1479—1538），宪宗第七子，孝宗异母弟，母庄懿德妃张氏。生于成化十五年（1479）闰十月二十五日，成化二十三年（1487）七月二十一日册封为衡王，藩青州。孝宗弘治十二年（1499）三月十七日，时年二十岁，至山东青州就衡王位，世宗嘉靖十七年（1538）八月七日薨，谥号曰“恭”。第二年葬于青州市三阳山之原，即王坟镇王坟村北。生七子，长子朱厚燆被封为衡世子，继衡王位，是为衡庄王。其他六子分别为玉田王朱厚烃、新乐王朱厚熑、高唐王朱厚煐、齐东王朱厚炳、邵陵王朱厚熣、汉阳王朱厚熼。

庄王厚燆，系衡恭王长子，初封江华王，嘉靖十年（1531）改封世子，嘉靖十九年（1540）袭封衡王，隆庆六年（1572）薨，葬于今青州市邵庄镇陈仁马村北。配妃于氏，继妃王氏，再继妃□□。有子八位：长子幼卒；次子载圭，初封东昌王，万历三年（1575）世袭衡王，无子；三子载封封武定王；四子载埗封平度康惠王；五子载埗封宁阳王；六子载埕封昌乐王；七子载堭封寿张康静王；八子载堘封商河康顺王。

康王载圭（1534—1579），庄王庶二子，生于嘉靖十三年（1534）二月二十六日，初封东昌王，嘉靖二十七年（1548）改封世子，万历三年（1575）袭封，万历七年（1579）四月薨，无子。谥号曰“康”。葬于龙门峪之原，今青州市五里镇尹家庄村西北。

安王载封，庄王庶三子，康王之弟，初封武定王，万历九年（1581）晋封衡王，万历十四年（1586）十一月薨，谥号曰“安”。葬于今临朐县西安庙旁。安王配妃王氏，系益都东城兵马指挥王本道之女，生于嘉靖十四年（1535）十月初六日。共生三子一女①。

定王翊镬（1552—1592）②，安王嫡长子，生于嘉靖三十一年（1552）四月二十六日，嘉靖四十二年（1563）七月封，武定王长子，万历十七年（1589）五月袭封，万历二十年（1592）十一月薨，谥号曰“定”。万历二十一年（1593）九月葬于尧山之原，今青州市邵庄镇孙仁马村西北。王妃吴氏。共有六子三女。

宪王常𣻗（1569—1627）③，定王庶长子，生于隆庆三年（1569）十月初二，万历八年（1580）封世子，万历二十四年（1596）六月袭封衡王，天启七年（1627）七月十九日以疾薨，享年五十有九，谥号曰“宪”。王妃王氏。共五子十一女④。常𣻗于

---

① 安王朱载封一支子孙名讳世系详见昌乐鄌郚大王庄朱猷庆收藏抄本《朱氏族谱》、丁卯年孟春中浣立《朱氏祖谱》。

② 衡定王翊镬生平参见《衡定王圹志》。

③ 衡宪王朱常𣻗生平参见《衡宪王圹志》。

④ 据昌乐鄌郚大王庄朱猷庆收藏抄本《朱氏族谱》记宪王常𣻗二子，长为朱由椒，世子慈□，丁亥遇难。次为朱由植，封镇国将军，生二子慈炬、慈灯，后裔名讳详见族谱。

崇祯二年（1629）十一月葬于香炉山之原，即今石家河村东800米处的王坟沟村后高土台上，东边1公里是石人山，与偏东北的香炉山相连，香炉山蜿蜒而下，束咽聚气，然后呈喇叭口张开形成一大土台，台中耸起墓冢，墓冢东南的山名云彩骨朵，取“云从龙”之意，西北的山名老虎枪，穴场前方是弥河，弥河对岸是盘龙山和牛角山。站在墓顶，环视四周，道道山峦之脉俱朝向坟墓，恰如众星捧月。墓冢两侧支流汇聚于弥河，碧水横流，明堂开阔，气势磅礴。恰如圹志所书“千祥云集，万福骈臻”。清朝一统天下后，把衡王墓周边山地命名为“刀子峪”“梃杖岭”“血盆沟”“杀猪台”等。墓方形，墓穴坐西向东，边长19米，高7.5米，四周砌石已拆，内封砌石基本完好，该墓于1995年发掘（图2-1）。

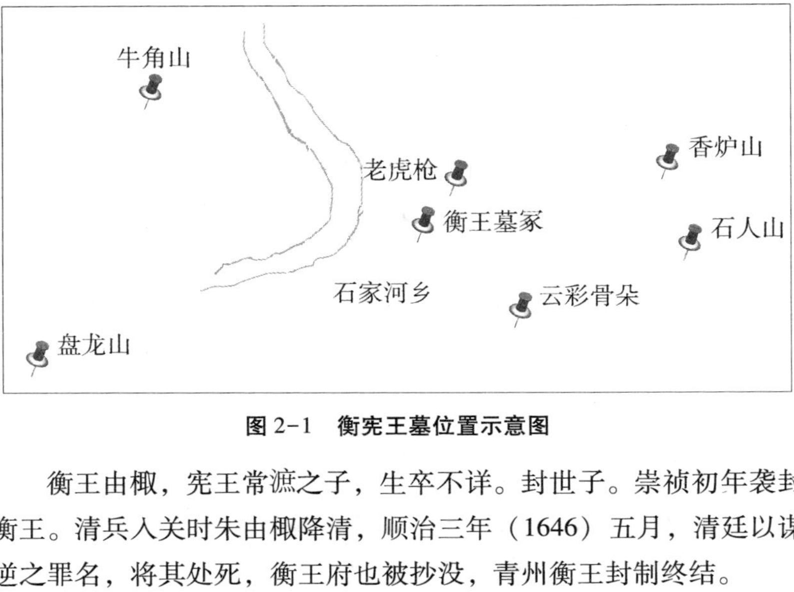

图2-1　衡宪王墓位置示意图

衡王由棷，宪王常湜之子，生卒不详。封世子。崇祯初年袭封衡王。清兵入关时朱由棷降清，顺治三年（1646）五月，清廷以谋逆之罪名，将其处死，衡王府也被抄没，青州衡王封制终结。

（二）衡王府的败落

第一代衡王朱祐楎，谨遵祖训，以身作则，被称为“诸藩之范”。其后几位衡王也能继承“祖训”，如《明史》记衡恭王子庄王朱厚燆“尝辞禄五千石以赡宗室，宗人德之”① 等事迹。可是至明末，衡王府变得腐败奢华。安致远《青社遗闻》载：“明末宗室悍横，而青郡诸藩尤为暴虐。予所居北一里，为高唐王庄田，是居民孟氏所投献者。居民有好树，即以朱涂其上，路人相戒，无敢息荫其下者。此亦亡国之一征也。”② 尽管历代衡王不乏勤勉有加者，其中亦有“风范之王”，但终因大厦倾覆，加之其他因素，使得藩国难保，最终导致国灭，史称“丁亥失国”。

崇祯十五年（1642）冬至次年春，清兵进入山东并数次围攻青州。在此次保卫战中衡王曾起过积极作用。崇祯十七年（1644），清兵攻陷北京，衡王朱由棷向清递降表。但到了顺治三年（1646），清朝借谋反之名，杀衡王朱由棷等。《世祖实录》卷二十六记载，衡王府的郡王等也都被秘密处死。

关于这段历史，有如下史料：

一、根据《清世祖实录》，顺治三年（1646）六月丁亥对衡王府的屠杀展开序幕：“谕兵部：闻青州大同，尚有故明亲王郡王在彼居住，恐被流言诬害，致取罪戾，尔部可令各该督抚即为查明，并其眷属拨官兵护送来京，勿致途次疏虞，违者重治。他省地方如有废藩居住者，俱令查明奏闻。”二、《东华录》记载，顺治三年（1646）五月壬戌条：“鲁王等十一人私匿印信，图植……”三、顺治三年（1646）八月《山西巡抚申朝纪揭帖》：“为顺治三年六月十日接兵部咨。转奉六月十一日上传，查报境内明季亲郡王。查有六合王朱效鋆、山阴王朱廷理二人，见（现）在潞安府及蒲州居

---

① 〔清〕张廷玉等：《明史·诸王列传》，中华书局 1974 年版，第 3641 页。

② 崔照忠主编：《青州史料笔记四种》，青岛出版社 2010 年版，第 8 页。

住，先行奏闻。”（六月十一日颁旨，六月十九日便送抵山西太原）“此即莽书中与明史不同处，六合王名字与明史不同。”四、佚名（内阁大库档案残本缺前页）山西巡抚残本：“查解山西境内明季各郡王，计送……保定王朱效鋆妻子三人，沁源王朱效銛妻子及子媳五人……”（立即开始逮捕）五、刑部等衙门会题残本：“……及查兵部档案，顺治三年（1646）八月三十日，宣大总督马国柱先解明季王子共九名，启奉墨勒根王俱正法讫。其九人妻孥，据解到乐昌王子孙朱一王并刘氏，第二子朱国璋妻郭氏，朱君璋之妻王氏……（一连串男女王妃子女）又一小孩子。该部里议得，王等妇人交与户部，小孩子应斩……”（全部处死）六、顺治六年（1649）十二月十五日刑部题本，查拿逃走明宗室朱淇江等案内称：“该满洲理事官老却，同本司郎中王以约查审得，大同朔州宗室的儿子和媳妇们，兵部拿来给了镶黄旗马拉希牛录下该都里为奴（妇孺沦为奴）……”

也就是说，明清易代之际，朱氏藩王纷纷遭难。据《明清史料》丙编第六本《刑科抄出山东青州道韩昭宣革职提问残件》，青州衡府宗室闻命后，有“破碗刎颈”者，有“数日不食”者，有“相继自缢”者。当时任青州海防道的原明宁远兵备道韩昭宣也知道清廷的图谋，出于对明宗室的同情，释放了一些衡府宗室，因此被夺官。而后，衡王府两次被抄。第一次在顺治三年（1646）。《益都县图志·大事记》记：“夏五月，衡王世子与其宗鲁王、荆王谋反，皆伏诛。”① 清王朝以“谋反”之由首抄衡王府，府内资财多被抄走。第二次在康熙初年。时为吏部侍郎的冯溥上书清帝，叙说衡王府后裔不遵王法，扰乱地方，残害百姓。于是，清帝下令将衡王府及子孙彻底抄斩。曾经极为辉煌的衡王府转眼化为平地。

① 〔清〕张承燮：《益都县图志·大事记》，1907 年刻本。

“不数年间，奉符拆毁，铲夷盖造兵房，仅占一隅，余则瓦砾成堆，禾黍苍然。回首繁华，已成昔梦！奇花怪石，全归侯门，画栋朱梁，半入禅刹。子山江南之赋，少陵玉华之歌，无以写其悲凉矣！”①

民国版昌乐《朱氏族谱》序记：“居考训明谱，吾族先人遇丁亥之变，终被权奸诬陷，几遭奇祸。是时家族惧祸四散奔逃二十余支。”② 藩国丢失，王室后裔各自夺门逃生（据说，当时府内传出话来，先活命要紧，可以改名换姓，但为了不引起混乱，约定从各个方向城门逃出，所以才有了东姓、西姓、南姓、北姓等姓氏中也有衡王后裔之说）。据考证，逃出的衡王后裔，以青州为中心，辐射到周边县市或地市，也有流亡省外的，但大都居住于便于躲藏的山岭地带。比如，沂水县沙沟镇西朱家峪子、圈里东朱家峪子，临沭县玉山镇坊后村，日照市东港区大城子，莒县东莞镇东莞村、朱家林，淄博市临淄区齐都镇，青岛市黄岛区的朱家屯、胡家山、季家村（明清之际称“诸城东南乡”），寿光市呙宋台、安乐、十里铺，青州市戴楼、王坟、郇仁马、壮汉庙、上院，临朐县新王庄、石家河、乜家河、柳行沟、席家河、席家洼、常庄、中白沙村，诸城市后寨、阿洛子、西大宋，安丘市上株梧、朱家官庄，昌乐县大王庄、山坡西沟、山坡、栗行等。

二、衡恭王庄王支系

庄王支系直接承袭于衡王，属亲王系列。相对于其他郡王，其政治位次高，在朝代更替时遭到的劫难也更明显，但多数支脉仍有

---

① 崔照忠主编：《青州史料笔记四种》，青岛出版社 2010 年版，第 11 页。

② 昌乐鄌郚大王庄朱猷庆收藏抄本《朱氏族谱》。

后人。

前文已经提及，明成祖位下宗派二十字：高瞻祁见祐，厚载翊常由，慈和怡伯仲，简靖迪先猷。按照这一派字及承续，本书中所用世系，是以明太祖朱元璋算起，为一世，衡恭王朱祐楎为七世，以此论推。同时需要说明的是，由于“仲”字辈后面的后裔人数众多，并且有些支系已经基本不再按照字辈起名，所以本书对后裔的追索主要到“仲”字辈。

（一）衡庄王

明太祖定下规制，天子之众子必封为王，诸王之众子必封为郡王，世世相传，衡恭王子孙中，除长子长孙袭衡王位外，其他子孙封郡王众多，共有二十九位郡王，其中衡恭王长子庄王厚燆一支共封有九位郡王。①

分别为平度王三位：（康惠王）载埘、（恭懿王）翊鏊、常湍；宁阳王二位：载堧、翊鏉；昌乐王一位：载埠；寿张王一位：（康靖王）载塌；商河王二位：（康顺王）载埗，（庄懿王）翊鑀。

1. 王族谱系

庄王厚燆有子八位。

厚燆长子，幼卒，未名。

厚燆次子康王载圭（1534—1579），庄王庶二子，万历三年（1575）袭封，万历七年（1579）四月薨，无子嗣。

厚燆三子安王载封，庄王庶三子，万历九年（1581）晋封衡王，三子一女：长子翊镬，封衡王；二子翊钊和三子翊錼俱封镇国

---

① 依太祖定制，皇明衡藩除长子长孙袭衡王位外，其他均受封为郡王，郡王以下依次受封为镇国将军、辅国将军、奉国将军，镇国中尉、辅国中尉、奉国中尉。

将军；女封为新淦县主，下嫁仪宾高察（昌乐县朱汉村）。

定王翊镬①（1552—1592），安王嫡长子，万历十七年（1589）五月袭封。六子三女：长子常湛，袭封衡王；次子常溶，封镇国将军；三子常湞，封镇国将军；四子幼卒，未封；五子常源，封镇国将军；六子常津，年幼未封。女皆殇。

宪王常湛②（1569—1627），定王庶长子，万历二十四年（1596）六月袭封衡王。共五子十一女：长子幼卒，未名封；宪王庶二子由櫸，初封衡世子③，天启七年（1627）常湛薨。

宪王庶三子由棷，末代衡王。子慈安，女慈嫣。今青州市弥河镇壮汉庙、临朐县城北亭子和陈家庄、淄博市沂源县悦庄镇悦庄和南麻镇南麻以及燕崖乡山水河，乃至莱芜、陕西省三原和蒲城等地有其后裔，已改姓“霰”。

镇国由植，宪王四子，字盘孺。子二：长子慈□（行二）、次子慈□（行三）。丁亥之变出亡扬州府，后从侄慈億，葬于便宜门外，夫人节亡（另据昌乐县鄌郚镇大王庄朱猷庆所藏谱记载：由植二子为慈炬、慈灯，且列平度王位下。而众多谱书中记载的平度王由棱二子为慈炬、慈灯。经考证，此谱所记，应为笔误，与实有悖。今山东省内乃至扬州等地区，或有其后裔）。

辅国由菘，三府镇国常湞长子，字叔向，丁亥遇难。夫人石氏。生六子（皆封奉国）：慈愣，乳名富哥，明庠生，丁亥遇难，生女；慈燓，乳名足哥，丁亥遇难，夫人田氏，生女；慈灼，丁亥遇难；慈鱿，丁亥遇难；慈烞，丁亥遇难；慈尧，字秀华，丁亥遇难。

---

① 衡定王翊镬生平，参见《衡定王圹志》。

② 衡宪王常湛生平，参见《衡宪王圹志》。

③ 详见莱芜博物馆藏《圆寂靖节禅师比丘尼李姑墓志铭》。

由梗，镇国常湞次子，生四子慈熉、慈炣、慈馨、慈奚。慈熉无嗣，慈炣生子和□，慈馨生子和仁、和义、和礼、和智、和信，慈奚生子和□。慈炣子和□生子怡魁、怡龙，和仁无嗣，和义生子怡铎，和礼生子怡乾、怡坤，和智生子怡钦，和信生子怡锽、怡镗，慈奚子和□生子怡山。怡魁裔无考，怡龙生子伯道、伯兴、伯旺、伯全，怡铎生子伯沉，怡乾生子伯乡、伯禄、伯祥，怡坤生子伯畦，怡钦生子伯重，怡锽生子伯公，怡镗生子伯侯，怡山无嗣；伯道、伯兴、伯旺、伯全裔无考，伯沉、伯乡、伯禄、伯祥、伯畦、伯重裔无考，伯公生子仲□、仲□，伯侯裔无考。

由柢，镇国常源长子，生子慈㦡、慈燅；慈㦡生子和里、和野、和陆、和圩（早亡），慈燅裔无考；和里无嗣，和野生子怡铉、怡铨、怡锜、怡钊，和陆生子怡鑑、怡铚、怡鉽；怡铉生子伯源（居扬州）裔无考，怡铨无嗣，怡锜生子伯淳，怡钊无嗣，怡鑑、怡铚无嗣，怡鉽生子伯泗；伯淳生子仲松（居青州城北水曲集），伯泗生子仲经、仲纶、仲统、仲绪（伯泗支居今桓台县一带）。

由桼，镇国常源次子，生子慈炓、慈炀；慈炓丁亥遇难，慈炀裔无考。

由樛，镇国常源三子，生子慈飕、慈儒、慈秋；慈飕生子和宝，慈儒、慈秋裔无考；和宝裔无考。

由杫，镇国常源四子，丁亥遇难，裔无考。

由柳，镇国常源五子，生子慈燐、慈奂、慈熙、慈炅；慈燐丁亥遇难，裔无考，慈奂裔无考，慈熙生子和埙，慈炅生子和陵；和埙、和陵裔无考。

由□，镇国常源六子，丁亥出亡，不知所终。

由樾，镇国常源七子，生子慈火；慈火生子和□；和□生子怡□；怡□裔无考。

由□，镇国常源八子，无嗣。

由□，镇国常津长子，生子慈𤆬，裔无考。

由□，镇国常津次子，生子慈炫；慈炫生子和玫；和玫裔无考。

由□，镇国常津三子，无嗣。

由□，镇国常津四子，裔无考。

由□，镇国常津五子，裔无考。

镇国常津五子二孙，丁亥之变只有一子一孙出逃，且裔无考，其余子孙全部遇难。

庄王府历代子孙，丁亥之变遇难者“十之八九”①。另据多家朱氏谱书记载，庄王次子安王之裔，“丁亥之变，若者遇难以尊。时若者出亡以存祀，皆不没先人之善意也。他若妃夫人之孙，姓主女之所适家，间亦有传今仍叙，悲喜交集矣!”② 由此亦可窥探出丁亥之变庄王府后裔逃出者少得可怜。所幸逃出者，据谱书记载，或有后裔在扬州市、青州市东北、临朐县城北、费县东北乡、桓台县一带居住，然今未有线索可考。

末代衡王由㮮长子慈□，被立为衡世子，隆武二年即顺治三年（1646）遇难；另有与八王妃所生子慈安。余子无考。

2. 庄王后裔

在今天青州的上院、修真宫和壮汉庙等地仍生活着庄王系后裔。

（1）青州壮汉庙霰氏

明朝青州皇明衡藩后裔所在的弥河镇壮汉庙和王坟镇王坟，在青州西南部山区。王坟的明朝青州皇明衡藩后裔，属于后来迁回守护林墓者，而壮汉庙则是末代衡王由㮮后裔之所居。

---

① 详见昌乐鄌郚大王庄朱猷庆收藏抄本《朱氏族谱》。

② 详见昌乐县白塔镇山坡西沟村朱仕高收藏之《朱氏族谱》。

壮汉庙的朱氏后裔就是现在的霰氏。霰氏是最后一代衡王朱由椒的后人，族训曰："清廷灭吾门，衡府遭祸殃。楼阁化瓦砾，男儿赴冥乡。汝辈朱氏后，幸存未族亡。有女不嫁冯，乞讨勿求房。孤蓬行万里，子孙当自强。"其中的"冯""房"指的是冯溥、房可壮二人。当年正是此二人诬陷衡王子弟谋反，清廷以此为借口将皇明衡藩灭门。幸亏衡王由椒之八王妃洪英瑶携一子（慈安）一女（慈嫣）逃至今临朐县城北亭子附近，改姓"霰"，后来一支迁至现青州市弥河镇壮汉庙村。

关于末代衡王朱由椒八王妃洪英瑶，在青州当地有一段颇具传奇色彩的传说。青州市弥河镇上院村赵传国先生讲述了这样一个故事：

> 明末，青州府中有一知名梆子剧社"洪家班"，帮主洪老汉女儿洪英瑶，是剧社鼎角。她相貌娇美，唱腔有味，观众十分喜欢。洪英瑶拿手好戏是《红娘》《穆桂英挂帅》《秦香莲》。她不仅演技精湛，且功力深厚，老少皆迷，人称"红樱桃"，剧社因此被称作"红樱桃剧社"。衡王由椒本是戏迷，看当红名角洪英瑶唱戏，自然频繁，日久生情，终娶英瑶为妃。二人恩爱有加，为衡王府生一女一男，女慈嫣，男慈安。后因亡明遗老、清廷新贵房可壮密报王府谋反，遂以嘉奖之名将当时的衡王父子及诸王府约百人骗至北京斩杀，并旨令冯溥调集青州旗兵抄王府、灭王族，将皇明衡藩夷为平地。康熙六年（1667），清廷假传王爷荣归圣谕，骗得王府上下雀跃。为贺王爷荣归，王妃洪英瑶特邀樱桃班等剧社进府连唱三天大戏。最后一日下午，英瑶领着一对儿女登台演出她的拿手好戏《秦香莲》，剧情正值高潮，冯溥带青州骑兵包围王府，冯溥宣旨："奉天承

运，大清皇帝诏曰：亡明遗老由榧，明降暗反，欲以举事叛清，特令冯溥查抄皇明衡藩，男丁律斩，女丁充官为奴。钦此。”圣旨宣毕，王府大乱，旗兵大开杀戒，各大戏班子慌忙收场离去。英瑶母子裹在演员中间从冯溥眼皮底下溜出了王府。冯溥按王册清点人口，没有英瑶母子，密令旗兵全城搜捕，严查樱桃班去向，然最终未果。漏掉钦犯，罪莫大焉。冯溥害怕丢官，从乡间抓年龄相仿者，着王府服饰，斩杀结案。英瑶母子三人，得戏班保护，逃出城外，不敢怠慢，一头扎进云门山溜，消失在漫漫黑夜中。时值初冬，阴霾中夹杂寒风下起霰巴砬子，孩子惊吓、饥饿、寒冷，岂能容忍，放声大哭。英瑶见状，亦悲愤交加、心痛如割。但现在什么都容不得多想，硬是拖着疲惫的身子，翻山越岭继续前行。他们住过山洞、斗过歹徒、见过野兽、忍过饥寒、受过欺辱，甚至自毁容颜改姓为“霰”，男名霰安，女名霰嫣。历尽千辛万苦、千难万险，终于躲过风险，流落到大山深处苏家井村（现壮汉庙村）居家生活。后霰安娶媳生子，繁衍至今。

这段历史传奇，不仅印证了霰氏的来历，也说明了末代衡王后裔的存在，同时成为“丁亥之变”民间传说资料。

霰氏家族主要繁衍于青州、临朐、沂源、山西、陕西等地，少数外迁至东北、新疆、河北、河南、云南、海南等地。今壮汉庙村霰氏已经发展到近二百人，在其族谱上①，我们找到了世系图表（图 2-2）。

---

① 己丑霰氏宗谱编纂委员会：《霰氏宗谱》，2009 年。

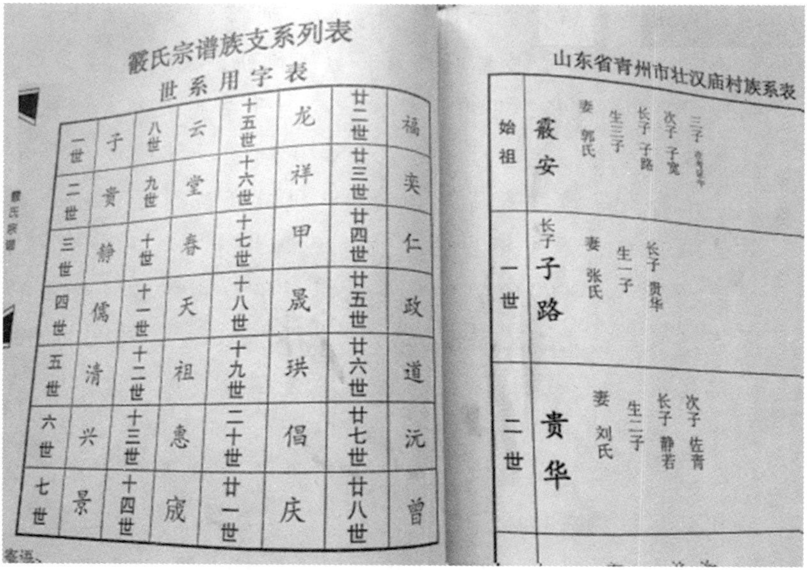
霰氏宗谱族支系列表

世系用字表

一世	于	八世	云	十五世	龙	廿二世	福
二世	贵	九世	堂	十六世	祥	廿三世	奕
三世	静	十世	春	十七世	甲	廿四世	仁
四世	儒	十一世	天	十八世	晟	廿五世	政
五世	清	十二世	祖	十九世	珙	廿六世	道
六世	兴	十三世	惠	二十世	倡	廿七世	沅
七世	景	十四世	宬	廿一世	庆	廿八世	曾

山东省青州市壮汉庙村族系表

始祖	霰安	妻 郭氏 生三子 长子 子路 次子 子宽 三子 [illegible]
一世	长子 子路	妻 张氏 生一子 长子 贵华
二世	贵华	妻 刘氏 生二子 长子 静若 次子 佐青

图 2-2　《霰氏宗谱》

现在，还有霰氏族人定居在莱芜和临朐的亭子、陈家庄。从这一带迁出去的霰氏后人，有的到了沂源县的悦庄（悦庄镇）、南麻（南麻镇）、山水河（燕崖乡），有的到了陕西三原和蒲城等。

（2）青州井塘吴氏与衡王府

之所以将井塘吴氏写进来，是出于对女性基本尊重的需要。多方调研发现，衡王府的一个女儿“下嫁”到这里。具体是哪一代衡王的女儿，比较一致的看法就是第三代衡王。临淄的玉田王后裔在家谱中对此事也专门进行了叙述（图 2-3）①。所以，这里的吴氏后人也可以算作朱明王朝的皇室后裔。

① 临淄齐都《朱氏族谱》，2017 年，第 97 页。

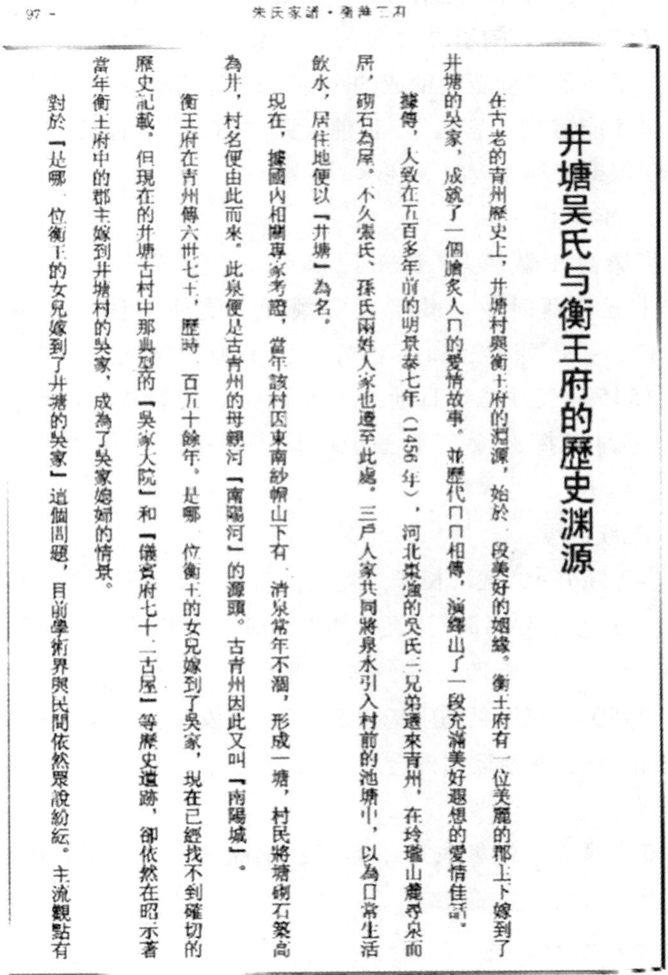

- 97 -　朱氏家譜・衡藩

井塘吴氏与衡王府的歷史淵源

在古老的青州歷史上，井塘村與衡王府的淵源，始於一段美好的姻緣。衡王府有一位美麗的郡主下嫁到了井塘的吳家，成就了一個膾炙人口的愛情故事，並歷代口口相傳，演繹出了一段充滿美好遐想的愛情佳話。

據傳，大致在五百多年前的明景泰七年（1456年），河北棗強的吳氏三兄弟遷來青州，在玲瓏山麓尋泉而居，砌石為屋。不久袁氏、孫氏兩姓人家也遷至此處。三戶人家共同將泉水引入村前的池塘中，以為日常生活飲水，居住地便以「井塘」為名。

現在，據國內相關專家考證，當年該村因東南紗帽山下有一清泉常年不涸，形成一塘，村民將塘砌石築高為井，村名便由此而來。此泉便是古青州的母親河「南陽河」的源頭。古青州因此又叫「南陽城」。

衡王府在青州傳六世七王，歷時一百五十餘年。是哪一位衡王的女兒嫁到了吳家，現在已經找不到確切的歷史記載。但現在的井塘古村中那典型的「吳家大院」和「儀賓府七十二古屋」等歷史遺跡，卻依然在昭示著當年衡王府中的郡主嫁到井塘村的吳家，成為了吳家媳婦的情景。

對於「是哪一位衡王的女兒嫁到了井塘的吳家」這個問題，目前學術界與民間依然眾說紛紜。主流觀點有

图 2-3　临淄齐都《朱氏族谱》

资料显示，第三代衡王有三个女儿。在衡王选婿的那天早晨，靠打柴、卖柴的吴仪宾（明景泰七年，吴氏从河北枣强迁来）到城

里卖柴，听说衡王选婿，想去蹭顿饭填饱肚子。衡王的女儿将绣球抛给了吴仪宾，两人因此结为夫妇。婚后，衡王派人在井塘村为他们修盖72间房屋，为了方便女儿回娘家，又专门在该村与衡王府之间建上了一条用青石板铺成的小道，俗称“官道”，只有很高级别的官员才能铺此“官道”。目前，此“官道”仍保留着。今天，井塘村仍保留了吴家大院等院落。①

（二）平度王

平度康惠王载坲②，庄王厚熵四子，嘉靖十五年（1536）十月二十五日酉时生。载坲天资颖异，质朴无伪，幼知孝悌，长能尽伦，手不释卷，口不辍吟。善书画，崇礼教。嘉靖二十四年（1545）五月二十日册封为平度王。妃靳氏，临朐县民授西城兵马副指挥幺女，生三子：长子翊鏊，次子翊□，三子翊□。

1. 王族传承

平度王翊鏊③，载坲长子，袭王，嘉靖三十九年（1560）九月初一生，万历五年（1577）五月初十日册封为平度王，万历二十八年（1600）三月二十四日薨，享年四十一岁。葬于城东十里庙之原。嫡妃韩氏（东城兵马副指挥之女），生女二人；继妃杨氏（山东青州府益都县两淮运判杨金之女），生二子：长子常湍（袭王），次子常洒。

平度王常湍，翊鏊长子，袭王，妃徐氏，生五子：由榿、由枇、由枵、由檣、五子未名④。

---

① 王宗阳：《青州井塘古村：一个500年历史的世外桃源》，http：//www. e23. cn2014-09-23 08：55：10 舜网 .

② 平度王载坲生平，参见《平度康惠王朱载坲圹志》。

③ 平度王翊鏊生平，参见《平度恭懿王朱翊鏊圹志》。

④ 详见《平度恭懿王继妃杨氏圹志》。

镇国常洏，平度王翊鏊次子，夫人杨氏（益都县儒学生员证之女）。

图 2-4 《临朐村镇志略（辛寨卷）》

据《临朐村镇志略（辛寨卷）》（图 2-4）记载："嘉靖年间（1522—1566），苏姓第八代传人苏成率其子孙徙此[1]定居。因沿河两边古柳树十棵（1975 年前伐光），取名柳行沟。"（图 2-5）"明

---

① 指临朐县辛寨街道柳行沟村。

正德末年（1521），发生平度王事件，该村朱、李、柳姓怕被牵连，均外逃，朱姓大部迁至东南3公里的王家庄①。”“平度王事件后，社会安定，王家庄朱姓又回柳行沟要了很少的房屋钱，赠送部分土地，要求苏姓不要毁坏朱家林。直到‘文化大革命’前，王家庄朱姓每年清明节都还到朱家林祭祖。”②

图2-5　柳行沟古槐树

另据临朐县辛寨街道柳行沟现年六十周岁的苏銮永介绍：

父亲苏德礼等老辈人讲，他们村西南方向有朱家墓地（现已土地置换，成了牛家小庄的地），里面有七八口坟，一口大坟前立有大碑，碑座足有半米厚，据说是平度王坟。这些坟他自己亲眼见过，1970年前后被毁掉了，碑石被埋在了今花沟水库大坝出水的拱形涵洞内。“文革”前，王家庄（今临朐县辛寨街道新王庄）朱姓逢年过节都来上坟。相传，嘉靖年间，皇明衡藩平度王府因对宫中“兄终弟及”之事不满而造反，导致皇宫派兵骑马追杀平度王。当年追至柳行沟村北五华里左右的黄埠店，发生激烈搏斗，最终平度王被杀，官兵取其首级回宫交差。据说，在此之前柳行沟已有朱姓人居住，柳行沟朱姓

① 今临朐县辛寨街道新王庄。

② 详见临朐县地方志编纂委员会编：《临朐村镇志略》，方志出版社2012年版。

人便做了一个铜头，与尸体合成全尸，葬于村西南墓地。当年，王府公主曾一路哭来，为其兄弟奔丧。后来，这一事件被当地人称为“平度王事件”。“平度王事件”二十年后，衡王府又多次被抄，王室后裔被追杀，当地村民心有余悸，怕受牵连，相继迁出。柳姓迁至青崖头，李姓迁至席家洼。事后，朱姓平度王后裔以便宜价格变卖房产，把部分土地送给苏姓人家，并让其看守墓地。(图 2-6)

图 2-6　朱由椟等朱家墓地

根据《临朐村镇志略（辛寨卷）》的记载和临朐县辛寨街道柳行沟苏銮永的口述，可以肯定的是，临朐县辛寨街道柳行沟村，曾经有过朱姓人家居住，且后来迁至距该村东南三公里的王家庄(今新王庄)；这里曾经发生过影响很大的“平度王事件”。

然而，当年的“平度王事件”究竟是怎么发生的，却需要重新分析考证。嘉靖登基后曾出现过关于嘉靖皇帝父母名分的“大礼仪之争”，并未出现“兄终弟及”之事，天启七年（1627）仅二十三岁的由校身亡后，出现过“兄终弟及”之事，但此时的皇明衡藩正值衡宪王薨，衡世子由欅立王，然崇祯元年（1628）这位衡世子就辞世了，其弟（宪王三子）由棷被立为衡王，此时的平度王府为翊鏊长子常湍袭王。也就是说，平度王府共经历了三代平度王：分别为载埗、翊鏊、常湍，他们无论是经历过还是没经历过正德末年，都没有被皇宫追杀的记载。由此看来，“平度王事件”发生时间和涉及人物，有必要进一步考证。

如前所述，平度王朱常湍，生五子：长子由樬，次子由枇，三子由枵，四子由欂，五子未名。奇怪的是，查遍了所有的谱书等各种文献资料，关于平度王常湍前四子的信息，除了平度王杨妃圹志记载“出孙男五”涉及其名号外，概无记载。依据时间推论，第三代平度王常湍应该在1600年前后纳妃，“丁亥之变”前后其五个儿子的年龄大约在30—40岁，他们当中只有长子由樬曾被称为“平度长子”。虽然如此，在常湍之后，他们在民间被称为“平度王”也是很自然的事情。所以，“平度王事件”，应为清军官兵对常湍之子平度王子的追杀。这样，逻辑上也顺理成章：一则背景适合，当时清军官兵对明衡藩之后采取的是斩尽杀绝的政策；二则印证了关于平度王常湍的前四子毫无记载的史实；三则按苏銮永的口述，当时追杀的官兵是骑马而至，符合清军官兵的风格；四则若是明朝官兵追杀，依例不可能将皇室王孙在野外正法，更不可能割掉头颅带走，这种做法倒更像是清军官兵所为；五则若是为明朝官兵所杀，当地百姓从感情到王法，都不可能将其收尸掩埋，更不可能为其制作“铜质头颅”与尸体合而掩埋，倒是清军官兵剿杀之后，当地百姓这样做更合情合理；六则苏銮永关于当时该村朱家林有七八口坟的口述与平度王常湍及其子女数量大体相符（常湍、常洏兄弟二人；常湍五个儿子）。倘若以上理由成立，当时的事实大致如下：“丁亥之变”后，清军官兵奉命剿杀明衡藩一族，朱常湍之子有的被骗至京城诛杀，有的在衡王府被害，有的在逃亡柳行沟途中被清军官兵追杀。所谓的“平度王事件”，应该就是平度王朱常湍之子中的一人在逃亡柳行沟途中被清军官兵追杀的事件。此推论有待进一步考证。

至于后来所有谱书上记载几乎一致的平度王系的“由椟”，应该是平度王朱常湍当时未名之五子。

分析如下：

从内在逻辑上考：明衡藩平度王位下从九世到十一世，文献记载明确，脉络传承清晰。传至十二世“由”字辈，列入平度王位下视野的只能为常湍、常洒之子。常湍子五位：由檯、由枇、由枵、由檽（以上为平度王常湍之四子，后裔皆无考），五子未名（1626年之前）；常洒生二女，无子嗣。而由椟作为十二世的“由”字辈，只有常湍未名五子可以对应。

从赐名缘由上考：因明朝宗室人口太多，从明朝中期开始已无法满足正常按五行偏旁取名的祖制要求了，因此一方面不拘泥于偏旁，只要字中包含相应的元素就可以，比如明末逃到台湾的宁靖王术桂，应取土字旁名字，但用“桂”字（内含土字）凑合了。这还是较规范取名情况，更有甚者若打点拟名的礼部主者不如意，拟名者便不安好心，辄臆造恶字。如衡王宗室慈僽，意为“愁人”，又如晋府庆成王敏虒、靖安王敏没、敏溅，周府曲江王朝䕸、安昌王恭櫋，周府汝阳王勤烝（“烝”字的一层意思是与母辈淫乱），周府安昌王肃渣、洧川王恭榨，鲁府新蔡王新挂，肃怀王绅堵（是位亲王），辽府湘阴王宪烟、衡阳王宠淹，唐府承休王硕鳔，徽府咸平王常蒢、延津王常滄，益府浦阳王常浆、仁化王由条，岷府祁阳王干蛙、广济王干肿等，不一而足。衡府平度王翊鏊之孙常湍之子赐名为由檯（“檯”字有“农具”之意）、由枇（“枇”字为一种树木）、由枵（“枵”字有“空虚”之意）、由檽（“檽”字一意同“柩”），肯定是平度王府没有打点得礼部拟名者满意，导致其恶意起名。至于1626年前未名的常淛五子，后来赐名由樸（“樸”字为木匣子），亦属自然之事。

从时间年龄上考：朱翊鏊继妃杨氏（山东青州府益都县两淮运判杨金之女），万历十八年（1590）九月“册封为平度王继妃”。按正常情况计，万历十九年（1591）底朱常淛出生，到1610年左右便可结婚生子，到1619年左右朱常淛之五子即有可能出生。朱由樸迁于今临朐县辛寨街道柳行沟居住应在1640年前后（据今柳行沟苏姓知情者和今大郝庄张姓知情者介绍，朱由樸及其子女1649年前已在其居住的柳行沟村置办了土地和房产，而做到这一步，三年五载是不可能的）。到康熙初年，由樸或许刚刚三十七八岁，其长子慈炬、次子慈灯亦在十六七岁左右。此后不久，朱由樸之女和朱由樸本人相继去世（据平度王后裔、今临朐县辛寨街道新王庄村朱氏朱迪武、朱先庆、朱先锋等多位族人口述，朱由樸去世时四十岁左右）。约在康熙年间的1667年，朱由樸长子朱慈炬、次子朱慈灯（当时约有二十多岁）变卖家产，分别迁于今临朐县辛寨街道新王庄（原王家庄）和莒县东莞镇东莞集居住。这与现存于今临朐县辛寨街道新王庄（原王家庄）老墓地的碑文记载基本吻合。另据今临朐县辛寨街道大郝庄张姓知情者介绍，当时慈炬、慈灯迁居，其表兄表姐等曾予以阻拦（据说其房产、地产等是其表兄表姐家帮助置办的），但终因慈炬、慈灯决心已定，没能拦住。① 综上所述，其中涉及的时间、人物、事件、年龄等，都基本吻合。

从亲情生活上考：一方面，朱翊鏊之二女，远嫁今临朐县辛寨街道大郝庄，此村距青州衡王府四十多公里，而其弟常淛有五子，

① 据今临朐县辛寨街道新王庄（原王家庄）慈炬后裔朱氏知情者介绍，由樸女儿去世后、由樸本人病重期间，即嘱咐慈炬、慈灯二人，说此地风水不适合再居住下去，将来要向东南方向迁居。

作为年龄最小的由棪迁至其二姑家附近居住，也在情理之中。另一方面，到 1644 年左右，朱翊鏊之二女已远嫁他乡近二十年，此时的张宗孟，已名声显赫，而在“张印立之事”① 之后，更是名声大噪。然此时的明朝和衡藩，一个国库空虚，一个俸禄不及，是摇摇欲坠的一个“空架子”，大不如从前了。这对习惯于过去养尊处优的平度王常湍之子而言，寻找生活后路或者说为将来的生活早做打算和铺垫，亦是生活所需。在此背景下，朱由棪投奔生活条件优厚的二姑家，亦为不二选择。

由棪长子慈炬，次子慈灯。②

慈炬配高氏，生一子：和琯。

和琯配王氏，生五子：怡钦、怡铎、怡铭、怡钋、怡鑑。

长子怡钦，配孙氏、刘氏，生子伯江。伯江配高氏，生子仲楷（无嗣）。

次子怡铎，配陈氏、张氏，生五子：伯海、伯淮（出嗣）、伯

---

① 张印立，字参我，临朐县仁寿乡郝庄社（今辛寨街道大郝庄村）人。明万历三十七年（1609）生，二十余岁中秀才，崇祯六年（1633）中举人，崇祯十年（1637）得中丁丑科刘同升榜三甲第一百八十六名进士，授直隶藁城县知县，转升南京户部浙江司主事，再转陕西司郎中。不久因母去世回家守制。及至满孝三年，吏部却未启用。张印立苦闷家中，邻人劝他去拜见婶母。婶母即翊鏊之二女、张宗孟之室。及至邻人怂之再三，张印立遂借春节拜年之机叩拜其婶。朱氏对他说：“后日初三，大侄子随我去青州王府，见见你姥爷家的王爷，求他们进京启奏圣上，谋个官阙，重新启用!”后衡府上奏朝廷，果然被朝廷重新任用为最后一任杭州知府四品官员。清顺治二年（1645）清兵南下，张印立弃官回故里。康熙初年，清廷劝其至京出仕，张印立以年老有病为由，婉言谢绝。一生著述极多，曾总裁《康熙临朐县志》，世存《程朱理学析注》《宝瓶文集》等。康熙三十八年（1699）卒，时年九十一岁。

② 详情参见今临朐县辛寨街道新王庄（原王家庄）村南凤凰岭南麓墓地《朱氏祖茔谱碑》。

湖、伯清、伯洲（监生）。伯海配马氏，生子仲兴；伯淮配张氏，生子仲梅；伯湖配赵氏，嗣子仲楷；伯清配张氏、付氏，生子仲桐；伯洲（监生）配刘氏、张氏、刘氏，生三子：仲楷（出嗣）、仲榕（监生）、仲标。

三子怡铭，配贺氏，嗣子伯淮，生子伯川。伯淮配张氏，生子仲梅；伯川配张氏，生子仲奎。

四子怡钋，配巨氏，嗣子伯汶（武庠生）。伯汶配马氏，生二子：仲椿、仲松。

五子怡鑑，配梁氏、陈氏，生二子：伯汶（出嗣）、伯相。伯相配张氏、李氏，生六子：仲梁、仲桓、仲楠、仲杨、仲槐、仲柏。

慈灯，生三子：和增、和塘、和政。

长子和增，无嗣。

次子和塘，无嗣。

三子和政，子怡链、怡银。

据多次赴临朐辛寨、莒县东莞、诸城枳沟等地有关村庄的朱氏家族考察，朱慈灯先迁居莒县东莞，居住约两代后，至“怡”字辈兄弟怡链、怡银二人东迁。据说兄怡链去“城东”，裔无考；弟怡银迁今五莲县许孟镇牛家官庄，怡银支在牛家官庄繁衍至“仲”字辈为兄弟四人（详情失考），因受当地人歧视，在三位兄长去世后，四弟携子迁至今诸城市枳沟镇后寨村，现已繁衍到四五十人。

2. 平度王后裔

该支系在今临朐县辛寨街道新王庄、山旺镇乜家河、诸城市枳沟镇后寨，乃至莒县东莞等地，都有其后裔。

（1）临朐县辛寨街道新王庄（原王家庄）朱氏

临朐县域内，明朝青州明衡藩后裔居住过的地方约有十个村庄，除临朐县城北亭子村、山旺镇乜家河为后来迁入外，其他包括临朐县辛寨街道柳行沟、新王庄、中白沙，以及蒋峪镇常庄、东城街道董家崖、山旺镇龙岗和西桃花等，均属于该县南部山区和东南部丘陵地带。

今临朐县辛寨街道新王庄（原为王家庄，古谱上称之为“小王庄”），位于临朐县城东南三十里处，古谱上称之为“骈邑东南”，古代名镇盘阳（今东西盘阳村）之南①。新王庄东边有烟墩烽火台遗址，北边有大郝庄猫马坟、大小店子南北朝古墓、柳行沟王坟墓（即现新王庄村明衡藩平度王后裔之十二世祖由棱公之墓），西北有其形似卧牛的牛山，西有古城朱虚县旧址等。西北方向的牛山，为当地海拔最高（海拔513米）之地。

牛山不管从哪个方向看，均似一头黑黢黢的大卧牛，因此得名牛山。传说过去有一人常在这里放牛，有一次从家里赶来九十九头牛，到这里竟成了一百头。这件奇事一传十十传百，引来了一位南方的风水师，他猜其中必有蹊跷，便来观察，最后认出了一头金牛。于是，他从包里取出一形似木瓜的法器，扔向金牛角，意欲瓜（挂）住金牛，据为己有。谁知，金牛被打掉了一只角（后来此“角”落地之处，便是附近的“罗家树”——谐音“落角处”，但此村无一户罗姓）后，竟卧地不起，变成了一座山，后人称之为

① 盘阳有着三千多年的历史。盘阳，在人文地理上为一个区域，即洪山、福山、葫芦山以西，郱山（现宝瓶山）、丹水岭以南，牛山、大山岭以东，虎山、凤凰岭以北，红庙子、古城以西，共方圆十公里的丹河流域。因居盘水之阳而得名。早在西周时期因临近郱山（现宝瓶山）为纪国郱邑；到春秋后并入齐国，故有“临淄为京，盘阳为城”之说。公元186年，封刘章为朱虚侯，属琅琊郡朱虚县，县址即在今辛寨街道古城村（新王庄西邻村）。南北朝时期的南朝刘宋王朝设般阳为县（始称般阳，今盘阳村），隋朝并入临朐，唐朝又废临朐置般阳县，后再并临朐县。

“牛山”。据当地老人讲，“牛山通东海，是东海的海眼”。不管“通海”之说是不是真的，但这里的确有独特的气候，整个牛山东南一带的气温，较当地其他地区低 2℃以上。山顶还有个寺庙，每年农历五月二十八，附近的善男信女即到庙里祈求风调雨顺。

在潍坊朱明王朝的皇室后裔中，有两个村庄的朱氏无论如何也绕不过。一个就是昌乐鄌郚大王庄（旧称“大王家庄”），一个就是临朐辛寨新王庄（旧称“小王家庄”）。在我们调研的大王庄的朱氏族谱上，对此也有明确记载，族谱上的称谓分别是“大王家庄”（前者）和“小王家庄”（后者）①（图 2-7）。

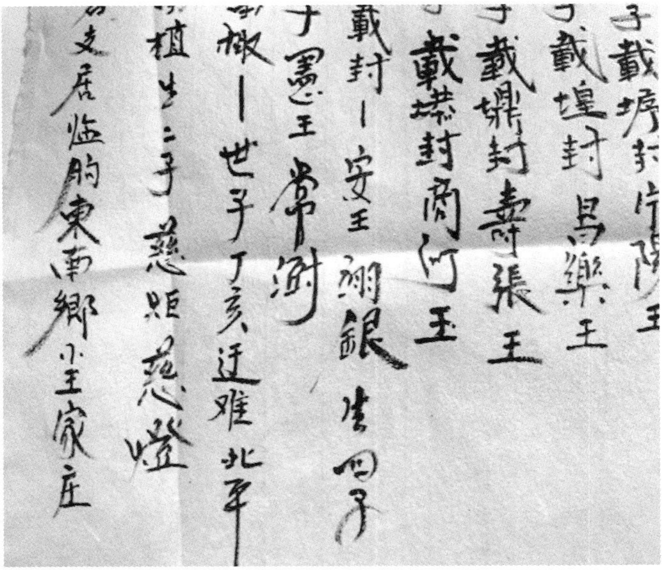

图 2-7　朱猷庆《朱氏族谱》手抄版

根据文献和调研资料显示，新王庄祖辈是朱慈炬和朱慈灯兄弟

---

① 参见昌乐鄌郚大王庄朱猷庆收藏抄本《朱氏族谱》，最后一行注明了“右支居临朐东南小王家庄”。

两人（慈灯支脉不久即迁至莒县东莞）。

对此，新王庄的朱迪武口述如下：

在我年幼时，老辈们常说，祖上代代相传，丁亥之变后，由棂公携子女从青州府出逃，先是到了临朐的柳行沟，住了没多久，由棂公的女儿便去世了，由棂公自己也得了重病。这种情况下，由棂公便叮嘱慈炬、慈灯二子，看来这里不适合我们居住，你们兄弟赶紧朝东南方向走，走得越远越好。由棂公去世后，慈炬、慈灯祖便遵父嘱托，向东南前行。到了临朐县东南的王家庄后，兄弟俩商量，为避免清廷的追杀导致灭族之灾，慈炬留在王家庄，慈灯继续前行至莒县东莞定居。

新王庄村里人还说，该村原来还有王姓大户，当朱姓迁来后，王氏逐渐败落、迁走。现在，该村朱氏人口有700多人，是课题调研过的朱氏人口最多的村庄。该村最高辈分是“迪”字辈（仅朱迪武一人），最低辈分是“祁”字辈。

清朝光绪二十六年（1900）立于临朐县王家庄（现改名为新王庄）朱氏墓地保存完好的墓碑及碑记①（图2-8）等资料，也补齐了朱由棂“乃前明衡恭王后裔”的重要证据。碑文（根据原碑文整理）及拓片如下：

盖闻晦而复显，固天运之迭，乘久而弥彰，亦人事之交致，此谱碑所由建也。我朱氏迁于朐邑东南王家庄者，为慈炬祖，乃前明衡恭王后裔由棂公之长子也。溯自国朝定鼎，顺治

① 《临朐县新王庄朱氏族谱新编》，2017年，第13页。

丁亥年后，除苛政，布鸿恩，吾族戴德沐仁，安居乐业，二百余年矣。麟趾呈祥，螽斯衍庆，迄今族姓之多，椒蕃竹立，不有谱石以系之，何以别其支派乎？于是族人简明等鸠众醵赀创建谱碑二石以志之。因嘱序于余，余思：水之有源者，其流必长；木之有本者，其叶必茂。今者瓜瓞绵绵云，仍济济回视往昔，殆愈盛而愈繁焉。岂非祖功宗德积善累仁之所致哉！爰振笔直书谨序其颠末如右云耳。

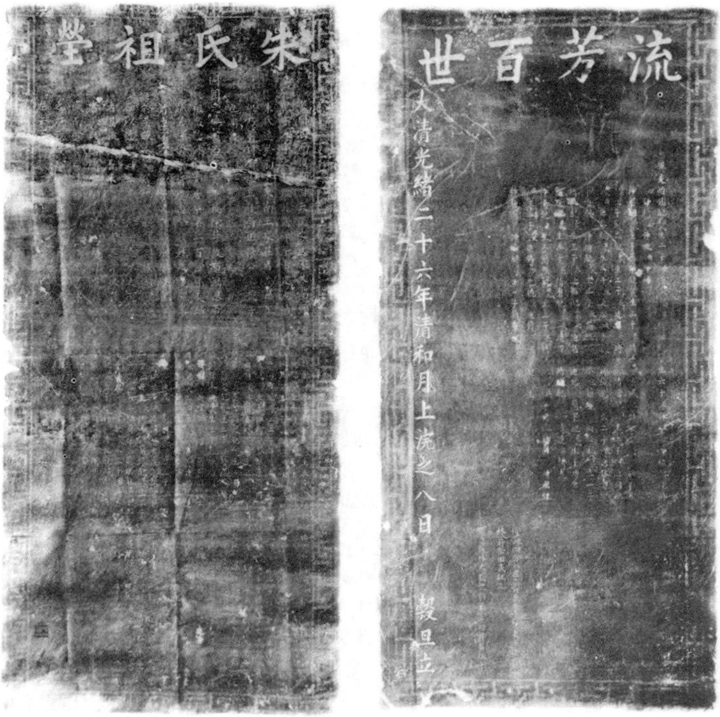

图 2-8　新王庄朱氏碑

（2）山旺镇乜家河、朱家庄等朱氏

据课题组实地考察得知，现临朐县山旺镇乜家河朱氏，始迁者

“迪”字辈，迁到这里使用的是“朱英”之名（对于为何不遵从老祖宗赐下的字辈起名，原因说法不一）。乜家河朱氏的调研颇为周折，最后，经村里的村民、朱姓老人和村干部的共同回忆和确认，乜家河的朱氏就是从辛寨王家庄（今辛寨街道新王庄村）迁去的。

该村到2017年底户口上登记在册的是605人，是这次调查朱姓人口数量位居第二的村庄。2015年，该村的朱氏族人到辛寨王家庄（现名新王庄）认祖，老人们回忆说，辛寨王家庄曾让该村的朱姓到墓地分取松树（按照当地风俗，家族的墓地是公共的，墓地一般都种植常青的松树，如果松树成年该砍掉，所有族人都有权取得其该得的部分）。在20世纪70年代，该村的老书记还见到过墓地上的碑（当时尚在井台上，但已经残为半截碑）。

该村朱氏起名时没有遵从高祖赐下的字辈。该村当下的朱氏辈分主要是“振”“兴”“瑞（庆）”“明（文）”“洪”“永”。

山旺镇朱家庄的朱氏则是从乜家河迁来的，辈分与乜家河基本一致。该镇的吴家庄也有朱氏，但根据镇志等资料记载，这里的朱氏是在永乐年间从山西洪洞县迁来的。如果记载没错，吴家庄的朱氏当与我们课题中的皇室后裔朱氏没有紧密的血缘关系。该镇的柳行沟、黄山店的情况与此类似。另外，该镇的吴家崖也有朱氏，但从该村的朱氏族谱等可靠资料看，该村朱氏是明朝末年从安徽休宁迁到临朐太平（今属于临朐北关）的，应该也不属于衡藩后裔。

顺带提及的是，临朐东城席家洼的朱氏后人也是衡王后裔，但该支没有族谱作为证据。2018年，据最高辈“先”字辈的朱先华（现已经离世）和村上的其他人回忆，最早来立户的是朱靖会。朱靖会生四子：朱迪福、朱迪楼（祥?）、朱迪彩（喜?）、朱迪升。朱迪福育有四子一女，四子分别是：朱先尧（二子三女）、朱先顺（抗美援朝烈士）、朱先华、朱先汤（无后）；女儿朱玉真（定居沈阳，育有二子二女，已病故）。朱先华育有四女（“猷”字辈）：朱翠萍、朱翠华、朱翠香（朱晨）、朱艳伟。

（3）诸城枳沟镇后寨朱氏

诸城历史悠久，文化灿烂，因上古舜帝出生于城北的诸冯村而得名。鲁庄公二十九年（前665）冬，鲁国在石屋山（今庙山）东北、潍河之南城诸，取名诸邑（故址在今枳沟镇乔庄，许多老谱在记载明衡藩后裔所逃亡地点时，曾多次提到过“诸邑”）。西汉吕后七年（前181）置县，宋代为密州州治所，明洪武二年（1369）隶属青州府，清袭明制，仍属青州府。诸城市位于泰沂山脉与胶潍平原交界处，地势南高北低，自南而东为起伏较大的山岭地带，间杂若干谷状盆地，西部、中部及北部属胶莱冲积平原南部的潍河平原，其边缘有低缓山丘分布。这样的地势便于隐藏。

改朝换代之际，衡藩一支，逃至诸城阿洛子。据该村《朱氏族谱》记载：“吾支派系洪武后裔由青州逃居胜水西阿洛庄。”这里所说的“胜水西阿洛庄”，即现在诸城市桃林镇阿洛子村（该村村名方言读为 wō luò zi）。该村所在的桃林镇，位于诸城市东南部，也属于多山地带，大小山头近四百座，至高点海拔近600米，也是诸城市的最高处。至于枳沟镇的后寨和林家村镇的桃园，亦是有山有水，既适合藏匿，也适合生活。当年“诸邑”曾有汉阳王后裔在此居住过，现仍有平度王常淛之孙慈灯后裔居住。枳沟镇后寨位于诸城市西南部，属于潍坊、日照、临沂三市交界地带，附近的庙山虽不大却很有灵气，桃园则位于诸城市境东南部，此地三面高山环抱，中有峡谷溪流，是宜居之地。衡藩后裔多有人在此居住。

今天的后寨朱氏是从莒县东莞迁出的。从东莞迁出后，朱氏先迁到牛家官庄（现为日照市五莲县许孟镇的牛家官庄），在牛家官庄生活了较长时间后迁至现在的诸城市枳沟镇后寨村。后寨的朱迪明和朱迪方族人口述如下：

我们祖上从东莞迁出来的时候是弟兄两个，一个去了城东（城东指的是诸城东部还是莒县东莞东部已无从考证），一个到了牛家官庄。我们就是迁到牛家官庄的那一支。现在的牛家官庄已经没有姓朱的人了。但牛家官庄有我们姓朱的八口大坟。三口是我们的三个老爷爷（“仲”字辈），四口是我们的老老爷爷（“伯”字辈），还有一口是老老老爷爷（“怡”字辈）。我们的老爷爷是老四，他领着孩子们到了后寨。为啥迁出，据老辈说那里的其他姓氏欺负我们姓朱的，把我们的地叫“起刀子地”（“起刀子”在农村是杀猪用的，这里有把“朱”污蔑为“猪”的含义），来诅咒我们姓朱的。（2018 年 10 月 25 日，后寨，朱迪明家）

两位族人的叙述也从其他朱氏族人（例如诸城桃林阿洛子的族人）那里得到了印证。

令人欣慰的是，当课题组将了解到的该支脉的具体传承情况告诉朱迪明和朱迪方等族人时，他们欣喜万分，大呼“终于找到自己最亲的人了”。此前，后寨族人只知道自己是朱由椟（他们把“椟”字读作 mài）的后人，但朱由椟到底是衡王府哪个王的后裔，其后人迁到哪里等，他们一无所知。我们的这次调研终于解开了他们的疑团。起笔的此刻，我们仍然记得当时那种热烈而激动人心的场景。

（4）日照莒县东莞朱氏

莒县位于日照市西部，东临日照东港区、五莲县，西界沂水县、沂南县，北接诸城市，南毗莒南县。莒之地名，始自原始社会东夷民族的莒部落，秦灭六国后始行郡县制，莒国改称莒县。莒文化与齐文化、鲁文化并称为山东三大古文化。莒县地势北高南低，四周环山，中间丘陵、平原、洼地交接，海拔 200 米以上的山峰有 450 余座。

莒县东莞，被誉为莒县“北大门”，位于莒县北部山系中，该地群山环抱，古代经济文化较为繁荣。西见小泰山、穆陵关、峨岣山，东望马耳山、琅琊山，有苍翠环绕的九顶莲花山，有起伏蜿蜒的齐长城，有沈刘庄汉墓群等国家级重点保护文物。正因为莒县东莞的地形地貌、人文环境，加上此处当时经济繁荣，传说有明衡藩可靠的亲戚在此过得好，故有平度王、宁阳王、昌乐王、新乐王等王室后裔汇聚于此，生活、繁衍。据至今还居住于此的宁阳王后裔朱有（猷）军、朱有（猷）会、朱有（猷）文等人介绍：

当年衡府后裔，不仅购置了大量的土地房产，而且经商做贸易，并在东莞集上建立了商号，买卖做得很大。南来北往探亲访友的衡府后裔，常在此聚会。只是后来太过显露，甚至戏弄县官，导致吃了官司，从此一蹶不振。衡府后裔有的变卖资产，迁移他乡。今诸城乃至沂水、日照等地的明衡藩后裔，多有从此迁出者。(图 2-9)

图 2-9　衡王当年在莒县东莞镇建造的房产

东莞之所以特别提到，一方面因为曾有平度王后裔朱慈灯支脉，而慈灯支脉是从上文的新王庄迁出的；另一方面，该镇也还有庄四子宁阳王和庄五子昌乐王后裔。

对东莞村朱慈灯的后人，家谱鲜有提及。并且，朱慈灯后人到底迁到了东莞的哪个具体村落，不得而知。为此，课题组到了东莞多次，最后终于了解到，从新王庄迁出后，慈灯支脉先迁到了东莞镇东莞村（族人称之为“东莞街里”，指的是东莞镇的中心地区，现在还有不少地方存有这样的称谓），后又从这里迁到了外地。该村的朱有（猷）军口述如下：

> 爷爷（“迪”字辈）说，他年轻时在村的河南面还见过慈灯墓的墓碑，上面有慈灯的名号等，迁到东莞的朱慈灯的后人（“和”字辈）有点不务正业，还染上了赌钱的恶习，家业慢慢衰落。到了“怡”字辈，就依赖歪门邪道过活了。由于在当地口碑不好，后来实在生活不下去，就外迁了。据老辈讲是往东去了。今天，东莞基本没有朱慈灯的后代了。但据说在（东莞）菊家窑村仍有慈灯的后人。该村的“迪”字辈仍有老弟兄四个，较低辈的辈分是“猷”字辈。（2018 年 10 月 14 日，东莞）

其口述材料从诸城后寨族人朱迪明、朱迪方的回忆中得到了印证。另据考察得知，确如朱有（猷）军所说，朱氏至“怡”字辈时兄弟二人东迁，一个去了“城东”，一个到了今日照市五莲县许孟镇牛家官庄，繁衍至“仲”字辈为兄弟四人，长、次、三兄去世后，因当地百姓歧视朱姓，兄弟四人中的四弟便携子迁至今诸城市枳沟镇后寨，其后裔有四五十人。

（三）宁阳王

宁阳王自九世载埩始，经十世翊鏉止，共二代二王。十一世"常"字辈，为常泓①。十二世由标，生子慈凤。②慈凤生二子：和玫、和瑯。长子和玫，无嗣，嗣子怡铊。次子和瑯，生三子：怡铣、怡铠、怡铊（出嗣）。"怡"字辈后至"伯""仲"二辈，有文字记载（谱碑或谱书）的有"伯澄"（怡铣子）、伯乐（怡铠子）③，其他已无记载。回顾历史，此时正值"捻军"④ 反清时期，宁阳王后裔或被清兵进一步清剿，或参与了捻军的活动，也未可知。

1. 王族传承

宁阳恭惠王载埩，庄五子，谥号曰恭惠，妃潘氏，继妃胡氏（安东卫指挥使之女）。生子翊鏉。嘉靖二十五年（1546）封王，天启二年（1622）薨。

翊鏉，载埩长子，字蓬玄，袭王。万历三十九年（1611）封长子，后嗣王位。据乾隆四十九年（1784）莒县净土寺碑文记载：明

---

① 常泓为清朝恩贡，顺治二年（1645）寿终。

② 详情参见莒县东莞镇朱家林村墓地《朱氏祖茔谱碑》。

③ 同注②。

④ 捻军（1853—1868），是一个活跃在长江以北皖、苏、鲁、豫四省部分地区的反清农民武装势力，与太平天国同时期。捻军首领为沃王张洛行（张乐行）、梁王张宗禹、幼沃王张禹爵、勇王龚得树、遵王赖文光、鲁王任柱、卫王李蕴泰，与太平军互有联络，行踪飘忽不定，难以捉摸。捻军骑兵纵横驰骋于皖、豫、鲁、苏、鄂、陕、晋、直（冀）八省十余年，极盛时期总兵力达二十万众。1865 年，清朝科尔沁亲王僧格林沁中伏被全歼之后，清朝倾全力对付捻军，动用团练湘军、淮军及数省兵力，利用地形，"画河圈地"，打击捻军。后分为东、西二捻，西捻为左宗棠所平定，东捻乃李鸿章所灭。

清易代之际，载埣之子翊鏉在国亡后逃至莒县净土寺①出家，法号通彻禅师。妃张氏（无子嗣）；二室刘氏，生子常泓。常泓，字渊若，袭王，原配查氏、继配范氏，生子由标。现莒县东莞镇朱姓，包括东莞、朱家林、大王坡、天齐庙、季家山、孙家石河等村，绝大部分为宁阳王翊鏉后裔。

宁阳王载埣及长子翊鏉两代郡王都与宗教有密切关系，据《青州真教寺建寺碑》所记，青州城里的清真寺“系明宁阳王载埣所立”②。据乾隆四十九年（1784）莒县净土寺碑文记载：明清易代之际，载埣子翊鏉在国亡后逃至莒县净土寺出家。另据多版老谱记载：翊鏉“四十三岁值丁亥变出亡日照县僧终葬于日照西南镫山（今日照市莒县东莞镇东莞村北）”。乾隆二十九年（1764）所立现存于日照市莒县东莞镇朱家林墓地的墓碑，其碑文虽已残存不

---

① 净土寺在莒县碁山镇政府驻地西北三公里处。据碑载，碁山寺又名净土寺，始建于唐太和年间，距今约1200年，明代时香火最为旺盛。从该寺遗留的蟠龙赑屃碑看，蟠龙赑屃镂刻精细，蟠龙两爪捧圣旨处，不是“圣旨”二字，而是“碁山净土寺”五字。这种形制，当与皇家有关。碑文因风雨剥蚀，大部难以辨认，但从“皇帝万岁，太后千秋，金枝玉叶”，“天眷宫妃，暇时前来”等字句看，此寺应是皇室成员佛门修行的替身寺庙。该寺特有的晨鼓暮钟即是当时有名的莒州外八景之一“山寺晚钟”。

② 据《青州真教寺建寺碑》所记，青州城里的清真寺碑文记载了东关清真教寺和城里清真寺的始建与重修，碑文称：青州府东南隅清真礼拜寺“自大元大德六年元相伯颜后裔所立。自大明洪武定鼎，荒废逃散止存不过三五家。承理有明成化丙戌科进士刘瓒，官至陕西按察司副使分守汉中兵备道重建。又有明正德辛未（1511）科进士杨应奎，官至河南南阳知府重建。东门内迤南礼拜寺，系明宁阳王载埣所立，有明乙丑科进士马之骥，官至国子监司业重建。两寺根本，修建始末，立石垂世，永久于后。”迄今城里清真寺后阁楼内西山墙上，嵌有衡庄王厚熵为建寺题写的“清真教寺”石碑。修建清真寺题写碑刻，反映出明衡藩与青州伊斯兰教的关系相当密切。

全，但从依稀可见的文字中仍可判断，此碑为宁阳王后裔慈凤（从莒县迁坟而来）之墓碑，慈凤曾祖父即为宁阳王翊鏉，祖父常泓，父亲由标。

另据2017年8月8日古村之友志愿者自称朱礼宏、大明宗潢名朱先浤发文载：

> 据传说，明王朝的后代在此隐居，想知道他们是怎么来的吗？在影视作品中，常常有世外桃源的存在，并伴随着一个神秘的家族，或肩负着使命，或隐藏着秘密。而江苏连云港的朱家良庄就是这样一个藏着秘密的村庄。村庄里的“秘密”：李闯王颠覆明王朝后，清军入关，明王朝的子孙成为追捕的对象，只能拼命逃亡，其中有王室后代逃到了莒州碁山净土寺。人们发现寺庙内一直保存一块蟠龙石碑，碑文内容清晰翔实：清初，明皇族翊鏉在国亡后逃至莒州碁山净土寺出家，法号通彻禅师。通彻禅师有八个徒弟（兄弟和子侄）。他圆寂后，弟子云峰（即其长子常漆）继之。而最近出土的一方墓志，也佐证了与此有关这次改朝换代的准确时间，此时为丙戌年，即清顺治三年（1646），青州衡王府遭到清朝官府第一次检剿的时间。至辛卯1651年，南明永历五年，鲁王监国七年，清顺治八年，北兵第二次检剿。碁山净土寺，僧人四散，佛殿倾圮。宁阳王子等八人不得已而赴舟山海东，追随鲁监国参与反清复明。然而舟山海东破，众人失散。其中宁阳王子兄弟四人，逃至赣榆吴山和莒地。正如朱家良庄家谱中所记载：“我祖兄弟四人，由海东迁徙而来。”其中莒南坊前有一地初称为“朱家王子”居住地，后谐音谓“朱家洼子”。宁阳王子兄弟四人：常漆、常汕、常湳、常漉。其中，常漆生子一：由檷。由檷生子二：明伦（慈焮）、明山（慈烱），系大明燕王帝系世辈字“慈”字辈，取五行

“火”部首字名，即末代宁阳王翊鏉两曾孙。没过多久，又从“朱家洼子”迁徙到赣榆吴山西麓上林镇马家庄，以打铁做掩护为营生，后繁衍生息，宗人增多，马家庄遂改名为朱家良庄，现已发展为三百余户一千余人口的自然村。①

课题组虽曾亲赴连云港市的朱家洼子、朱家良庄等地实地考察，但此文所述是否属实，由于资料等所限，未能作出确定性结论。若文中所述“朱家洼子”村朱氏来历属实，则他们应是明衡藩宁阳王后裔。

由标，宁阳王常泓子，配韩氏（淄川韩宅女），生子慈凤（字九儒，配丁氏，生二子）。

2. 宁阳王与净土寺

宁阳王与净土寺关系十分密切。从今家居莒县碁山镇净土寺附近的纪家坪村宁阳王后裔朱全武整理的净土寺的有关资料，或许可窥其端倪。

民间谚语有云：浮丘文，马鬐武，碁山佛教属净土。由此可以看出碁山净土寺在佛教界的地位与影响。碁山净土寺有一墓碑，书“通彻愿臻云峰绪道入九觉泰”。题上下联：“清风扫地归净土，明月坠山倚空门。”

碁山净土寺始建于唐太和年间，距今约1200年。现在，在净土寺寺前，有一元朝时期的赑屃蟠龙碑（图2-10），在寺前的林地中，有一乾隆四十九年（1784）刻制的石碑，记录了这样一篇碑文：

城阳之北境，有净土寺，在碁山之南。自唐宋以迄元

① 2017年8月8日古村之友志愿者网络微信号gclzyz2014网文。

图 2-10　莒县碁山镇净土寺碑

明代有高僧，然皆不可考矣。粤自国初，有通彻禅师，所谓爵封宁阳王者也。师以官家之苗裔，天汉之支派，性嗜释氏，心切空门，视富贵如浮云，视祇园为帝乡。审其命名之义，其人概见矣。师有弟子四人，师之弟子有弟子八人，皆讲经说法者流，而独得衣钵之真传者，则师之徒曾孙云峰上人也。云峰为成行僧，不饮酒，不茹荤，目无邪视，耳无妄听，足不逾方丈者数十年，惟面壁明心而已。云峰之弟子曰绪道。绪道者，承绪道统也。若法名本成，法号入九，则云峰上人之徒孙，而通彻禅师之六世孙也。入九以开创之业始于通彻，承继之善盛于云峰，使其事行、姓字湮没无闻，不几负当年之苦心乎？爰是出资鸠工，立石墓侧。俾后之览者，得既其事行，称其姓字，使先师不没于后世，庶可以少抒其仁孝之心云尔。仆以乐褒人善，虽贻笑大方家而不辞也，故叙之因。为之诗曰：

识破楼花悟本真，蒲团竹几了前因。
云峰定入长生路，通彻应为不灭人。
灵鹫飞来锡杖旧，岚光重处袈裟新。
当年圆寂归极乐，双履翩翩不染尘。

落款为“秀真处士张奠隍撰并书”。

从相关资料，可以做如下引申和推论：

——1644 年 4 月，李自成率军攻陷北京。6 月，清军打败李自成部，抵达北京。同月，明朝福王由崧即位于江南，改元弘光。

——1645 年，清廷将末代衡王由棷等至亲眷属诓至京城。

——1647 年，清廷下令将衡王府以下其他郡王押送至京，囚禁多年后则将其秘密处死。二代宁阳王翊鏉得到密报，带领宗室及亲信若干人出逃。翊鏉及宗室亲信后逃至莒县碁山净土寺隐匿并出家于此，时年四十多岁，法号通彻。

——康熙初年（1654—1667），清廷以叛乱罪杀衡王及其他郡王后，查抄衡王府，翊鏉之子常泓后迁居于今莒县东莞镇东莞村，后世子孙均居于此。此后，衡王府其他郡王之后也多有在东莞居住者。

——1668 年 7 月 25 日，莒县郯城大地震。莒县碁山、东莞也在这次大地震的范围之中。碁山净土寺一夜之间成为废墟。有一衡王府其他郡王后裔，夫妇均在震中死亡，剩一孤儿幸免于难。翊鏉安顿好自家后裔之后，便带此孤儿又匆匆去了碁山，重建净土寺，为此孤儿取法名广秀，后起法号云峰。前碑文中“足不逾方丈者数十年”便是此后的情形。云峰在净土寺跟随翊鏉识文、学字，研讨经文，“而独得衣钵之真传者，则师之徒曾孙云峰上人也”，说的便是此时的情景。翊鏉圆寂之后，由徒孙愿臻继之。愿臻者，愿望达到也。此时，云峰已长大成人，他在前辈的基础上，在净土寺广垦荒地，广植树木，重修寺院，重塑佛像，广招戒徒，使净土寺又重现昔日的盛况。愿臻圆寂之后，云峰继之。云峰之弟子曰绪道，绪道者，承绪道统也。道统何也？以朱氏宗族为中心也。云峰圆寂后，绪道继之。绪道圆寂后，入九继之。“若法名本成，法号入九，则云峰上人之徒孙，而通彻禅师之六世孙也。”入九圆寂之后，觉泰住持。碑文中记述的“师有弟子四人，师之弟子有弟子八人”便是这一时期的情形。

自丁亥之变，翊鏉后代一脉单传至“常”“由”“慈”字辈。慈字辈生两子，即“和”字辈。长子无嗣，次子生三子，即“怡”字辈。此时正逢乾隆盛世，怡字辈之后伯字辈出现了众多后生，伯字辈即通彻禅师之六世孙也。然明衡藩宁阳王后裔朱氏自定居东莞以来，在当地与多方面存在着不同程度的矛盾：一是与官府的矛盾。此时的官府是清廷的官府，官府把朱氏视作“前朝余孽”。二是与地方豪强的矛盾。地方豪强为了自己的利益与官府勾结，打压朱氏，然而朱氏后裔骨子里以皇室自居，而且国仇家恨的观念从来就没有泯灭过，这样就造成了朱氏在当地与官府和豪强的经常性矛盾冲突。

据今莒县东莞宁阳王后裔朱有（猷）军等人介绍：

> 在此背景下宁阳王后裔朱氏，曾一度联合其他王府后裔朱氏，以及当地对清廷不满的村民，举旗反清，打到今诸城一带，后被清军剿灭散逃。

其散逃者，有的去了江苏一带参加了南明政府的反清复明战斗，南明政府失败后，他们逃至鲁南苏北一带随当地的朱熹后裔居住①；有的逃至其他地方隐姓埋名。

至清朝同治年间，捻军来到莒地，当年留在当地居住的宁阳王后裔朱氏，联合其他反清团体，毅然加入了捻军。之后，净土寺亦响应，给捻军以支持。后捻军失败，宁阳王后裔朱氏又四处逃散，净土寺僧人也随之散去。

衡藩宁阳王后裔的不甘寂寞和勇于抗争造反的精神，使得其后

---

① 详见2017年8月8日古村之友志愿者网络微信号gzyz2014网文。

裔多于战乱中阵亡或逃散。

3. 宁阳王后裔

今莒县东莞镇东莞村、朱家林村及其周边地区村庄，乃至江苏连云港一带，应有宁阳王后裔。

据现居莒县东莞镇东莞村和朱家林村宁阳王后裔朱有（猷）军和朱有（猷）会、朱有（猷）文陈述：

> 这里有三个历史性的标记：一是朱元璋巨幅画像（长约七米，宽约二米。此像“文革”期间被时任李姓党委书记拿走），画像被描绘得活灵活现：大额头，长嘴巴，七星麻，耳大面阔，身材魁梧，双手过膝，竖眉龙眼。每年农历六月六把画像请出放阳光下晒，谓之“晒龙衣”。二是北京皇城画像，三是衡恭王画像。衡恭王画像现存于东莞村朱有军二奶奶家，此画像原为昌乐王后裔收藏，朱有军爷爷朱迪堂给这位昌乐王后裔养老送终，昌乐王后裔临终前对朱有军爷爷说，自己家里藏了个宝贝，是衡恭王画像，并把画像送给朱迪堂保存，朱迪堂去世后，被二爷爷要去。

据传，东莞宁阳王的后裔还戏弄过当时的县官。仲字辈老祖曾派家丁告诉县官，说这里把皇帝像请出来了，县官一听，赶紧去朝拜，可县官来时，他们故意在画像前撒下水和土，和成稀泥，县官磕头打滑出丑。后被一蒲姓仆人告密，宁阳王后裔被惩处，从此逐渐败落，多支因此外迁。

另据赴莒县碁山镇政府驻地西北三公里处的碁山寺（又名净土寺）考察得知，位于净土寺附近的今莒县碁山镇纪家坪村朱氏，应为宁阳王后裔。据该村现年五十二岁的朱全武介绍，该村朱氏祖上与净土寺关系密切，据传是宁阳王后裔，只是不知何年何月迁于此地，只记得父辈上兄弟三人的墓地位于该村皇崖附近，相传这里有座“小王坟”。目前，该村朱氏一支约二三十人，没有按祖制辈分字起名。

（四）昌乐王

昌乐王载堭①，庄六子，嘉靖二十六年（1547）封，生二子，翊车、翊辆（图 2-11）。②

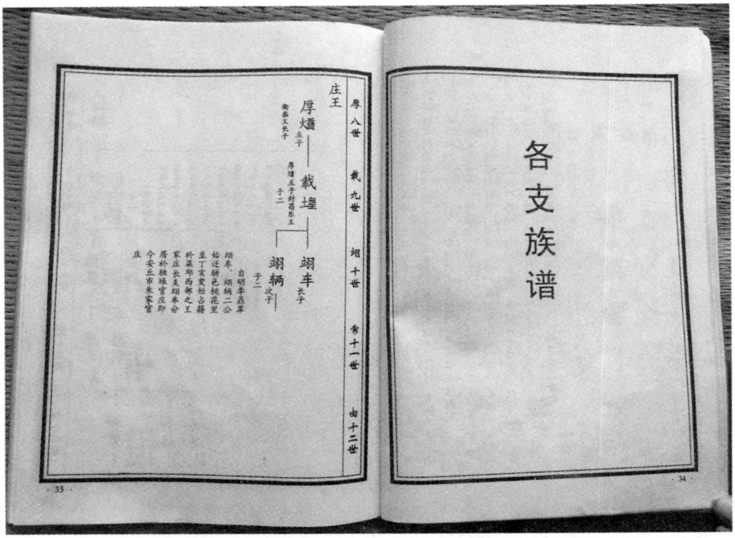

图 2-11　昌乐县鄌郚镇大王庄《朱氏族谱》

1. 王族传承

翊车，昌乐王载堭长子，明季鼎革逃亡骈邑（今临朐县）

① 据莒县东莞镇东莞村朱猷军介绍，昌乐王载堭负责当时衡王府在东莞集一带的税收。王薨即葬于该镇一山脚下。

② 详情参见昌乐鄌郚大王庄朱猷庆收藏抄本《朱氏族谱》和沂水县沙沟镇西朱家峪子墓地朱氏祖茔谱碑。

桃花里，至丁亥变始占籍于渠丘西部之王家庄（今昌乐县鄌郚镇大王庄），后分居于安丘独垛官庄（今安丘市大盛镇朱家官庄）。据有关资料和实地考证得知，今安丘市大盛镇朱家官庄朱氏，应为翊车后裔。据今安丘市大盛镇朱家官庄翊车“猷”字辈后裔朱猷波（该村支部书记）、朱猷松等五人介绍：他们只知道自己这一支是叫什么“车”的过来的，与今昌乐县鄌郚镇大王庄村的朱姓是一个老祖，前些年逢年过节还去昌乐的大王庄村走走，这些年不来往了。“文革”前的1964年，24岁的朱猷松曾去今昌乐县鄌郚镇大王庄村的朱猷庆家抄回一份家谱，“文革”期间被毁掉了。现在该村最高辈分是“猷”字辈，最低辈分是“祁”字辈，共一百五六十口人。目前他们只记得，自己老爷爷这一辈上，不是一支（“简”字辈），他们爷爷辈上（“迪”字辈），是兄弟四人，其他的就什么也不知道了。据他们回忆，该村林子里以前立着碑，碑上记载着祖上的事，“文革”时被毁，估计被埋在了村里山沟的地下。

翊辆，昌乐王载�次子，字明达，明季鼎革逃亡骈邑（今临朐县）桃花里，至丁亥变始占籍于渠丘西部之王家庄（今昌乐县鄌郚镇大王庄）（图2-12），生二子：常英、常俊。

常英，字士杰，原配孙氏，继配尚氏，生二子：由显、由旷。由显，字光宗，配李氏，生二子：慈久、慈实；由旷，字光远，善武技，大乱之时被掳至京，配胡女，生二子，未及考。

常俊，字彦□，生四子：由应、由成、由高、由辅。长子由应，字重应，原配杨氏，生子慈耀，继配□氏，生三子：慈起、慈焕、慈□，未考。次子由成，配杨氏，生子慈炳。三子由高，字公后，原配临朐龙岗女，生二子：慈桂、慈爵，继配杨氏，生一子：慈禄。四子由辅，字良弼，配冯氏，继配齐氏，生一子：慈辉。

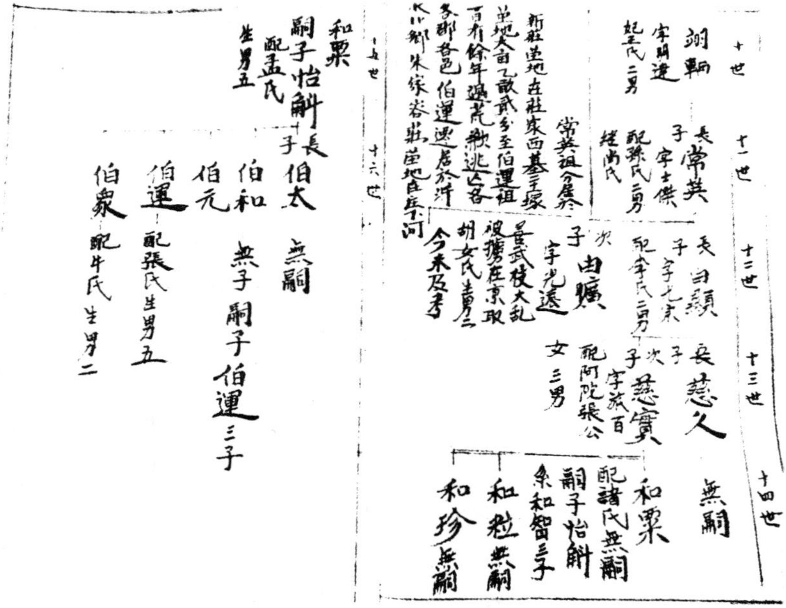

图 2-12　大王庄手抄本《朱氏族谱》摘页

慈久，早卒，无嗣。

慈实，字旅百，配阿陀张氏，生三子：和粟、和粒（无嗣）、和珍（无嗣）。和粟嗣子怡斛，系常俊支十五世和智之三子，配孟氏，生子伯太、伯和、伯元、伯运、伯众。伯太，无嗣；伯和，无嗣；伯元，裔失考；伯运（从今昌乐县鄌郚镇大王庄迁于沂水县沙沟镇西朱家峪子），配张氏，生五子：仲祥、仲福、仲友、仲玉、仲旺；伯众，配牛氏，生二子：仲贤、仲慧。

慈耀，字殿光，配张氏，生四子：和政、和德（早卒）、和周、和圣。和政，字三元，原配秦氏，继配甄氏、于氏，生子怡汶。怡汶，生二子：伯昌、伯明[①]。伯昌子仲茂；伯明子仲盛、仲标。和周，字都文，生一子，裔无考。和圣，字睿德，配王氏，生四子，裔无考。

慈起，配赵氏，生子和先。和先，字顺华，配赵氏，生三子，裔无考。

慈焕，字殿章，配徐氏，生二子：和忠、和贤。和忠，原配姜氏，继配徐氏、贾氏，生一子，裔无考；和贤，原配孙氏，继配李氏，生一子，裔无考。

慈□，裔无考。

慈炳，配贾氏，生二子：和智、和礼。和智，配张氏，生三子：怡□、怡□、怡斛（出嗣）；和礼，配秦氏，无嗣。

慈桂，字秋香，原配王氏，继配于氏，生子和维。和维，生一子，裔无考。

慈爵，字尊一，原配高氏，继配孙氏，生二子：和宽、和恕。和宽，配臧氏，生一子，裔无考；和恕，配王氏，生三子，裔无考。

慈禄，字养廉，配弋氏，生二子：和经、和纶。和经，字维一，原配徐氏，继配房氏，生一子，裔无考；和纶，字饽如，原配贺氏，继配徐氏，生一子，裔无考。

慈辉，字公灿，配晋氏，生二子：和仲、和学。和仲，早卒；和学，字敛光，配王氏，生三子，裔无考。

---

① 据昌乐鄌郚大王庄朱猷庆收藏抄本《朱氏族谱》记载："丁亥变始，吾祖先人四散奔逃者二十余支，惟和政之怡汶两子伯昌、伯明佃居。茔地在庄东。"由此可断，常俊支后裔"慈"字辈之后，遇丁亥之变，大部分逃亡外地，裔无考。这抑或成为莒县东莞、沂水县解家洼、安丘市上株梧以及诸城市、五莲县等地朱氏，是昌乐王后裔的旁证。

2. 昌乐王后裔

今潍坊安丘大盛镇朱家官庄和石埠子镇上株梧、昌乐县鄌郚镇大王庄，临沂市沂水县沙沟镇朱家峪、沂水县富官庄镇台头尧和解家洼村等地，应有昌乐王后裔居住。

（1）安丘朱氏

安丘市区域内明衡藩后裔，所居住的大盛镇朱家官庄和石埠子镇上株梧等村，属于山区、丘陵地带。其中大盛镇、凌河镇位于安丘市西南部，与临朐县、昌乐县交界；石埠子镇位于安丘市南部，渠河沿岸，与诸城市、沂水县交界。当年“丁亥失国”后朱氏逃到这些便于隐藏的地方。

安丘大盛镇朱家官庄朱氏　该村朱氏和昌乐鄌郚大王庄是同一支脉。大王庄族谱记载，该村朱氏始祖就是大王庄始祖“翊辆（亮）”的哥哥“翊车”。该村朱氏最高辈分是“猷”字辈（20世），最低辈是“祁”字辈（23世），年轻的一代基本已经不再按照辈分起名了。

安丘石埠子镇上株梧朱氏　据莒县东莞镇东莞村朱有（猷）军介绍，今安丘市石埠子镇上株梧朱氏，疑为昌乐王后裔。一则，从沂水县富家官庄台头窑村分支到解家洼子村的朱姓者，应为昌乐王后裔；二则，据东莞宁阳王后裔过去的老人们讲，当年始居于“莒之曹家哨子邑”的朱姓者，是昌乐王的后裔，最早迁到这里的是“由”字辈。

据民国四年乙卯命春之初上株梧家谱（图2-13）序言记载：

我高祖讳从敬公。世籍临朐县之冶原村，事农业，无显人。时值明季，李贼倡乱，家业飘零。皇清定鼎，我高祖以姓系明宗，恐为奸人所中，逃之远方，靡所定处。由是族谱失坠，公以上遂不可考。闻公行四，上有三兄，皆亡散，不知所终。迄我清削平海内，惠辑流民，公始居莒之曹家哨子邑。室庐粗定，遂家焉。公娶杜氏，生二男一女，长讳岱，次讳海，女配曹氏。公卒，葬于其邑西一里许。既服阕，曾伯祖迁于台头镇，曾祖海始来渠丘南鄙上洙浯（株梧）邑。卒，葬于邑东南浯水之阳。曾伯祖岱卒，亦自台头归其丧。念我祖徙莒以来，比今五世，生既不蕃，又且散居四方，再复数年，当有逾远而逾失其传者矣。予父隐焉，命予作谱。予承父命，而敬志其次。（标点重新校订）

安丘上株梧朱氏族谱（部分）

朱氏家谱序

我高祖讳从敬公。世籍临朐县之冶原村，事农业。无显人时，值明季李贼倡乱，家业飘零。皇清定鼎。我高祖以姓系明宗，恐为奸人所中，逃之远方，靡所定处。由是族谱失坠。公以上遂不可考闻。公行四，上有三兄，皆亡散，不知所终迄。我清削平海内，惠辑流民。公始居莒之曹家哨子邑。室庐粗定，遂家焉。公娶杜氏，生二男一女，长讳岱，次讳海，女配曹氏。公卒，葬于其邑西一里许。既服阕，曾伯祖迁于台头镇，曾祖海始来渠丘南鄙上洙浯邑。卒葬于邑东南浯水之阳。曾伯祖岱卒亦自台头。归其丧，念我祖徙莒以来，比今五世，生既不蕃，又且散居四方。再复数年，当有逾远而逾失其传者矣。予父隐焉，命予作谱。予承父命，而敬志其次。

图 2-13　上株梧《朱氏家谱序》

现上株梧朱氏有 21 户、74 人。

（2）昌乐鄌郚大王庄朱氏

大王庄朱氏也属于衡恭王长子朱厚熽支脉，是昌乐王的后裔。该支脉从青州辗转迁来，先迁至“骈邑桃花里”（现主要范围在临朐山旺镇，据当地老人们回忆，在今山旺镇的东南部，古代有一片面积很大的桃花林，是尧山一带与南部乡镇的分界线），后迁至“渠丘大王庄”①（“渠丘”就是今天昌乐郿部清风岭一带）（图 2-14）。

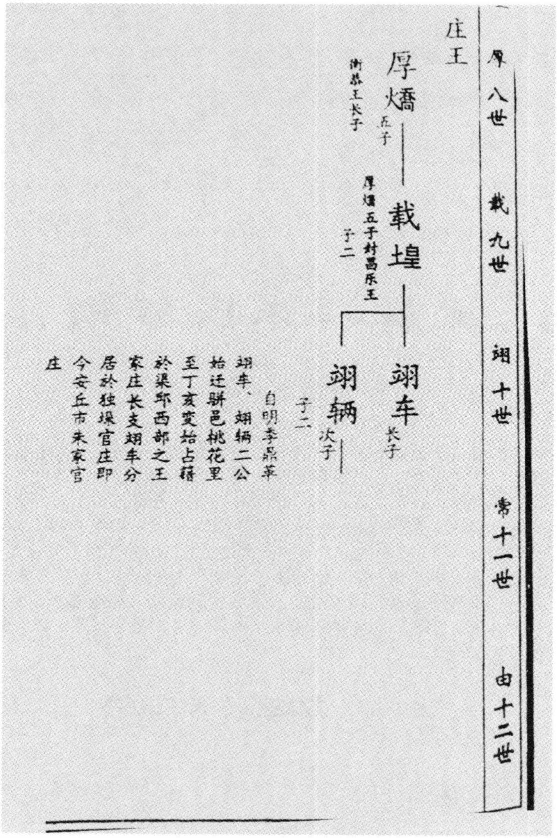

图 2-14 《朱氏族谱》

该村朱氏人口二三百人，最高辈分是“先”字辈，最低辈分是“祁”字辈。最长者是朱先富。（图 2-15）（图 2-16）

① 昌乐郿部大王庄朱猷庆收藏抄本《朱氏族谱》，2013 年 6 月调研获得。

图 2-15　朱猷武（左）、朱先富（中）、朱猷庆（右）

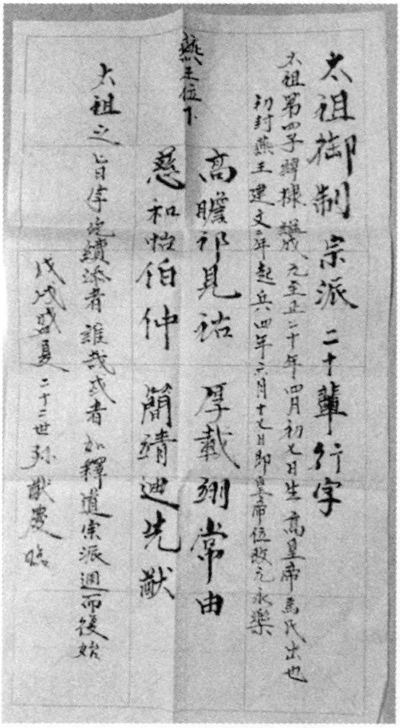

太祖御制宗派 二十輩行字
太祖第四子諱棣 [illegible] 元至正二十年四月初七日生 高皇帝馬氏出也
初封燕王 建文元年起兵 四年六月十七日即皇帝位 改元永樂
燕王位下
高瞻祁見祐 厚載翊常由
慈和怡伯仲 簡靖迪先猷
太祖之旨 后續添者 誰哉 或者 如釋道宗派 週而復始
戊戌盛夏 二十二世孫 猷慶 [illegible]

图 2-16　朱猷庆手书该支字辈

当时，迁来这里的“翊”字辈，弟兄两个，长子“翊车”支脉不久又迁到了安丘的“独垛官庄”（今安丘市大盛镇朱家官庄），次子“翊辆（亮）”定居在这里。这里是沂水西朱家峪子朱氏的祖源。在课题组采访沂水西朱家峪子时，该村的支部书记朱伟高（也是该支脉的族人）也证实了这一事实；并且，他还告诉我们，他的族人和他也已经多次往大王庄认祖。在大王庄，我们也确实看到了他们到这里认祖的不同年月的照片。

（五）寿张王①

寿张王载堁，庄王厚燆七子，嘉靖二十九（1550）年封。嘉靖三十四年（1555）薨。墓在云门山前。一子翊□，余子无考。

（六）商河王

商河康顺王载堘，庄王厚燆八子，嘉靖三十五（1556）年封。墓在尧山庄王墓侧。子翊鋑，余子无考。

翊鋑②，商河王载堘长子，生于嘉靖四十三年（1564）十一月初六日寅时，万历二年（1574）闰十二月初十日封为长子，万历二十六年（1598）五月十三日袭封为商河王。万历四十四年（1616）五月初三日未时薨。夫人翟氏，生一女；继夫人（后封妃）周氏，生一女。享年五十有三。翊鋑无子嗣。载堘余子无考。

---

① 据收集到的各种版本谱书记载，寿张王支“裔无考”。

② 翊鋑生平参见《商河庄懿王朱翊鋑圹志》。

衡王世系表

称号	姓名	关系	在位年数	注记
衡恭王	朱祐楎	朱见深庶七子	1487年—1538年	成化二十三年封。弘治十二年就藩青州府。嘉靖十七年薨。
衡庄王	朱厚燆	朱祐楎庶长子	1540年—1572年	初封江华王，嘉靖十年改封世子。十九年袭封。隆庆六年薨。
衡康王	朱载圭	朱厚燆庶二子	1575年—1579年	初封东昌王，嘉靖二十七年改封世子。万历三年袭封。七年薨。无子。
衡安王	朱载封	朱厚燆庶三子	1581年—1586年	初封武定王，万历九年晋封。十四年薨。
衡定王	朱翊镬	朱载封嫡长子	1589年—1592年	万历十七年袭封。二十年薨。
衡宪王	朱常㴾	朱翊镬庶长子	1596年—1627年	万历八年封世子。二十四年袭封。天启七年薨。
衡世子	朱由榉	朱常㴾庶二子	1627年—1628年	泰昌元年十一月乙未封世子。天启七年管理府事。崇祯元年戊辰薨。

（续表）

称号	姓名	关系	在位年数	注记
衡王	朱由椒①	朱常㴋庶三子	1632年—1644年	初封镇国将军，崇祯五年四月袭封。清兵攻陷青州，王逃亡，崇祯十七年七月降清。隆武二年五月薨。
衡世子	朱慈？	朱由椒子		丁亥遇难

三、衡王府其他各王支系

明朝自太祖朱元璋开国，就有“天子之众子必封为王，诸王之众子必封郡王，世世相传”的定制。衡王子孙繁衍，其中封郡王的共有二十九位：除前所述衡恭王长子庄王朱厚燆一支共封九位郡王外，又有玉田王三位：（怀简王）朱厚烃、载塘、翊键；新乐王②三位：（端惠王）朱厚㸂、（康宪王）载壐、翊熔；高唐王四位：（端裕王）朱厚煐、（恭和王）载墀、翊镶、常泽；齐东王四位：（温惠王）朱厚炳、（安和王）载垢、翊鐀、常茳；邵陵王四位：

---

① 昌乐鄌郚大王庄朱猷庆收藏抄本《朱氏族谱》、丁卯年孟春中浣立《朱氏祖谱》，均记朱由椒为长子。

② 关于衡恭王七子长幼顺序，清毛永柏修，李图、刘耀椿纂《咸丰青州府志》为庄王朱厚燆、玉田王朱厚烃、新乐王朱厚㸂、高唐王朱厚煐、齐东王朱厚炳、邵陵王朱厚熽、汉阳王朱厚煸，咸丰青州府志诸王的排序均只言明为恭王子，未注明具体长幼排行。《高唐端裕王圹志》记高唐王为衡恭王第四子。昌乐鄌郚大王庄朱猷庆收藏抄本《朱氏族谱》、丁卯年孟春中浣立《朱氏族谱》则均以高唐王朱厚煐为第三子，新乐王朱厚㸂为第四子，其他诸王排序同。

朱厚熢、载增、翊鋹、常濙；汉阳王二位：（温惠王）朱厚熵、载尘。

（一）玉田王①

玉田王朱厚烃，字怀简，嫡庶六子。嫡一子载垆，早卒；嫡二子载塘（袭王）；嫡三子载壎，早卒；庶四子载塭，妾媵陈氏生；嫡五子载垺；庶六子载□，妾媵陈氏生，早卒。

据有关史料和谱书记载，玉田王厚烃，多才多艺，深得其父王朱祐楎的厚爱，特别为其在临淄建立了王府。据其墓志记载，衡玉田王就藩临淄，护茔田东至淄河，西至乌河，南至牛山，北至北集，北集又名小张王庄②。玉田王朱厚烃是唯一单立王府的郡王。

1. 嫡二子载塘之后裔

玉田王朱载塘，厚烃次子，袭王，生二子翊键、翊钲。十世玉田王翊键，载塘长子，袭王，生子常洦等。十一世玉田世子常洦，丁亥之变后携家眷欲逃亡今青岛市黄岛区立新村（原诸城市陈家沟）亲戚家，后定居于距立新村十公里的桃林镇阿洛子，其后裔“慈和怡伯仲”辈，应该在今诸城市桃林镇阿洛子、桃园、小曹家庄子、井上，五莲县朱家官庄，寿光市孙家集街道呙宋台，青州市何官镇戴楼，乃至胶州、胶南、黄岛等地生活繁衍。玉田王后裔今能考证到的几支情况如下：

（1）诸城市桃林镇阿洛子等地朱氏③

该支十世为识道（朱翊键），十一世为才有（常洦），十二世安（由）、乐（由）、吉（由）。“慈和怡伯仲”字辈具体繁衍情况

---

① 玉田王朱厚烃生平，参见《玉田怀简王圹志》《玉田怀简王妃于氏圹志》。

② 见淄博市临淄区齐都镇邵家圈朱华昌等人编纂的《朱氏家谱》。

③ 详见诸城市桃林镇阿洛子《朱氏宗谱》。

如下：

十三世（慈字辈）　安（由榛）五子：志发、显名、显旺、显庭、显照，乐一子：显章（慈字辈），吉三子：显魁、显誉、显闻（慈字辈）。

十四世（和字辈）　志发二子：和琏、和玳，显名五子：和琨、和璨、和玫、和瑶、和瑛，显旺二子：和璞、和珂，显庭四子：和琀（无嗣）、和琦、和琇、和琚，显照三子：和德、和瑞、和玲，显章二子：和珊、和琳（裔无考），显魁一子：和珣，显誉二子：和喜、和瑢，显闻二子：和珍、和珅。

十五世（怡字辈）　和琏一子：怡智，和玳二子：怡伦、怡信，和琨三子：怡孝、怡廪、怡纯（三人裔无考），和璨一子：怡谨，和玫一子：怡方（裔无考），和瑶无嗣，和瑛一子：怡良（裔无考），和璞无嗣，和珂四子：怡洛、怡顺、怡太、怡宁（四人裔无考），和琦一子：怡学（裔无考），和琇一子：怡宗（裔无考），和琚二子：怡祥、怡兴（二人裔无考），和德一子：怡端（裔无考），和瑞二子：怡中、怡正（二人裔无考），和玲一子：怡聪，和珊一子：怡仓，和喜二子：怡□、怡□（二人裔无考），和瑢一子：怡□（裔无考）。

十六世（伯字辈）　怡智二子：伯本、伯利（无嗣），怡伦二子：伯崇、伯茂（无嗣），怡信三子：伯常、伯福、伯平，怡谨一子：伯存（裔无考），怡聪三子：伯升、伯常、伯福，怡仓一子：伯沦（裔无考）。

十七世（仲字辈）　伯本一子：仲升，伯崇一子：仲高，伯常二子：仲闰、仲乾，伯福三子：仲卷、仲康、仲兰，伯平一子：仲选，伯升三子：仲奎、仲日、仲坤，伯常一子：仲闰，伯福三子：

仲兰、仲康、仲卷①。

该支从二十二世“猷”字辈之后，未再按原二十辈分字循环使用，而是后续“本源叙古礼，忠孝可传世，道德治家远，仁义留芳名”二十个辈分字。

据光绪三十二年（1906）由诸城市桃林衡王后裔修订静（靖）智作后记的《朱氏族谱》记载：“吾支派系洪武后裔，由青州逃居胜水西阿洛庄，后迁居桃园庄，历二百余年矣。谱牒珍藏，幸未失落。”由此可以看出，今诸城市桃林镇阿洛子朱氏以及后来迁居（约为“怡”字辈陆续迁出）于诸城市桃林镇桃园村（现约一户）、小曹家庄子村（现十户左右）、井上村（现八户左右）、青岛市黄岛区立新村、五莲县朱家官庄等地的朱氏，均系明衡藩后裔逃出者。据该谱记载：他们为玉田王后裔，“十世翊辈识道、十一世常辈才有、十二世由辈安五子乐一子吉三子、十三世慈辈……”另据诸城市桃林镇阿洛子朱猷亮介绍：该村朱氏现存家谱从“翊”字辈讳名字“识道”，下辈为“常”字辈讳名字“才有”，再下辈为“由”字辈讳名字“安”“乐”“吉”。原有祖传老家谱，约四十斤重，有朱元璋画像、朱元璋用印，用的是防火材料。

该村朱猷亮族人家里存有家谱（图 2-17）②。该村东南 1 公里存有平度王的王坟。朱猷亮向我们介绍说：

> 该村始祖是“翊”字辈（该始祖家谱上没写名字，只有其字，为“识道”），原来该支脉有祖传的老家谱，后来弄丢了，可能被东莞的族人收藏了。

---

① 该支“伯”“仲”二辈，不知何故，有重名者，或许是嗣子所致，也未可知。

② 诸城桃林镇阿洛子：《朱氏族谱》，光绪三十二年春。

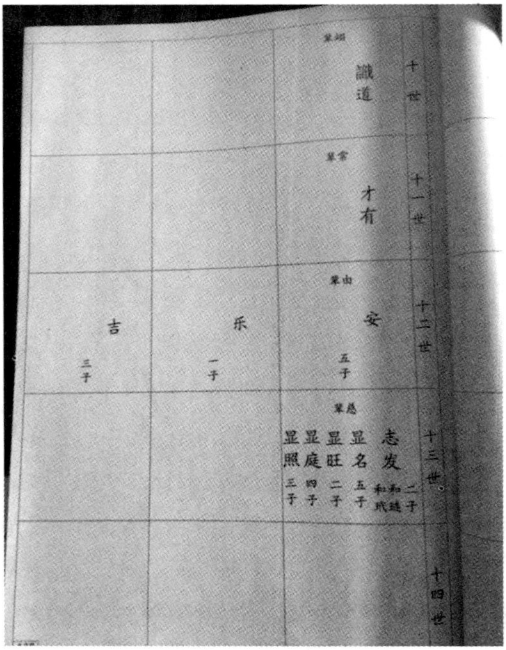

图 2-17　阿洛子朱猷亮家谱

该村朱氏现有 20 多户，大约 80 口人。高辈是“迪”字辈，低辈是“瞻”字辈。

该村朱氏一族“吉”的后裔，繁衍至“和”字辈，迁居今寿光市孙家集街道呙宋台，现有约 150 人，高低辈分分别是“先”字辈和“祁”字辈。

（2）寿光市孙家集街道呙宋台朱氏

该支应为今诸城市桃林镇阿洛子支分流此地。根据谱书记载和今寿光市孙家集街道呙宋台玉田王后裔朱先波的口述得知，“识道派”在“安”“乐”“吉”之后的“慈”字辈一支，或许由于对故土的怀念，或由于其他原因，远途跋涉、几经转折又返回了距青州衡藩不远的今寿光市孙家集街道呙宋台（其间曾落脚他处居住生活，已无从考证)，到达呙宋台时已经是“和”字辈了（图2-18、2-19)。

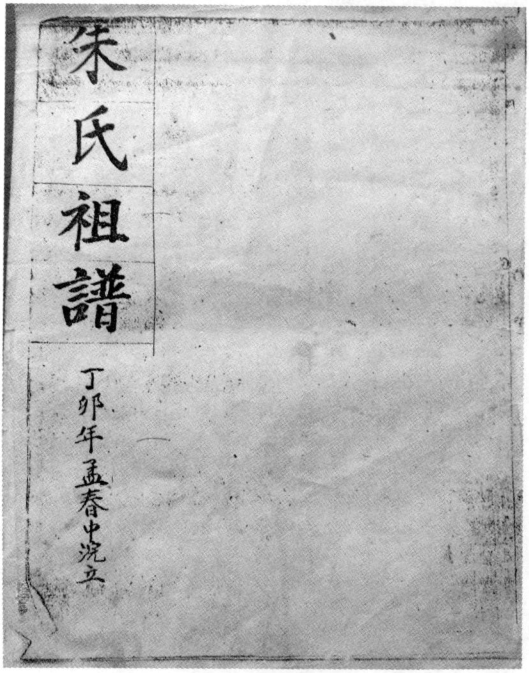

图2-18　寿光市孙家集街道呙宋台《朱氏祖谱》

根据多谱考证，特别是反复研究源于今诸城市桃林阿洛子玉田王后裔朱猷亮整理的《朱氏宗谱》等资料推论，今居住于寿光市孙家集街道呙宋台一带的明衡藩玉田王后裔，应为“识道”（翊键）之孙“吉”之三子“显闻”祖孙三代（祖辈显闻；父辈和珍、和珅；孙辈年幼未名），和珍、和珅均当时已婚配，且生子，暂未名。今寿光市孙家集街道呙宋台玉田王后裔“慈和怡伯仲”辈分的具体繁衍情况为①：十三世（慈字辈）显闻，十四世（和字辈）和珍、和珅，十五世（怡字辈）怡□，十六世（伯字辈）伯祥，十七世（仲字辈）仲桂、仲信、仲槐。

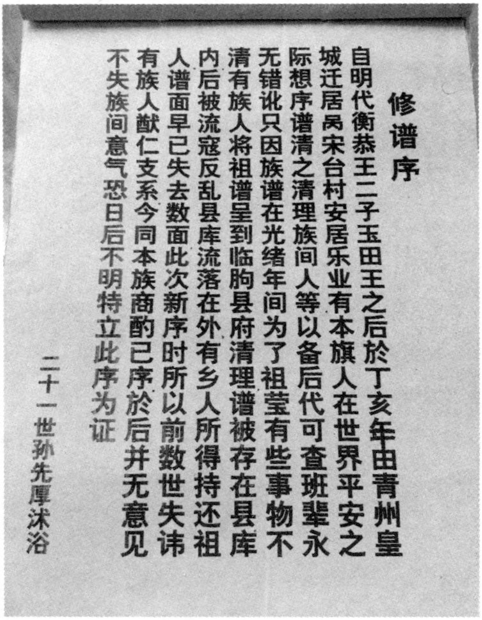
修谱序

自明代衡恭王二子玉田王之后於丁亥年由青州皇城迁居呙宋台村安居乐业有本旗人在世界平安之际想序谱清之清理族间人等以备后代可查班辈永无错讹只因族谱在光绪年间为了祖茔有些事物不清有族人将祖谱呈到临朐县府清理谱被存在县库内后被流寇反乱县库流落在外有乡人所得持还祖人谱面早已失去数面此次新序时所以前数世失讳有族人献仁支系今同本族商酌已序於后并无意见不失族间意气恐日后不明特立此序为证

二十一世孙先厚沐浴

图 2-19　呙宋台《朱氏祖谱》修谱序

（3）淄博市临淄区齐都镇邵家圈朱氏

衡藩之玉田怀简王朱厚烇藩临淄，护茔田东至淄河，西至乌河，南至牛山，北至北集。现在玉田王后裔一支仍居于此地的齐都镇邵家圈。该村虽不在山区，但离山区不远，海拔 170 多米的稷山即位于其东南，跨临淄区与青州市两地，据《齐乘》记载：因山上有后稷祠，而得名稷山（后稷被后人奉为五谷之神），山顶有夫子

① 详见寿光市孙家集街道呙宋台《朱氏祖谱》。

庙，故又被百姓称为“孔父山”“夫子山”；村南约七公里即为海拔近 170 米的牛山，山体植被丰茂，山顶林木秀美，日间云气蒸腾，入夜水汽凝聚。临淄民间素有谚语：“齐王葬在三山口，临淄千年不为京。”当然，当年明朝青州衡藩之玉田王后裔逃至此地，除了历史文化、有山可躲的原因之外，另一个重要原因恐怕也是此地为玉田王藩地和茔田所在，根基厚实，环境熟悉，人脉广泛。

今淄博市临淄区齐都镇一带的玉田王后裔，应为玉田王载塘次子翊钲后裔。翊钲子常涅，常涅子由梓，由梓子守仁（慈），守仁子敬（和），敬子承祚（怡），承祚子衍宗（伯），衍宗子德馨（仲）。该支现已后续“文家荣华祖，明序振纲钧，继宗宏诏秉，续钦启智承”二十个辈分字（图 2-20）①。

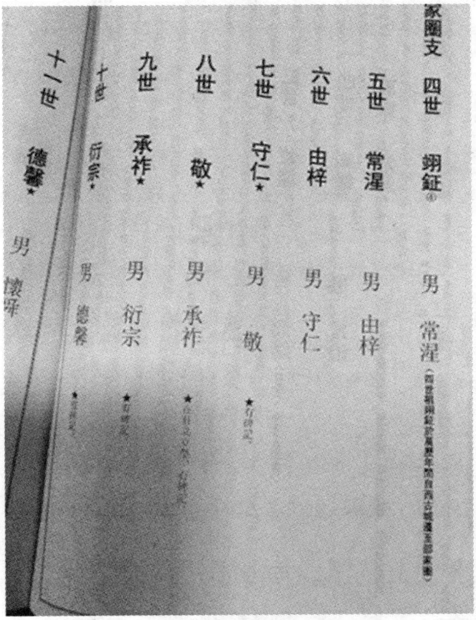

家圈支

四世 翊鉦 男 常涅

五世 常涅 男 由梓

六世 由梓 男 守仁

七世 守仁★ 男 敬

八世 敬★ 男 承祚

九世 承祚★ 男 衍宗

十世 衍宗★ 男 德馨

十一世 德馨★ 男

图 2-20　淄博市临淄区齐都镇邵家圈《朱氏家谱》摘页

① 详见淄博市临淄区齐都镇邵家圈朱华昌等人编纂的《朱氏家谱》。

该村朱氏约150人，最高辈是“先”字辈，低辈是“明”字辈（“明”这一支在燕王字辈的20字之后另起字辈）。

2. 玉田王厚烴庶四子载塭、嫡五子载堺之后裔

其后裔繁衍至“翊”字辈后，裔失考。

今青州市何官镇戴楼村朱氏，也是玉田王后裔。该村现有玉田王后裔约一百五十人。

（二）新乐王①

1. 王族传承

八世　朱厚熑（图2-21），是衡恭王祐楎三子，谥号曰端惠，墓在今临朐县东城街道窦家洼。妃赵氏，兵马副指挥之女也；又夫人王氏、闫氏、边氏、李氏。生十子：载壐（袭王）、载埒、载墿、载堂（早卒）、载圣、载垍、载坚、载□、载垉（字自诚，九子），载□②。

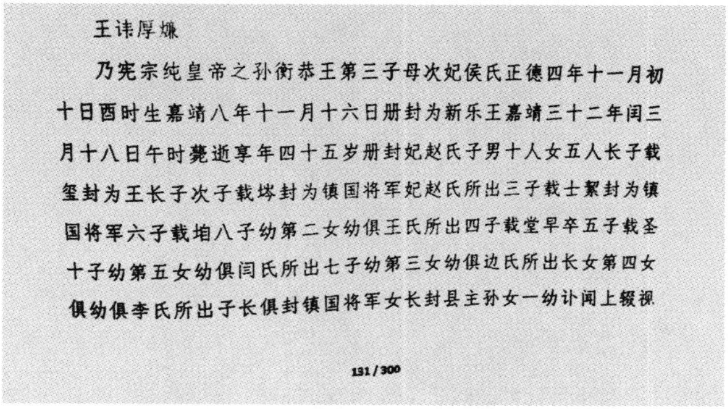

王讳厚熑

乃宪宗纯皇帝之孙衡恭王第三子母次妃侯氏正德四年十一月初十日酉时生嘉靖八年十一月十六日册封为新乐王嘉靖三十二年闰三月十八日午时薨逝享年四十五岁册封妃赵氏子男十人女五人长子载玺封为王长子次子载埒封为镇国将军妃赵氏所出三子载士絜封为镇国将军六子载垍八子幼第二女幼俱王氏所出四子载堂早卒五子载圣十子幼第五女幼俱闫氏所出七子幼第三女幼俱边氏所出长女第四女俱幼俱李氏所出子长俱封镇国将军女长封县主孙女一幼讣闻上辍视

131 / 300

图2-21　朱厚熑圹志文（简体字本，有误字）

九世　新乐康宪王载壐，厚熑长子，袭王，谥号曰康宪，墓后

① 新乐王朱厚熑生平参见《新乐端惠王圹志》，此支后裔名讳世系详见昌乐鄌郚大王庄朱猷庆收藏抄本《朱氏族谱》。

② 详见《新乐端惠王圹志》。

迁于时家店子齐东王墓侧。妃侯氏、许氏。

《朱氏谱书》曰："王贵而不骄，勤学问，善诗赋，尤工翰墨。下交四方名隽，数致藩邸，资其讲益德业，足为诸王楷模，故寿薨谥康宪。著作颇富，今家传者，止诗一稿数册，墨迹犹新。"①

镇国载坚②，厚熑子，夫人孟氏、邱氏，生一子：翊鋕。

镇国载垉，厚熑九子，字自诚，夫人张氏，生子二子：翊錸、翊宇。

新乐王厚熑余子无考。

十世　新乐王翊镕，载壐长子，袭王，裔无考。

辅国翊鋕，镇国载坚子，夫人崔氏，生三子：奉国常溢、奉国常浯、奉国常澪。

辅国翊錸，镇国载垉长子，夫人黄氏，生一子：奉国常蒲。

辅国翊宇，镇国载垉次子，字命成，夫人许氏，生四子：常清、常涅、常沾、常济。

十一世　奉国常溢，辅国翊鋕长子，夫人张氏，生一子：由□。

奉国常浯，辅国翊鋕次子，夫人崔氏，生一子：由□。

奉国常澪，辅国翊鋕三子，夫人孙氏、蒋氏，生五子：由□、由□、由□、由桂、由楸。

奉国常蒲，辅国翊錸子，字秀主，夫人刘氏，生二子：由棕、

---

① 详见青岛市黄岛区琅琊镇胡家山村《朱氏谱书》。

② 诸多现存的明衡藩后裔家谱记载，载坚为新乐王厚熑次子，而《新乐端惠王圹志》记载，新乐王"男十人"，"长子载壐封为王，次子载埒封为镇国将军。妃赵氏所出三子载塛封为镇国将军，六子载垍，八子幼"，载坚，应为新乐王厚熑十子中的第七、八、九子中的一位，而还有谱书记载新乐王厚熑九子为载垉，故此载坚应为新乐王厚熑之七子或八子，本谱书将其暂且放在第七子位置，有待后人详考。

由栋。

常清，辅国翊宇长子，字辰居，生一子：由恭。

常湦，辅国翊宇次子，字辰弼，生一子：由田。

常沾，辅国翊宇三子，字辰垣，无嗣。

常济，辅国翊宇四子，字辰守，原配青州女。生二子由本、由果。

临朐县蒋峪镇常庄村《朱氏谱书》记载：丁亥之变，常济逃亡至诸邑①五莲山，后住在胶州西南乡刘家村，置田顷余，继娶把总女李氏，寿终葬于大珠山之右。（图 2-22）

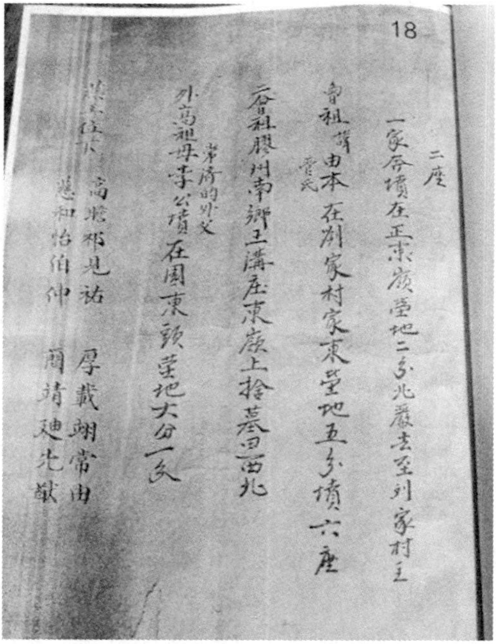
18
二座
一家[illegible]墳在正東嶺塋地二分北[illegible]去至刘家村王
曾祖 諱 由本 董氏 在刘家村家東塋地五分墳六座
二曾祖 膠州南鄉王溝莊東嶺上捨墓田西北
常濟的外父
外高祖母李公墳在園東頭塋地大分一[illegible]
[illegible]往下 高瞻祁見祐 厚載翊常由
慈和怡伯仲 簡靖迪先猷

图 2-22　临朐县蒋峪镇常庄村《朱氏谱书》摘页

① 今诸城一带。

十二世　由□，奉国常滥子，生一子。

由□，奉国常涺子，生三子。

由□，奉国常滭长子，生一子。

由□，奉国常滭次子，无嗣。

由□，奉国常滭三子，生一子：慈隆。

由桂，奉国常滭四子，配贾氏，生二子：慈振、慈兴。

由楸，奉国常滭五子，配高氏，生二子：慈奉、慈祥。

由棕，奉国常蒲长子，配马氏，生三子：慈熖、慈煇、慈熺。

由栋，奉国常蒲次子，配潘氏，生二子：慈富、慈□。

由恭，常清子，生一子：慈煌。

由田，常涅子，生二子：慈新、慈蕙。

由本，常济长子，字肖先，配诸邑名族官氏，生一子：慈荣。

由果，常济次子，字迈先，配胶州名族张氏，生二子：慈焕、慈□。

2. 新乐王后裔

该支系，在今广饶大王镇书房刘村、寿光台头镇付家庄和化龙镇安乐村、莒县东莞镇东莞村和东南乡三界首集旁簸箕长庄、胶州三里河街道刘家村、临朐蒋峪镇常庄、临沭玉山镇坊后村以及江苏海州、徐州等地，应有其后裔。按其居住地大体可分为以下几支：

（1）广饶、寿光朱氏

新乐王后裔一支当年从青州逃出，先迁至广饶“刘家书房”①（现东营市广饶县大王镇书房刘村），后迁至寿光市台头镇付家庄，又分支到寿光市化龙镇安乐村。该支朱氏新乐王后裔约百人。至今，刘家书房已经没有朱姓，但据安乐村朱氏家族联系人朱荣高口

① 详见寿光市孙家集街道呙宋台《朱氏祖谱》。

述和手笔（图 2-23），付家庄仍有与安乐村同支者。

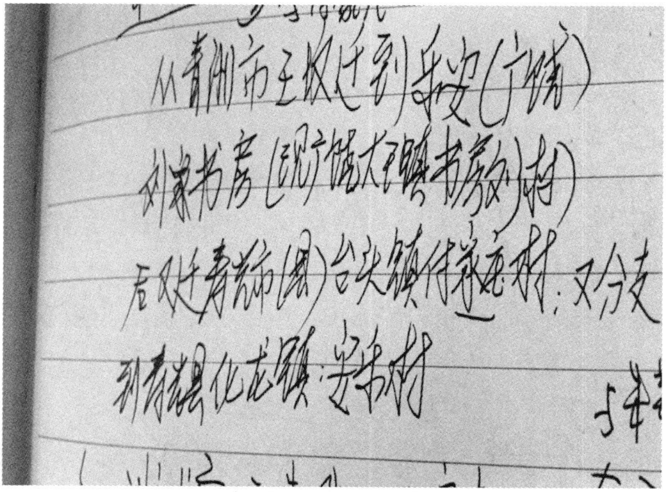

图 2-23 **朱荣高手笔**

（2）胶州西南乡朱氏

据光绪三十二年（1906）由诸城市桃园衡王后裔修订静（靖）智作后记的《朱氏族谱》记载：新乐王后裔常济长子“由本”之后，有居于“胶州西南乡刘家村”① 者（今青岛胶州市三里河街道刘家村）。

（3）莒州东南乡朱氏

据光绪三十二年（1906）由诸城市桃园衡王后裔修订静（靖）智作后记的《朱氏族谱》和今珍藏于寿光市孙家集街道呙宋台玉田王后裔朱先波手中的丁卯年所修《朱氏祖谱》记载：新乐王后裔“十五世怡周一家住丛林寺前”，“十五世怡钐、怡钊二人居东莞

① 详见寿光市孙家集街道呙宋台《朱氏祖谱》、诸城市枳沟镇后寨村平度王后裔朱迪荣收藏的《朱氏族谱》。

集”（今日照市莒县东莞镇东莞村），亦有居“莒州东南乡三界首集旁簸箕长庄”[①] 者。该支裔无考。

（4）章丘土头庄朱氏

据有关资料记载，新乐王后裔一支“和坤和璟和基”[②] 之后，有逃居章丘土头庄（今地名不详）居住者，该支裔无考。

（5）临沂临沭、江苏朱氏

临沭位于临沂南部，鲁、苏两省交界处，复杂的历史归属和多山的地理环境，使这里成为管理盲区，一旦发生战乱或被通缉，即可藏于山野之中。所以，明末衡藩新乐王后裔一支，不畏长途之艰难，翻山越岭跋涉五百里，到达临沂市临沭县玉山镇坊后村居住。当然，临沂市肯定还有许多明衡藩后裔逃亡居住者，他们无论住在哪里，肯定有便于躲藏的有利条件。仅就调查得知的费县东北乡邻邑庄，沂源县悦庄镇悦庄、南麻镇南麻、燕崖乡山水河等地，都属于这种情况，山多，便于躲藏。至于当年迁居青岛市（胶州市三里河街道刘家村、明清之际称“诸城东南乡”的今黄岛区胡家山和季家村及朱家屯）、东营市（广饶县大王镇书房刘村）等处的明朝青州衡藩后裔，无论是否居住山区，都是为了便于藏匿。

据临沂市临沭县玉山镇坊后村茶园主刘富贵口述和据说是当年祖上出逃时留下的谱书记载，该村刘氏祖上为明衡藩新乐王后裔，谱书记载其先祖为“辅国将军”[③]。既然该支当时祖上为“辅国将军”，其先祖兄弟三人应为奉国将军“常”字辈。昌乐县白塔镇山坡西沟村朱仕高收藏的《朱氏族谱》记载有“新乐子镇国将军载

---

① 详见寿光市孙家集街道呙宋台《朱氏祖谱》、诸城市枳沟镇后寨村平度王后裔朱迪荣收藏的《朱氏族谱》。

② 同注①。

③ 详见临沂市临沭县玉山镇坊后村刘富贵珍藏的谱书（散页）。

坚”“辅国将军翊鈷”“奉国将军常滭……”①。临沂市临沭县玉山镇坊后村新乐王后裔一支，因贫穷、瘟疫、战争等因素，曾经连续七代单传至“简”字辈（这也印证了其祖上逃至此地时的兄弟三人为“常”字辈的推论）。该支应该是除载壐、载坚、载堂（早卒）、载垉之外的六位镇国将军的后裔，或是亲兄弟抑或是非亲兄弟的三人，为“常”字辈奉国将军，他们先逃至临沂市临沭县玉山镇坊后村，隐姓埋名，一个留在当地改姓刘，另外兄弟二人分别逃至江苏海州改姓杨、江苏徐州瓦窑改姓马。此结论有待进一步考证。

（6）临朐蒋峪朱氏

临朐县蒋峪镇常庄朱氏，是新乐王后裔翊宇之四子十一世朱常济长子十二世朱由本之后代。翊宇四子常济，字辰守，原配青州女。丁亥之变，逃亡至诸邑五莲山，并与“诸胶日”（诸城、胶州、日照）当地社会名流和山隐居士交往甚密。后安家在胶州西南乡刘家村，娶继妻李氏，生二子由本、由果。② 据临朐县蒋峪镇常庄村朱正高所藏谱书记载，“高祖常济，字辰守，公二子：由果、由本”，“曾祖讳由本，子慈荣”，“先祖讳慈荣，子和住、和玫、和均，孙怡镇、怡钟、怡钦、怡锈”，“太伯和住嗣子怡镇，先父和玫”，“妣赵氏”，“高祖讳常济，坟在石盆山茔地三分，系胶州南乡刘家村庄居住”，“曾祖讳由本，在刘家村家东茔地五分，坟六座”。③ 该支“慈和怡伯仲”辈分的具体繁衍情况，在临朐县蒋峪镇常庄村《朱氏世系》之二中应该有详细记载，遗憾的是虽多次与该村谱书修订者沟通，仍无法取得相关资料，故此处难以详陈。

---

① 详见昌乐县白塔镇山坡西沟村朱仕高收藏的《朱氏族谱》。

② 详见诸城市桃林镇阿洛子《朱氏宗谱》。

③ 详见临朐县蒋峪镇常庄村朱正高所藏《朱氏世系》。

上述六支从“慈”字辈至“仲”字辈繁衍情况如下：

由□，常滥子，生子慈□；慈□生子和重；和重裔无考。

由□，常浯子，生子慈□（无嗣）、慈□、慈□；慈□生子和岗，慈□生子和山、和岫（二人裔无考）；和岗生子怡周；怡周裔无考。

由□，常滭长子，生子慈□；慈生子和琮；和琮生子怡鐩；怡鐩生子伯滤；伯滤裔无考。

由□，常滭次子，无嗣。

由□，常滭三子，生子慈隆；慈隆生子和友、和孟；和友生子怡铭，和孟生子怡钐、怡钊；怡铭生子伯汐、伯池，怡钐生子伯□（裔无考），怡钊生子伯□（居东莞集，裔无考）；伯汐生子仲□，伯池生子仲□。

由桂，常滭四子，生子慈振、慈兴；慈振生子和周、和文、和孔，慈兴生子和尧、和舜；和周生子怡铨，和文生子怡轮、怡镪，和孔嗣子怡钐，和尧生子怡钢、怡钦，和舜生子怡镐；怡铨生子伯清、伯澄，怡轮生子伯□（裔无考），怡镪生子伯□（裔无考），怡钐裔无考，怡钢生子伯源（裔无考），怡钦生子伯深（裔无考），怡镐生子伯□（裔无考）。

由楸，常滭五子，生子慈奉、慈祥；慈奉生子和颜（无嗣），慈祥生子和曾；和曾生子怡镕、怡镯；怡镕生子伯□（裔无考），怡镯生子伯洞（裔无考）。

由棕，常蒲长子，生子慈熖（无嗣）、慈煇、慈熺；慈煇生子和城、和琇，慈熺生子和远、和殿（裔无考）；和城生子怡鈖（裔无考）、怡鋲（裔无考），和琇生子怡铧（裔无考），和远生子怡锟、怡錧、怡鐇、怡鍊，四人裔无考。

由栋，常蒲次子，生子慈富、慈□，裔无考。

由恭，常清子，生子慈煌，裔无考。

由田，常湼子，生子慈新、慈蕙，裔无考。

由本，常济长子，生子慈荣；慈荣生子和住、和玫、和均；和住嗣子怡镇，和玫子怡镇（出嗣）、怡钟；和均子怡钦、怡锈。其后裔有待详考。

由果，常济次子，生子慈焕（无嗣）、慈□（无嗣）。

新乐王后裔，丁亥之变各奔东西，按祖制二十个辈分字传承至今者多数无考，亟待后人续考。

据光绪三十二年（1906）由诸城市桃园衡王后裔修订静（靖）智作后记的《朱氏族谱》记载：新乐王后裔“十五世怡周一家住丛林寺前”，“十五世怡钐、怡钊二人居东莞集”（今日照市莒县东莞镇东莞村）。

（三）高唐王①

高唐端裕王朱厚煐，字明甫，号清慎子，晚号岱翁。博学多才，工隶篆，精书法，著有《事亲述见》《一弦琴谱》《琴谱》等书。与其弟齐东王朱厚炳皆以博学笃行闻于世。嘉靖年间，屡获赐敕奖谕。谕称高唐王、齐东王兄弟二人“天性孝友，乐善好学，守礼如一，克笃人所难及之行”。为衡恭王第四子，生于正德九年甲戌（1514）十二月二十五日辰时，嘉靖九年庚寅（1530）十二月初十日册封为高唐王。万历十一年癸未（1583）闰二月初一日丑时薨于正寝，享年七十岁。葬于临朐县龙山之原。长子载墀，余子无考。

载墀袭王位，封恭和王，早卒，其长子翊镶袭王位。万历十六年（1588），翊镶长子常泽嗣王位。由□，高唐王常泽子，无考。有谱记载：“裔旧传止和臣一人，今死而又绝矣。”

据青州市弥河镇上院村赵传国先生描述，高唐王墓在上院村附近，村北高地原有衡藩高唐王墓，破四旧时被拆毁，墓室顶部有盗

---

① 高唐王朱厚煐生平参见《高唐端裕王圹志》。

洞，可见此墓被盗多年，发现文物不多，墓志铭也被弃之荒野，三十年后被重新找回，墓主人身份之谜才被解开。在附近的南营有一条极小的小巷，墙上铭牌为“高唐府巷”，这条小巷极有可能是当时高唐王府邸所在。

（四）齐东王①

齐东王以“孝”闻名天下，共传厚炳、载垢、翊铜、常湴四代。

1. 王族传承

参考多家谱书②，齐东王后裔繁衍情况为：厚炳生二子：载垢、载福；载垢生子翊铜，载福生三子：翊钵、翊本、翊锡；翊铜生十一子（其中有三子失讳）：长子常湴、次子常□、三子无考，四子常□、五子常□、六子常□（裔无考）、常涟（庶出六子之一）、常逄（庶出六子之一）、常湎（庶出六子之一），翊钵生一子常长，翊本生一子常淋，翊锡生四子（常字辈）：长子文增、次子文灿、三子文毓、四子文耀；翊铜长子常湴生四子：由檥（居临朐县辛寨街道中白沙）、由棣（裔无考）、由橎（裔无考）、由林（居昌乐县白塔镇山坡西沟村一带），翊铜次子常□裔无考，翊铜三子无考，翊铜四子常□生三子：由通、由德、由实（以上后裔居青州衡王府东北乡戴楼），翊铜余子皆

---

① 齐东王一支后裔名讳世系详见昌乐鄌郚大王庄朱猷庆收藏抄本《朱氏族谱》、丁卯年孟春中浣立《朱氏祖谱》，据族谱，此支居临朐南乡小白沙。

② 包括昌乐县白塔镇山坡西沟村朱仕高珍藏《朱氏族谱》、寿光市孙家集街道呙宋台《朱氏祖谱》、诸城市枳沟镇后寨村平度王后裔朱迪荣收藏的《朱氏族谱》、诸城市桃林镇阿洛子《朱氏宗谱》、青岛市黄岛张家楼街道朱家屯《朱氏谱序》、沂水县沙沟镇西朱家峪子朱伟高收藏《朱氏族谱》、临朐县辛寨街道中白沙村朱秀祁修订的《朱氏族谱》等谱书。

无考，翊钵子常长生二子：由朴、由彬，翊本子常淋生三子：由□、由□、由□（长支居莒州，次、三支后裔皆无考），翊锡长子文增生二子（由字辈）：应琦、应玑，翊锡次子文灿生二子（由字辈）：应经、应凤，翊锡三子文毓生二子（由字辈）：应昆、应龙，翊锡四子文耀无嗣，自十四世有外入该村者续其后，名曰“秀”）。

自十三世开始，“慈和怡伯仲”辈的具体繁衍情况为如下：

十三世（慈字辈）　由檥一子：慈炏，由林一子：慈焯，由通子：慈炳，由德二子：慈勳、慈煌，由实三子：慈焕、慈燧、慈灿（无嗣），由□（常淋长子）一子：慈辉，由朴二子：慈炤、慈□，由彬一子：慈烺，应琦二子（慈字辈）：云、雯，应玑二子（慈字辈）：霖、法，应经二子（慈字辈）：疆、核，应凤二子（慈字辈）：怀、□，应昆三子（慈字辈）：雷、同、纶，应龙一子（慈字辈）：华。

十四世（和字辈）　慈炏二子：和坦、和坫（殇），慈焯三子：和填、和在、和垅，慈炳一子：和墀，慈勳二子：和壍、和坪，慈焕二子：和先、和公，慈燧一子：和孝，慈辉二子：和金、和玉（金、玉居莒州），慈炤一子：和垣，慈烺一子：和银（居青州衡王府土城瓜市庄，裔无考），云五子：长子士真、次子士芳、三子士宏、四子士仁、五子士信，雯二子：士贞、士玉，霖一子：士平（图 2-24）①，法一子：士公（住黄岛区珠海街道祝家庄），

① 据今青岛市黄岛区张家楼街道朱家屯《朱氏家谱》记载，“霖”后裔无考。该村支部书记朱先灵介绍，之所以记载“霖”后裔无考，是因为当年他们一支移居他乡了。据说是先到了高密，后去了诸城。此说法与今诸城市昌城镇西大宋庄朱合忠修订的《朱氏家谱》关于其祖士平始居高密西注沟庄后“徙居诸城东大宋庄”之记载完全吻合。而且，“士平”之名，其风格与齐东王后裔翊锡支起名风格完全一致。

疆二子：士连、士魁，核一子：士太，怀二子：士忠、士成，□裔无考，雷二子：士勋、士友，同一子：士乾，纶一子：士臣，华一子：士林。

十五世（怡字辈）

和坦一子：怡镛，和填三子：怡远、怡□（无嗣）、怡□（无嗣），和在一子：怡□，和垙三子：怡亭（裔无考）、怡栋（裔无考）、怡乾，和墋一子：怡钊，和壅一子：怡桐，和坪四子：怡镢、怡镐、怡铎、怡铠，和先二子：怡祥（裔无考）、怡锦，和公一子：怡铭（裔无考），和孝一子：怡钜，和金、和玉裔无考，和垣二子：怡镩、怡□（此支嗣于邵陵王后裔慈焕支，居青州市城西北银麻庄。和垣长支仍居青州衡王府土城瓜市庄），士真一子：先，士芳三子：瑛、玳、俨，士宏二子：玺、瑶（出嗣），士仁三子：瑶（嗣子）、琚、璜，士信二子：玶、瑚（裔失考），士贞二子：炜、焕，士玉五子：照、炯、炘、熙、炳，士平一子：范，士公（住黄岛区珠海街道祝家庄，裔无考），士连无嗣，士魁二子：梅、善（出嗣），士太二子：绅、经（嗣子），士忠无嗣，士成一子：善（嗣子），士勳裔失考，士友二子：浩、龙（出嗣），士乾一子：□（裔失考），士臣二子：森、岳，士林一子：勤，秀三子：芳、

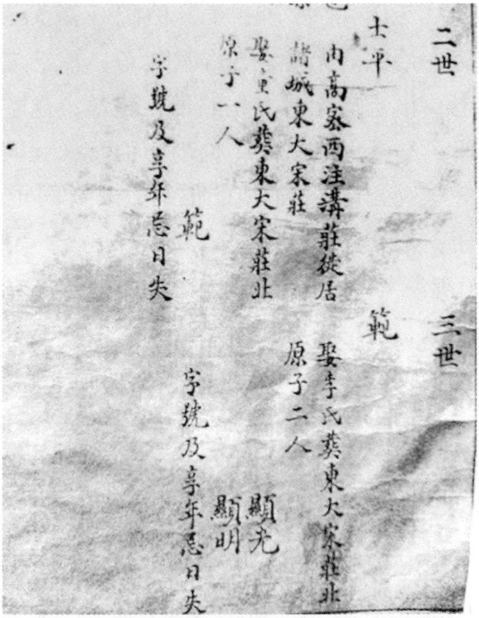

图 2-24 朱合忠修订的《朱氏家谱》

旺、彩。

十六世（伯字辈）　怡镛二子：伯涵、伯泳（庠生），怡远二子：伯勤、伯俭（无嗣），怡□一子：伯□，怡乾二子：伯显、伯明（无嗣），怡钊一子：伯□（裔无考），怡桐、怡镢、怡镐、怡铎、怡铠裔无考，怡祥裔无考，怡锦二子：伯汉、伯江，怡铭裔无考，怡钜裔无考，先四子：建学、立学、继学、伯永，瑛二子：业学、纯学，玳二子：伯埙、伯秦（无嗣），俨一子：伯伦，玺三子：守学（出嗣）、伯成、伯纲，瑶（嗣子）二子：伯立、伯福，琚一子：伯文，璜一子：伯新，玶一子：守学（嗣子），炜五子：兆锦（裔失考）、兆镗、兆镛（裔失考）、兆钿、兆祥，焕二子：兆铃、兆铜，照一子：伯堃（嗣子），烱二子：伯坦、伯均，炘二子：伯基、伯堂，熙一子：伯垫，炳三子：伯堃（出嗣）、伯增（裔无考）、伯楷，梅三子：孟学、伯学、伯顺，绅三子：广学、景学（出嗣）、公学，经一子：景学（嗣子），善二子：伯栋、伯栾，浩一子：伯仁（嗣子，无嗣），隆一子：伯仁（双承嗣），森二子：德学、进学，岳三子：伯富（无嗣）、伯林、伯清，勤三子：伯和（无嗣）、伯光、伯□（裔失考），芳（翊锡四子文耀十四世续支秀之长子）二子：拉乐、拉御，旺（翊锡四子文耀十四世续支秀之次子）一子：拉财，彩（翊锡四子文耀十四世续支秀之三子）一子：拉礼。

十七世（仲字辈）　伯涵一子：仲梓，伯泳（庠生）一子：仲桐，伯勤一子：仲林，伯显一子：仲利，伯汉、伯江裔无考，建学一子：贤，立学一子：仲贵，继学四子：亮、亭、仲明、仲进，伯永一子：仲元，业学嗣子：仲吉，纯学二子：仲吉（出嗣）、仲□（早卒），伯埙嗣子：仲顺，伯伦三子：仲顺（出嗣）、仲□（早卒）、仲□（早卒），伯成嗣子：仲俭，伯纲三子：仲俭（出嗣）、仲勤、仲信（出嗣），伯立二子：仲春、仲桂（出嗣），伯福嗣子：仲桂，伯文四子：仲福、仲禄、仲□（早卒）、仲□（早卒），伯新五子：仲槐、仲钊、仲荣、仲堂、仲梅，守学嗣子：仲信，兆镗三子：廷松、仲洽、仲沛，兆钿四子：仲池、仲汗、仲江、仲泮，兆祥四子：仲洲、仲莲、仲海、仲润，兆铃嗣子：仲浦，兆铜二子：仲浦（出嗣）、仲滨，伯堃一子：仲鐄，伯坦一子：仲芬，伯均一子：仲弟，伯基一子：仲奎，伯堂二子：仲宸、仲宝，伯垫四子：仲仁、仲义、仲弼、仲礼，伯楷一子：仲镰，孟学五子：仲田、仲林、仲全（出嗣）、仲兰、仲书，伯学二子：仲在、仲左，伯顺嗣子：仲全，广学嗣子：仲和，公学二子：仲喜、仲和（出嗣），景学二子：仲锜、仲玉，伯栋三子：仲臣、仲兴、仲聚，伯栾一子：仲述，德学一子：仲凤，进学一子：仲金（兼挑子），伯林一子：仲金，伯清二子：仲泊、仲长（出嗣），伯光嗣子：仲长，拉乐一子：仲臣，拉御二子：仲春、仲秋，拉财二子：仲有、仲和，拉礼一子：仲宣。

2. 齐东王后裔

齐东王后裔在明清换代、王府被抄之际，亦是各自四处逃亡。当年齐东王后裔从青州衡藩逃出，有远有近，大致分五个方向：一是向东南而行，翻山越岭，历尽艰辛，到达昌乐县白塔镇山坡西沟、栗行一带。二是向南偏西而去，经过长途跋涉，先避居今临朐县辛寨街道瞿家圈（原忠庄），在该村瞿姓十二世祖梦鳌的庇护下，生活了约二十年，后又到达今临朐县辛寨街道中白沙村（据该村的谱碑文）。对此，今临朐县辛寨街道瞿家圈在光绪三十年（1904）所修瞿氏家谱有明确记载（图2-25）。三是向南偏东。据昌乐县白塔镇山坡西沟村朱仕高珍藏《朱氏族谱》记载：齐东王后裔一支，当年从青州衡藩逃至临朐县董家营（今临朐县东城街道董家崖村）。四是就地隐藏，青州市何官镇戴楼即是。

据现有家谱资料考证，今昌乐县白塔镇山坡和山坡西沟及栗

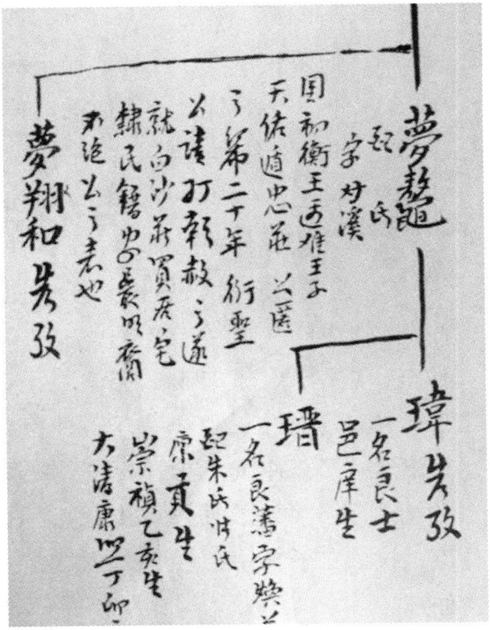

图 2-25　临朐县辛寨街道瞿家圈朱氏谱书摘页

行、临朐县辛寨街道中白沙和城东东城街道董家崖、青州市何官镇戴楼和城里瓜市街、青岛市黄岛区张家楼街道朱家屯和珠海街道祝家庄、诸城市昌城镇西大宋村、沂水县道托镇一带，应有其后裔。按居住地可分为以下几支：

（1）临朐白沙朱氏

临朐县辛寨街道的中白沙村（原为杨家河镇），是位于临朐县南部、辛寨街道西南部的一个山村。据 2012 年《临朐村镇志略》记载：中白沙村位于临朐县城南二十公里、辛寨街道政府驻地西南六公里处，发源于三山峪的白沙河从村前流过。北宋末年，井姓立村，初名小白沙、井家白沙。明末清初，明朝青州衡藩后裔朱氏由青州入居。改朝换代之际，作为被清廷追杀的明朝青州衡藩后裔，趁乱出逃至此，除了对此地比较熟悉（衡宪王常㴋之墓位于该村村西不远的石家河村，至今尚有守护林墓者后裔），另外一个原因就是，该村位于偏远的山区丘陵地带。

当年丁亥之变后从衡王府逃出的齐东王后裔一支，四代齐东王常涍之长子由檥携家人直接逃到了青州偏西南一带的杨家河白沙居住下来。今临朐县辛寨街道中白沙村，就居住着一支齐东王后裔。

该村仍保存有“朱氏祖茔石碑”①，碑文记载了该村朱氏的源流发展（图2-26）。再参照朱秀祁修订的族谱记载，祖上“由棣”②与山坡西沟朱氏，同出齐东王府，与由林是兄弟。③该支十二世为四代齐东王常淓“长子由樣”。④

该村朱氏发展很快，现在已经到了“厚”字辈，最高辈分是“瞻”字辈。该村朱氏族人大约200人。

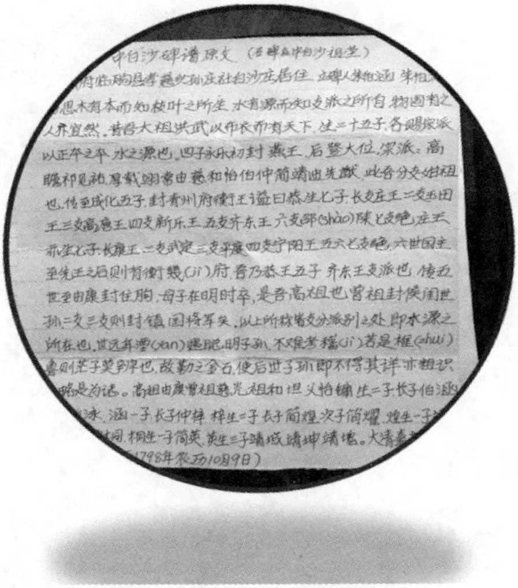
中白沙碑谱原文 （存碑在中白沙祖茔）
府临朐县孝感乡孙庄社白沙庄居住 立碑人朱伯涵 朱伯
思木有本而知枝叶之所生 水有源而知支派之所自 物固有之
人亦宜然。昔吾太祖洪武以布衣而有天下 生二十五子 各赐宗派
以正本之本 水之源也。四子永乐初封燕王 后登大位 宗派：高
瞻祁见祐厚载翊常由慈和怡伯仲简靖迪先猷 此吾分支始祖
也。传至成化五子 封青州府衡王谥曰恭 生七子 长支庄王 二支玉田
王 三支高唐王 四支新乐王 五支齐东王 六支邵(shào)陵 七支绝 庄王
亦生七子 长康王 二支武定 三支平度 四支宁阳王 五六七支绝 六世国主
至先王之后则有衡畿(jī)府 吾乃恭王五子 齐东王支派也 传五
世至由康封临朐 母子在明时卒 是吾高祖也 曾祖封候闲世
孙 二支三支则封镇国将军矣。以上所称皆支分派别之处 即水源之
所在也。世远年湮(yān)恐昧 明子孙 不复考稽(jī) 若是椎(chuí)
鲁则茫子莫辨乎也 故勒之金石 使后世子孙即不得其详 亦粗识
略是为志。高祖由康 曾祖慈光 祖和坦 父怡镛 生二子 长子伯涵
泳 涵一子 长子仲梓 梓生二子 长子简煌 次子简燿 煌生一子
同 桐生一子简英 英生三子靖咸 靖坤 靖惬。大清嘉
1798年农历10月9日）

图2-26　白沙家谱手抄版

（2）青州附近朱氏

丁亥之变，齐东王后裔一支并没走太远，甚至就在“皇城”根下清军的眼皮底下隐藏起来。据光绪三十二年（1906）由诸城市桃园衡王后裔修订静（靖）智作后记的《朱氏族谱》记载：齐东王后裔一支“慈焕慈燧”之后，“居府东北乡戴楼”（今青州市何官

---

① 详见临朐县辛寨街道中白沙村“朱氏祖茔石碑”、该村朱秀祁修订的《朱氏族谱》和昌乐县白塔镇山坡西沟村朱仕高收藏的《朱氏族谱》。

② 根据昌乐县白塔镇山坡西沟村朱仕高收藏的《朱氏族谱》和诸城市枳沟镇后寨村平度王后裔朱迪荣收藏的《朱氏族谱》等谱书记载，朱秀祁修订的《朱氏族谱》记载的“由棣”属于笔误，应为“由樣”。

③ 详见昌乐县白塔镇山坡西沟村朱仕高收藏的《朱氏族谱》和诸城市枳沟镇后寨村平度王后裔朱迪荣收藏的《朱氏族谱》等。

④ 同注②。

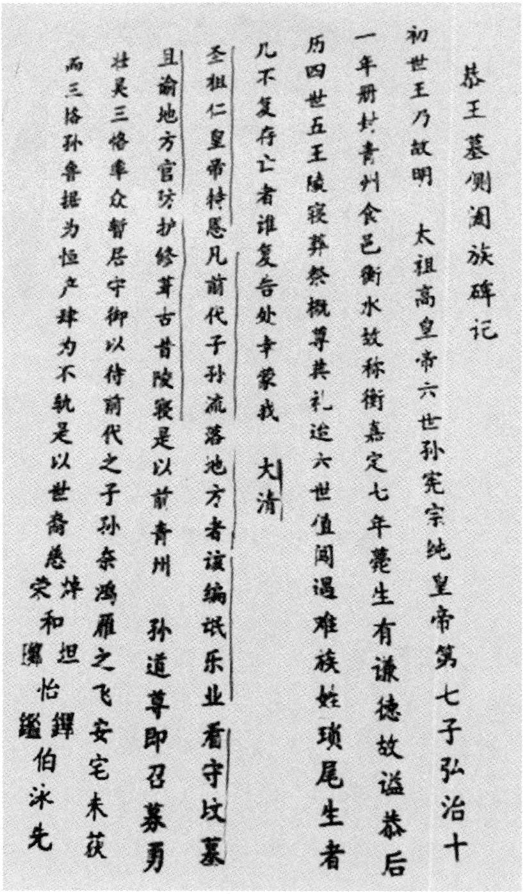

恭王墓侧阖族碑记

初世王乃敬明 太祖高皇帝六世孙宪宗纯皇帝第七子弘治十
一年册封青州食邑衡水故称衡嘉定七年薨生有谦德故谥恭后
历四世五王陵寝葬祭概尊典礼迨六世值闯逆难族姓琐尾生者
凡不复存亡者谁复告处幸蒙我 大清
圣祖仁皇帝特恩凡前代子孙流落地方者该编氓乐业看守坟墓
且谕地方官坊护修葺古昔陵寝是以前青州 孙道尊即召募勇
壮吴三裕率众暂居守御以侍前代之子孙杂鸿雁之飞安宅未获
而三裕孙奋据为恒产肆为不轨是以世裔悉 焯荣 和 坦璐 怡 鐸鑑 伯 泳 先

图 2-27 恭王墓侧阖族碑记中的康熙圣谕

镇戴楼一带）；“慈焸、慈烺居府土城东北瓜市庄”①（今青州市城里瓜市街一带）。该支后裔今无考。现在仍有后人的是王坟镇王坟。

根据可靠资料和族人的回忆，王坟朱氏由两支构成，一支是齐东王后裔，是从中白沙迁来的；另一支是邵陵王后裔（后面详细介绍）。不管是从中白沙迁到王坟的朱氏，还是邵陵王后裔的王坟的朱氏，都是在大清王朝开明君主的恩准（图 2-27）下以“守护祖茔”的名义回来的。康熙年间，颁发了皇帝圣谕，不再追查明朝皇室后裔，准许当年逃亡或者隐姓埋名的明朝皇室后裔回到自己的家园。

① 详见寿光市孙家集街道呙宋台《朱氏祖谱》和诸城市枳沟镇后寨村平度王后裔朱迪荣收藏的《朱氏族谱》。

王坟齐东王后裔发展很快，现在已经发展到“厚”字辈，该支81人。

（3）沂水道托朱氏

据临朐县辛寨街道中白沙村齐东王后裔朱秀祁口述，本支齐东王后裔在道托镇一带居住生活，但具体情况未考。

（4）昌乐山坡朱氏

据昌乐县白塔镇山坡西沟村朱仕高收藏的《朱氏族谱》记载，昌乐县白塔镇山坡西沟村一带朱氏，祖上为四代齐东王常涏之四子由林。

山坡、山坡西沟、栗行都是齐东王的后裔。在山坡西沟，课题组几经周折，见到了据说是从当年皇府里流出来的家谱（后人也有所添加）。此谱由族人朱仕高精心收藏。从族人的介绍和家谱上来看，这里的朱氏也是从“慈”字辈立户的（慈焯），当时来了弟兄三人，该村的朱氏是长子（次子、三子后来迁到了山坡和栗行）山坡西沟全部是朱姓，大约有200人。

从上面的介绍中，也可以看出，山坡和栗行都是齐东王后裔朱由林的后代。山坡的朱氏人口不多，大约有四五十人。这几个村庄相距不远。

该支脉慈焯的父亲朱由林和中白沙的朱氏祖辈朱由棣是亲兄弟（图2-28）。

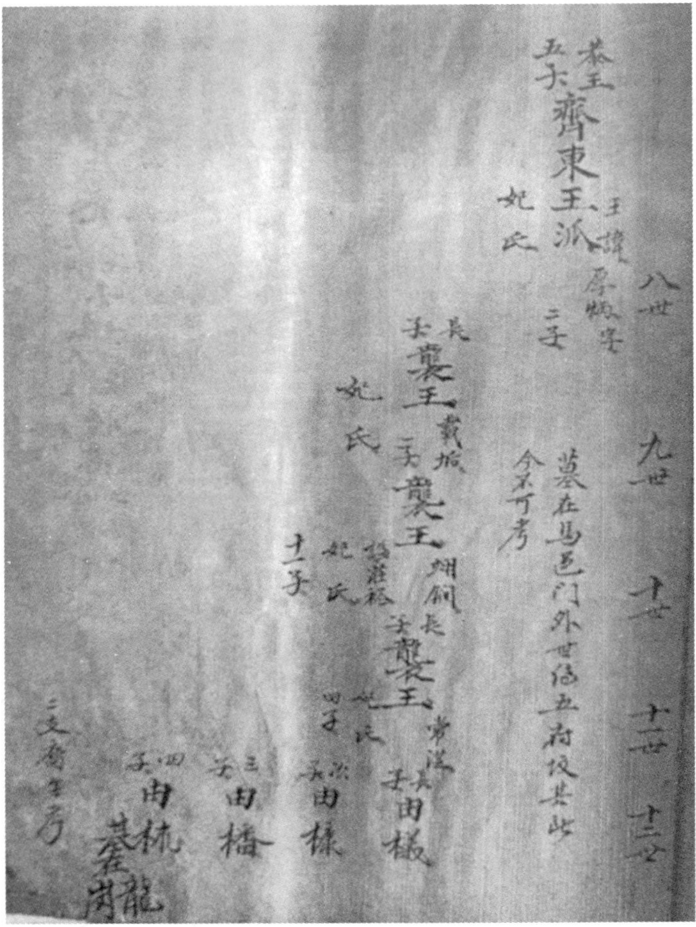

图 2-28　山坡西沟老家谱

（5）黄岛张家楼朱氏（图 2-29）①

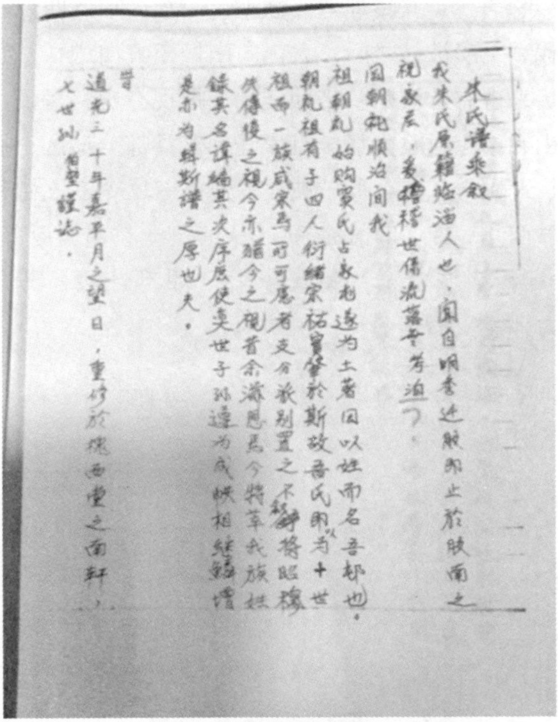

朱氏谱弁叙
我朱氏原籍临淄人也，闻自明季迁[illegible]即止於胶南之
祝家庄，爰稽世传流落无考[illegible]。
国朝於顺治间我
祖朝礼始购窦氏占家地遂为土著因以姓而名吾都也。
朝礼祖有子四人衍绪宗祐實肇於斯故吾氏用以为十世
祖而一族成家焉可可虑者支分派别置之不録将昭穆
代传後之视今亦犹今之视昔余滋惧焉今将吾族姓
録其名讳编其次序庶使奕世子孙遵为成帙相继编谱
是亦为编斯谱之厚也夫。
時
道光三十年嘉平月之望日，重修於槐西堂之南轩，
七世孙 朝塱谨志。

图 2-29　青岛市黄岛区张家楼街道朱家屯《朱氏家谱》

一代齐东王厚炳，生二子载垢、载福。载垢继承王位，传至常滢生四子：由檥、由楝、由橎、由林；载福被封为镇国将军，生三子：翊钵、翊本、翊锡（均封辅国将军）。载福三子，后裔至今可考者唯有翊锡。翊锡，镇国将军载福之三子，字朝礼，夫人门氏、侧室王氏，生四子（常字辈）：长子文增、次子文灿、三子文毓、四子文耀。

① 该支齐东王后裔，在原二十个辈分字之后，又新续“金源相焕培，铭润本熙坤；钦清松照圻，镇汉梓煜均”二十个辈分字。

（五）邵陵王①

邵陵王以善著称，共传厚煃、载增、翊鍄、常濚四位。邵陵王后裔在明清换代、王府被抄之际，大都向南偏东方向逃亡，亦有少数隐藏于本地，后来也有从胶州一带回迁的。据现有资料考证，今青岛市黄岛区胡家山和季家村及大场镇肖家洼、莒县部分地区、临朐县蒋峪镇和山旺镇、寿光市东埠乡堠子坡、青州市王坟镇王坟村和邵庄镇郇仁马及青州城西北一带（旧谱称银麻庄）等地，应有其后裔。

另据考证，诸城市辛兴镇窦家岭（原都佳岭）朱氏（图 2-30），亦应为邵陵王后裔。

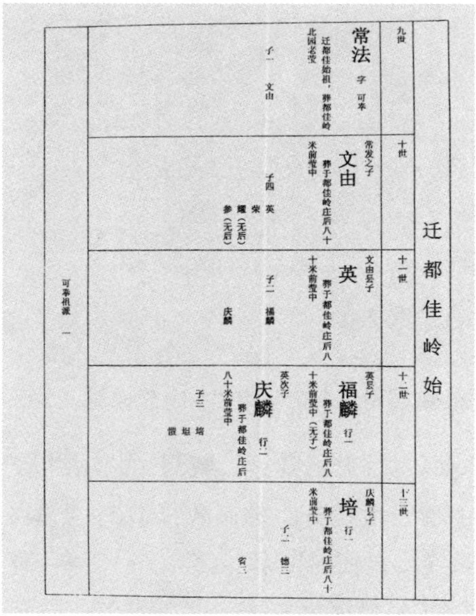
迁都佳岭始
九世
常法 字 可奉
迁都佳始祖，葬都佳岭北园老茔
子一 文由
十世
常发之子
文由
葬于都佳岭庄后八十米前茔中
子四 英 荣 耀（无后） 参（无后）
十一世
文由长子
英
葬于都佳岭庄后八十米前茔中
子二 福麟 庆麟
十二世
英长子
福麟 行一
葬于都佳岭庄后八十米前茔中（无子）
英次子
庆麟 行二
葬于都佳岭庄后八十米前茔中
子三 培 垠 攒
十三世
庆麟长子
培 行一
葬于都佳岭庄后八十米前茔中
子二 德三 省三
可奉祖派 一

图 2-30　诸城市窦家岭朱氏谱书摘页

① 邵陵王朱厚煃生平参见《邵陵王圹志》，此支后裔名讳世系详见昌乐鄌郚大王庄朱猷庆收藏抄本《朱氏族谱》、丁卯年孟春中浣立《朱氏祖谱》，据族谱，此支居临朐南乡九山集。

据该村朱迪明介绍，年近九十的父辈朱靖荣口述，该村朱氏始祖从泊里迁来，至“仲”字辈后，连续出了好多秀才。老人口中的“泊里”，要么来之于老谱书，要么来之于“简”字辈甚至“仲”字辈的口口相传。无论来自哪一方面，其可信度都很高。由此可以肯定，来自青岛市黄岛区泊里镇（明清之际称诸城东南乡）的该村朱氏，应为邵陵王后裔。

丁亥之变后逃亡到泊里一带的邵陵王后裔为“翊”字辈，包括载增之子翊鍈（袭王，无嗣）、翊□（字睿庵），载垙之子辅国将军翊□、翊（字方庵）、翊□，载嚞之子（翊字辈）等。其中谱书无记载的只有载嚞之后裔。而据诸城市辛兴镇窦家岭（原都佳岭）朱迪明口述，听其祖上说，从泊里迁居该村的始祖为“常法”，与其同祖的还有“常清”（“葬于该村庄后朱家老茔东南角”）①。综上所述，所有谱书记载，到泊里一带的邵陵王后裔，“翊”字辈和“常”字辈之后无考者，只有邵陵王厚熢三子镇国将军载嚞后裔。由此推测，今诸城市辛兴镇窦家岭（原都佳岭）朱氏，或为载嚞后裔②。照此说来，也许当年载嚞之孙常法、常清，在其父辈早亡后，流亡至该村，后修谱者因年久（估计“伯”字辈后）不知其宗，才记作“失考”，亦未可知。此推论有待后人进一步考证。该村朱氏现有三十余户，约百口人，最高为“简”字辈，最低为“猷”字辈。该村2002年春续修朱靖墀作序的《朱氏谱》记载，该村朱氏已后续二十字：“金源森照境，锡鸿桂勋堂。铭浩荣耀至，钦沛乐辉墉。”③

---

① 详见诸城市新兴镇窦家岭（原都佳岭）《朱氏族谱》。

② 另据安丘市凌河镇朱家埠村的朱志春在网络上介绍，他们村朱氏一族，疑为邵陵王厚熢三子载嚞后裔。

③ 青岛市黄岛区泊里镇季家村邵陵王后裔也后续“永存继世志，沛德振明邦；宜慎宗传绪，兴家培保章”二十辈分字。

据此，邵陵王派的繁衍情况如下：

邵陵王厚熡，生三子：载增（封长子）、载垙（封镇国将军）、载嚭（幼未封）；载增生二子：翊鋘（袭王，府居皇城后载门）、翊□（字睿庵，承王）①，载垙生三子：翊□、翊鐗、翊□，载嚭生子翊□（失讳）；翊鋘生一子：常潫（袭王），翊□（字睿庵）生一子：常淂，翊□（载垙长子）生一子：常□，翊鐗（字方庵，载垙次子）生一子：常澐，翊□（载垙三子）生四子：常济、常□、常□（至“怡”字辈一支迁于寿光南乡堠子坡）、常涝，翊□（载嚭子）生二子：常法、常清；常潫裔无考，常淂生二子：由榀、由椂，常□（载垙长子之子）生二子：由楫、由□，常澐无嗣，一女居临朐城南龙岗集，常济（载垙三子之长子）生二子：由明、由宽，常□（载垙三子之次子）生一子：由德（无嗣），常□（载垙三子之三子）生二子：由□、由□，常涝生三子：由观、由旺、由禄，常法生一子：文由（由字辈），常清裔无考。

自十三世开始，邵陵王后裔“慈和怡伯仲”字辈的具体繁衍情况如下②：

---

① 载增早逝，厚熡直接传位翊鋘，翊鋘追封载增为王。翊鋘去世后，其弟翊□（字睿庵）承袭王位。

② 邵陵王后裔“慈和怡伯仲”辈繁衍情况，主要参考了青岛市黄岛区泊里镇季家村朱猷廷整理的《皇明衡国邵陵王后裔支系汇总图》、青岛市黄岛区琅琊镇胡家山村《朱氏谱书》、青岛市黄岛区泊里镇季家村《朱氏家乘（卷一）》、朱猷廷整理的青岛市黄岛区藏马镇唐家庄朱氏谱系图、朱猷廷整理的青岛市黄岛区张家楼街道土山屯《朱氏支谱》和诸城市辛兴镇窦家岭（原都佳岭）《朱氏族谱》。

十三世（慈字辈）　由榀（字洪卿）二子：慈烌（字肃源，殇）、慈炆（字烈光），由椂二子：慈烨（字震光）、慈炘（字景炎），由楫二子：慈烃、慈焴，由明一子慈焕，由宽一子：慈熹，由德无嗣，由□一子：慈焯，由□一子：慈錬，由观一子：慈超（由黄岛区琅琊镇胡家山迁张家楼街道土山屯），由旺一子：慈祥，由禄一子：慈启，文由（常法之子）四子：英、荣、耀、参。

十四世（和字辈）　慈烌嗣一子：和昐（字方成），慈炆二子：和昐（出嗣）、和畛，慈烨三子：和诗、和书、和典，慈炘六子：和琴、和瑟、和埙、和篪、和琚、和珺，慈烃一子：和信，慈焴二子：和勤、和培（居临朐南乡九山集南王庄），慈焕嗣一子：和垣（齐东王后裔，居青州衡王府西银麻庄），慈熹无嗣，慈焯一子：和琇（居寿光南乡堠子坡），慈錬三子：和墿、和塄、和墰，慈超一子：和兴，慈祥二子：和安、和亭，慈启一子：和江，英二子：福麟、庆麟，荣二子：梦麟、仁麟，耀无嗣，参无嗣。

十五世（怡字辈）　和昐二子：怡镜、怡镰，和畛二子：怡鎡（移居他乡，裔无考）、怡锦（裔无考），和诗二子：怡鍷①、怡锋，和书一子：怡镈（裔无考），和典三子：怡铚、怡□、怡□（三人裔无考），和琴嗣一子：怡鉊，和瑟二子：怡钺（裔无考）、怡鋂（裔无考），和埙一子：怡锡（裔无考），和篪一子：怡錞，和琚一子：怡□（裔无考），和珺一子：怡□（裔无考），和信二子：怡喜、怡省（二人裔无考），和勤二子：怡谨、怡道（二人裔无考），和培一子：怡宗（裔无考），和垣二子：怡錞、怡□（二人裔无考），和琇三子（后裔居寿光南乡堠子坡）：怡錬、怡锡、怡錝（三人裔无考），和墿、和塄、和墰（三人裔无考），和兴一子：怡元，和安二子：怡鏥、怡鍹，和亭二子：怡钒、怡钧，和江二子：

---

① 详见青岛市黄岛区藏马镇唐家庄《朱氏家谱》。

怡锈、怡时，福麟无嗣，庆麟三子：培、坦、恺，梦麟二子：堦（裔无考）、坦（殇）。

十六世（伯字辈）　怡镜二子：伯泾、伯浩，怡镰二子：伯沼、伯□（无嗣），怡鏍四子：伯津①、伯荣（移居藏马镇瓦屋村）、伯堦、伯康（后二人由泊里移居今黄岛区藏马镇唐家庄），怡锋四子：伯湓、伯淇、伯润、伯洽，怡鉊一子：伯浊（无嗣），怡錞四子：伯潭、伯湖（裔无考）、伯济、伯汉，怡元四子（由胡家山迁居今青岛市黄岛区张家楼街道土山屯）：伯禄、伯洄、伯瀧、伯□，怡鏑二子：伯渶、伯发，怡鍹二子：伯泭、伯泾，怡钒二子：伯□、伯溪，怡钧一子：伯漮，怡锈一子：伯温，怡时一子：伯津，培二子：德三、省三，坦六子：长子（失讳）、道三、聘三、贵三、后三、锡三，恺三子：品三、伯智、伯良（裔失考）。

十七世（仲字辈）　伯泾一子：仲文（自泊里镇季家村迁往大场镇立新村），伯浩无嗣，伯沼无嗣，伯□（裔失考），伯津一子：仲桂，伯荣三子：仲贵、仲祥、仲明，伯堦二子：仲祯、仲福，伯康一子：仲文，伯湓无嗣，伯淇无嗣，伯润一子：仲林，伯洽二子：仲业、仲荣，伯浊无嗣，伯潭一子：仲南，伯湖裔无考，伯济二子：仲环、仲皆，伯汉三子：仲涌、仲海、仲玉（移居吉林），伯禄一子：仲考，伯洄一子：仲进，伯瀧一子：仲成，伯□一子：仲官，伯渶一子：仲权（由胡家山迁居泊里镇丁莪家庄），伯发一子：仲叶，伯泭一子：仲春，伯泾嗣子仲校，伯□裔失考，

---

①　根据青岛市黄岛区泊里镇季家村的谱书记载，怡鏍生一子伯津，而青岛市黄岛区藏马镇唐家庄《朱氏家谱》（系“文革”后重修）记载，怡鏍生三子：伯荣（移居藏马镇瓦屋村）、伯堦、伯康（其中伯堦、伯康二人由泊里移居今黄岛区藏马镇唐家庄）。此处依据青岛市黄岛区藏马镇唐家庄《朱氏家谱》，但就目前所考的情况推论，青岛市黄岛区泊里镇季家村的谱书记载的情况应该更可靠。此推论有待进一步考证。

伯溪三子：仲槐、仲校（出嗣）、仲检，伯澭二子：仲檖、仲林，伯温一子：仲槿，伯津一子：仲□，德三二子：廷芬、仲篪，省三三子：学芬、仲廉、仲藻，道三三子：仲熙、仲相、仲子，聘三一子：仲芳，贵三三子：仲华、仲红、仲会，后三一子：仲文，锡三六子：仲恒、仲槐、仲权、仲梅、仲奎、仲彬，品三嗣一子：仲全，伯智四子：仲柱、仲全（出嗣）、仲平、仲□。

据说，邵庄镇郇仁马朱氏也是该支后裔。该村朱氏也是在康熙圣谕的宽松背景下，从青州寿光搭界处迁来的，是邵陵王的后裔。该村朱氏大约五六百人，最高辈是“迪”字辈。

（六）汉阳王

汉阳王厚熐，衡恭王祐楎七子，号安仁子，谥号温惠，共传厚熐、载尘（厚熐次子，字益轩，袭王）二代。

1. 王族传承

汉阳王后裔在明清换代、王府被抄之际，亦向南偏东方向逃亡。据今日照市东港区南湖镇大城子村朱氏珍藏《朱氏族谱》[①] 记载：“恭七子汉阳王厚熐子载尘字益轩”，生子翊□。而另据今存的几乎所有谱书记载，厚熐长子早殇，次子载尘袭王位。

《汉阳温惠王元妃傅氏圹志》记载，厚熐长子早卒，次子“赐名载尘，封长子，俱系嫡出，选配青州左卫指挥崔绍伊长女，封夫人……女二，长封淄川县主，亦嫡出，选配仪宾许存名；次配昌乐县儒生刘绍纪，夫人王氏出。妃于万历二十二年（1594）二月，内具本，讨镇国将军常源奉祀”[②]。而常源乃衡定王翊镬之四子，为何特别具本朝廷“讨镇国将军常源奉祀”，这或许说明了几乎所有谱书关于载尘“无后裔”记载的原因。因为，载尘之子翊□（失

---

① 详见今日照市东港区南湖镇大城子村朱氏珍藏《朱氏族谱》。

② 详见《汉阳温惠王元妃傅氏圹志》。

讳），年幼即已逃亡在外，修订谱书时不知其所终，甚至以为其已亡，故记载为“无后裔”①。

综上所述，汉阳王厚熲，次子载尘②，载尘子翊□，翊□子常□，常□二子：由标（后裔在两城一带）、由凤（凤祖自两城雍正元年即1723年迁于大城子村，在反崖头岭有坟茔，朝正东；瑸祖墓在祖林西北角，坟向东南；恭祖墓在祖林，墓向正南，有碑在；兴祖墓在祖林侧，朝向正东；海祖墓在大城子村东沟东堐，朝向正西）。③

自十三世汉阳王后裔“慈和怡伯仲”辈具体繁衍情况待考。④

十三世（慈字辈）　由标生一子：慈□，由凤（字国祯）生二子：慈瑸、慈□（裔无考）。

十四世（和字辈）　慈□生一子：和□，慈瑸生一子：和恭。

十五世（怡字辈）　和□生一子：怡□，和恭生三子：怡兴、怡聪、怡明。

十六世（伯字辈）　怡□生二子：伯宜、伯昌，怡兴嗣子伯海，怡聪生一子：伯沧，怡明生六子：伯汶、伯淳、伯清、伯洞、伯江、伯□（裔无考）。

十七世（仲字辈）　伯宜生三子：仲臣、仲清、仲华，伯昌生

---

① 其实这是在当时背景下谱书的误记。

② 厚熲长子殇。

③ 详见今日照市东港区南湖镇大城子村朱氏珍藏《朱氏族谱》。

④ 今日照市东港区南湖镇大城子村朱氏珍藏《朱氏族谱》，应为现存较早且记载较全的谱书，特别是对汉阳王后裔的记载，应该既全面又准确。遗憾的是，课题组几次赴日照或通过其他方式找到汉阳王后裔（由凤支）、日照市东港区南湖镇大城子村《朱氏族谱》珍藏者朱先斌，终未见到原谱，只是得到了该谱书的部分复印件。但毕竟复印件亦补正了其他谱书的缺失，在此一并说明和感谢。至于十三世以后的汉阳王后裔的具体繁衍情况，只好期待日后有志者细心考证了。

一子：仲增，伯海生三子：仲选、仲还、仲兰，伯沧生二子：仲远、仲连，伯汶生一子：仲逵，伯淳生五子：仲适、仲桐、仲□、仲□、仲□，伯清生一子：仲樊，伯洞生四子：仲典、仲连、仲楷、仲吉，伯江生四子：仲由、仲唐、仲臣、仲逊。

2. 汉阳王后裔

汉阳王载尘子翊□，当年十二岁左右出逃，先在诸城枳沟一带居住，后娶妻，不久继续东行至今日照市山海天旅游度假区两城居住。次子由凤于雍正元年（1723）迁居大城子村。

（1）日照市山海天旅游度假区两城街道两城村

据牛津大学出版的《世界史便览》，公元前2800年到公元前2000年的日照两城，是亚洲最大的城市，同时也是龙山文化的重要发祥地（1934年发现的两城遗址），它位于三市（日照、青岛、潍坊）、四县区（东港、五莲、胶南、诸城）交界地带，素有“日照北大门”之称。金朝时在此置两乡镇分隶日照、诸城两县，故名两城，民间俗有“一炕分两城”之说，即炕北头为诸城，炕南头为日照。该村的朱氏是汉阳王后裔，始祖辈分是“翊”字辈，是在大清顺治二年（1645）从青州迁来的（谱上记载青州失散逃来），先到诸邑（诸城）的关帝庙庄，被孙姓大人收为门婿。婚后不长时间即迁到两城庄（今天的诸城与日照交界处），繁衍到“常”字辈上生二子，长子由标，留在两城，后裔繁衍至今；次子由凤，从两城迁至日照东港区南湖镇大城子村。

（2）日照市东港区南湖镇大城子村、樵业子村等朱氏

东港区为日照市辖县级区。东临黄海，北望青岛，南接日照市岚山区，西通莒县，有平原、山丘、水域、湿地、海洋等。

明末清初丁亥之变后从青州明衡藩逃出的汉阳王后裔一支，几经辗转，历时七八十年，最终到达并居住于这里的大城子村。该村即位于日照市东港区南湖镇，南邻南湖二村、报子沟村，西邻北湖

村，北邻阚家城子村，东傍群山峻岭。据日照市东港区大城子村朱氏珍藏的《朱氏族谱》（图 2-31）记载：

> 恭七子汉阳王厚熨子字益轩……翊祖年十二岁，自大清顺治二年由青州失散，逃于诸邑关帝庙庄，幸而孙大人收为门婿。住数月后迁于两城庄住，关帝庙前有坟茔六冢。常□二子：长子由标，十二世，标居两城□……次子由凤，凤祖……雍正元年迁于大城子。

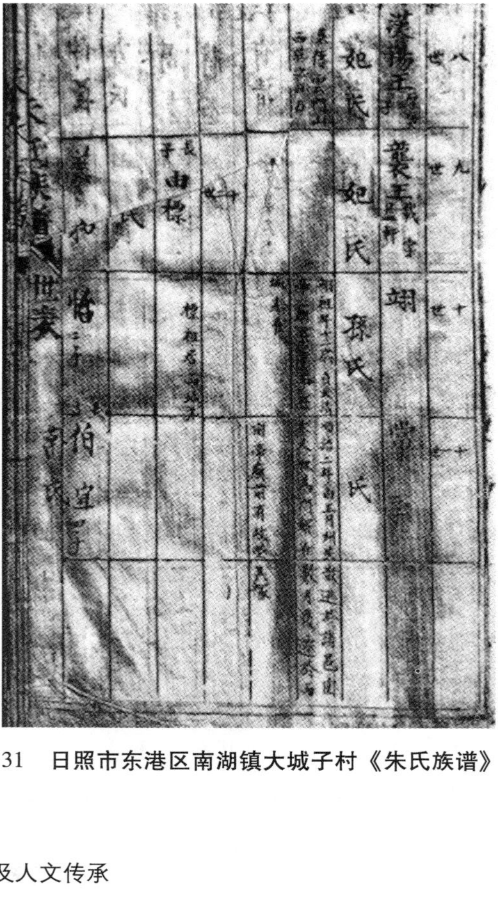

图 2-31　日照市东港区南湖镇大城子村《朱氏族谱》摘页

由此可以看出，该支汉阳王后裔到达此地是在逃出青州七十八年后。该支汉阳王后裔首先到达且居住的地方是“诸邑”，几个月后迁到“两城”，此后分支到大城子。日照市东港区南湖镇樵业子村、山海天旅游度假区两城街道青岗沟村和青岛市黄岛区大场镇大场村朱氏，也应为汉阳王后裔。从日照市山海天旅游度假区两城街道青岗沟村《朱氏家乘》[①] 等谱书和实地考证中可得到印证，但他们不知自己是哪一支脉。据大城子村的《朱氏族谱》可以推断，今居住于日照市山海天旅游度假区两城街道一带包括日照和青岛在内的有关村庄朱氏，应为汉阳王后裔。

另外，岚山区黄墩镇的陈家沟村也有汉阳王的后裔，他们和大城子村属于同一支脉，该村朱氏人口约有 700 人。

据查，寿光古城街道十里铺朱氏应该也是汉阳王后裔。据老人们讲，“文革”前该村有四古碑，现在只剩一座，其他都在“文革”中被毁。该村朱氏最高辈是“迪”字辈，约有 100 人。

衡王各支脉后裔除了以上地区，还有以下地区：

博山区域城镇炅家庄。博山为淄博市所辖县级区，位于鲁中山区北部，南与沂源接壤，西北与章丘交界，西南接莱芜，东部和北部与淄川毗邻，地势南高北低，南、东、西三面低山环绕，北面为丘陵河谷地带，几乎所有的区域不是中低山区就是丘陵地带，海拔 500 米以上的山峰八十多个，较大的有鲁山、原山、岳阳山、鹿角山。当年青州明衡藩部分宗室子弟之所以逃到西部群山中一个被称作“坡庄”的地方（今淄博市博山区域城镇炅家庄），其原因毫无疑问，自然是为了躲进大山，避免被追杀。至于迁居于日照市五莲县许孟镇牛家官庄和朱家老庄两支明朝青州衡藩后裔，也是选择山

---

① 详见日照市山海天旅游度假区两城街道青岗沟村《朱氏家乘》。

区，便于藏身。据淄博市博山区西山脚下昃家庄《昃氏族谱》[①] 记载，昃氏先祖昃龙、昃凤，系明朱氏后裔。淄博市临淄区齐都镇邵家圈家谱中也有关于昃姓来源的叙述。

临朐县辛寨街道瞿家圈（原忠庄）。瞿氏后裔传说，该村瞿氏的一支可能是当年明衡藩后裔在此避难时留下来的，尚有待考证。

除此之外，今临朐县东城席家洼朱氏，淄博市临淄区一带朱氏，济南市章丘区一带朱氏，青岛市黄岛区大场镇、大村镇、藏马镇、张家楼街道、大珠山镇等地朱氏，以及其他地区朱氏，应有衡藩后裔，但由于他们没有族谱和史料记载，现已无从考证。

今日照市东港区南湖镇上坳村、岚山区黄墩镇南陈家沟，五莲县许孟镇牛家官庄、朱家老庄，高密市贾塘、张家八里庄，以及周边地区其他村，不排除居住着明朝衡王宗室后裔，但已很难考证。

---

① 详见淄博市博山区西山脚下昃家庄《昃氏族谱》。

第三章

毓秀土：地方文化与衡藩的互动

明朝建立之后，太祖朱元璋鉴于元代衰亡之教训，吸收西汉等朝代分封众建之经验，将宗室子弟封藩于各区域重镇，并赋予军政之权，封藩之制遂成为明代政治制度及宗室制度的重要组成部分。之后，虽有建文帝、明成祖等削弱藩王势力之举，但有明一代，诸王就藩封地之后，凭借显赫身世和特权，通过刻书等文化事业，与地方文人名士展开良好的互动。

第一代衡王朱祐楎就藩青州，标志着皇室威仪直接辐射海岱之地，一方面，衡藩将明代皇家宗室的礼仪、王府文化带到以青州为中心的海岱地区，迅速形成带有宗室特色的文化中心；另一方面，海岱地区历史悠久，文脉深厚，衡藩到达青州后又受到海岱文化的影响，在王府文化的框架中不断加入地方文化的有机成分。最终，逐渐形成具有海岱地方色彩的衡藩文化。因此，要理解衡藩文化，既要了解衡王府本身，又要了解海岱地区的历史文化。

一、海岱惟青州

在今日，我们谈及各地文化时，常以特色标识指称，这种带有地方性特色的认知，可以用“地域文化”概括之。在中国古代，“域”既是一个自然地理的概念，又是一个行政和文化区域的概念。《说文解字》解释说：“或，邦也。从口从戈，以守一。一，地也。域，或又从土。”可见，地域，既有以土地为代表的自然环境属性，也有以“邦”为代表的社会人文属性。所以，在今天，很多学者认为所谓“地域”，一般指的是以自然地理空间为基础的人文历史空间。自然地理空间和人文历史空间构成了“地域”概念的基本内涵。而在这两种基本内涵中，人文历史空间意义是“地域”概念的更深的层次。① 在此种认知下，自然与人文之间不断互动，共同塑造了地域文化的特点，即地域文化的形成离不开特定的自然环境，在其自然环境中形成相应的物质生活、精神生活，而人们的社会活动如生产、迁徙、政权建设等又对自然环境产生影响，由此形成了“百里不同风，千里不同俗”。

既然地域文化是自然地理与人文历史的结合，那么它是具有延展性的，它是在特定地域中，经历史变迁而塑造成的。我们时常以“海岱”指代青州及周边地区，以“齐鲁”指代山东，这些简称不仅是历史时期行政地域概念，更包含了数千年来文化发展的延续，因此，我们往往从地域名称中能够知悉其历史文化特点。

先秦时期，是中华文明逐渐走向成熟的时期，在这一时段，中华大地上孕育出数处文明火花，1927 年，蒙文通先生通过对中国古族分布区域、部落、姓氏、经济、文化特征进行研究，将中国古族分为江汉、河洛、海岱三系，首次提出了海岱历史文化区概念。并认为海岱地区以泰山与渤海之间为中心，是中国文化较早的代表

---

① 白欲晓：《“地域文化”内涵及划分标准探析》，《江苏社会科学》2011 年第 1 期。

地区。[①] 新中国成立后，苏秉琦先生又提出中国古文化分布如满天星斗，按照文化区系类型，中国古文化体系可以分成六个大的文化区。以山东为中心的东方区，即是其中之一。[②] 在这些学者看来，山东尤其是海岱地区存在着组成中华文明、具有自身特色的文化体系，这一文化体系范围与《禹贡》中以海、岱、淮圈定的青、徐二州大致吻合，而这一区域正是大汶口—龙山文化中心分布区，亦是商王朝腹地以东的东夷诸国活动区、周代的齐鲁国境，这一地区自公元前 4000 年开始逐渐形成一个相对独立、相对稳定的历史文化区，即“海岱历史文化区”。[③] 从文化萌芽到秦大一统之前，海岱地区代表性的文化发展大致经历了海岱文化与齐鲁文化两个阶段，二者之间既有区别，又有相承相融的密切关系。

（一）海岱文化

海岱地区的中心为青州，《尚书·禹贡》云：“海岱惟青州。”孔安国传曰：“东北据海，西南距岱。”“海”即渤海、黄海，“岱”即泰山。（图 3-1）

海岱有“海”，自北而南有渤海、黄海，海洋资源丰富，先民煮海为盐，发展起商贸之业。海岱有“岱”，自西向东泰沂山脉绵亘其中，绵延的山脉以其丰沛之物产孕育出内涵丰富的文化。山海之间，分布有昌潍平原、胶莱平原等沃土，先民耕耘于此，创造出璀璨文明。

---

① 参见宣兆琦：《海岱地区古代文明的地理环境与远古居民》，《管子学刊》2010 年第 2 期。

② 苏秉琦：《满天星斗：苏秉琦论远古中国》，赵汀阳、王星选编：中信出版集团 2016 年版，第 9 页。

③ 高广仁、邵望平：《中华文明发祥地之一——海岱历史文化区》，《史前研究》1984 年第 1 期。

图 3-1　禹贡九州山川之图①

得益于山水之便，海岱一地，历史悠久，形成以东夷文化为代表的区域文化。东夷是我国古代对东方民族的总称，分布区域北起辽东，南抵长江，东到海滨，西至豫西，分布地域广阔，但以山东为主要聚集地。② 东夷有诸多支系，如莱夷、岛夷等，各部落曾组成松散联盟，并推举太昊为首领。东夷诸部较早地发展起采集经济

① 盛博编:《宋元古地图集成》上，星球地图出版社 2008 年版，第 224 页。

② 周立升、蔡德贵主编:《齐鲁文化通论》上，山东人民出版社 2015 年版，第 50 页。

与原始农业，在此基础上形成独特的手工业生产技术及文化艺术形式。在与周边族群互动过程中，东夷诸部与炎帝、黄帝等部落不断互动，走向融合，成为华夏文明“满天星斗”的重要组成部分。之后，黄帝的一支子孙进入今山东地区，接受东夷文化，被视为太昊继承者，其首领称为少昊，少昊部落主要活动区域在青州一带，故而《元和郡县图志》称青州乃“古少昊之墟”。少昊部落的司寇是爽鸠氏首领，爽鸠氏活动于青州一带，以爽鸠这种雄鹰为图腾，这反映出青州先民勇猛而崇尚自由的文化传统。20 世纪 30 年代，在今青州市东夏镇苏埠屯村发现商代青铜器，有的青铜器上面铸有“亚醜”铭文。1965 年，对该墓葬进行发掘时，又发现两件大型铜钺。这些文物的出土，反映出青州地区文化脉络之深厚。① 此外，根据现有文献记载，大致可知夏商时期爽鸠氏、季萴氏、逄伯陵氏等部落都曾在青州地区活动。

（二）由“海岱”到“齐鲁”

随着商周更迭，中国历史发展迎来一次变革，海岱地区的文化发展迎来新的机遇与挑战。西周建立后，周王分封诸侯，山东地区主要为齐、鲁两国控制。齐国为姜尚封地，以姜尚之才镇守东夷。周公封于少昊之墟，以便威慑商遗民。武王去世后，殷商遗民跟海岱地区与商关系密切的方国起而反周。周公、召公东征，巩固了齐、鲁两国在东方的地位，以齐、鲁为核心，以周王朝文治武功为主导，具有多元文化特色的齐鲁文化圈逐渐形成。

齐、鲁两国所占范围与海岱地区多有重合，齐国立足于海岱地区北部，是沿海诸侯国，居泰山之阴，始都山东营丘。鲁国居于海岱地区南部，是内陆诸侯国，居泰山之阳，都曲阜。

---

① 隋同文编：《青州文史资料》第 18 辑《青州上下五千年》，山东省青州市政协文史委，2005 年，第 3、18 页。

至战国时，齐国的疆界，南有泰山，东有瑯琊，西有清河，北有渤海，山水资源丰富，地形条件复杂。在此地理环境之下，齐地社会经济文化诸方面具有多样性特点，是故《史记》说："齐带山海，膏壤千里，宜桑麻，人民多文采布帛鱼盐。"与之形成对比的鲁国是处于洙水与泗水之间的一片丘陵地带，社会经济文化有较多的继承性。

具体而言，齐国对海岱地区东夷部落的生产方式有较多继承，齐国沿海经济特点明显，具有多种经济成分，如农耕、渔业、制盐业、运输业、手工业等，即通工商之业，便鱼盐之利，到战国时期，齐国经济的典型代表是临淄，《史记》说："临菑之途，车毂击，人肩摩，连衽成帷，举袂成幕，挥汗成雨，家殷人足，志高气扬。"可见，齐人在商业发展上有很高成就。鲁国则从建国之初，重视农业，其地"宜五谷桑麻六畜，地小人众，数被水旱之害，民好畜藏……好农而重民"。《国语》说：在鲁人眼中，"沃土之民不材，逸也；瘠土之民莫不向义，劳也。"受地理环境与社会经济影响，齐、鲁两地民情风俗也有很多不同。齐国保留较多海岱东夷遗风，《史记》说："其俗宽缓阔达，而足智，好议论，地重，难动摇，怯于众斗，勇于持刺，故多劫人者，大国之风也。"而鲁国则犹"有周公遗风，俗好儒，备于礼……颇有桑麻之业，无林泽之饶。地小人众，俭啬，畏罪远邪。及其衰，好贾趋利，甚于周人"。

齐、鲁两国虽有诸多不同，但都处在渤海与黄海之间，以鲁中南山地丘陵为中心，涵括"一山一水"，形成较为完整的地理空间。在密切的交往中，两地民众"和而不同"，相互吸收借鉴，逐渐形成以临淄、曲阜、青州等地为中心，特色鲜明的文化单元，这些文化单元商贸、文化互动频繁，最终形成"齐鲁"地域文化概念。究齐鲁之名，可知一种地域性文化的形成与该地域地理空间、原有文化形态、社会历史演进关系密切，同时也让我们对“和而不同”有了直观形象的认识。

齐、鲁建国于文化较为发达之海岱地区，在此基础上与周文化等文化形态相融合。例如，周公创立之鲁文化，传周礼而重礼仪，至孔子建儒学，以“仁”为核心，鲁文化崇仁、重礼、尚德、贵和，其影响不仅限于邹鲁之地，对齐地亦大有影响。姜太公融周礼与海岱东夷文化于一体，发展经济、健全法制、增强实力，至桓公时齐文化形成礼法并重、农商共举、义利兼顾的特点。之后，齐、鲁文化在发展过程中不断丰富，既有儒家的重人文，又有道家的重自然。

其中，儒家文化以孔孟思想为代表。

孔子（前551—前479），名丘，字仲尼，鲁国陬邑人。孔子生活的春秋时期，王室衰微，礼崩乐坏，诸侯争霸。于此历史背景下，孔子作为具有强烈社会责任感与历史使命感的思想家、教育家，提出了对中国文化发展具有深远影响的思想理论。孔子学无常师，既推崇周公等人的理论，又融合邹鲁青齐等地思想，建立起以“仁”为核心，以“义”“礼”“智”“信”等为基本范畴的儒家思想体系。

在孔子思想体系中，天命论占有较高地位，孔子继承三代天命观念的大传统，他在保留天的神秘性和对于天、天命的信仰、敬畏的同时，修正周代关于天与贵族阶级有关的看法，使每一君子直接面对天，由“畏天命”而“知天命”。在孔子看来，“五十而知天命”，在积累了一定的生命体验之后，逐渐体悟到天所赋予人的秉性，对天道、天命、道德有所敬畏，而又积极追求生命的意义。在孔子看来，天生育众民，民各有自己的特性，但所秉执的常道，是趋向美好的道德。天不仅是人信仰的对象，也是人可以上达的境界。①

图 3-2　孔子行教像

孔子将“礼”的内核“仁”作为其思想的原点，将人文价值理想确立起来。（图 3-2）

孔子之后，被后世列为继承道统的是孟子。孟子（约前 372—前 289），名轲，字子舆，邹国人。作为儒家道统的传承者，孟子的思想体系极为丰富，其中以“民本”理念为核心的“仁政”思想成为孟子思想的精髓。（图 3-3）

① 参见郭齐勇编著：《中国哲学史》，高等教育出版社 2006 年版，第 25-26 页。

孟子的“民本”思想集中表现在“民贵君轻”，“民为贵，社稷次之，君为轻”，这一名言流传两千余年，在孟子看来，百姓决定国家兴衰存亡，天子是受“天”与“民”委托的管理者，只具有管理、行政权，但不具备对天下的所有权，并且，天命也不是捉摸不定，“天视自我民视，天听自我民听”，天意是通过民意表现出来的，因此，“君”是否具备天命，要看他是否为民众接受。因此，民心所向即天下得失之本，夏商之覆灭在于民心尽失，“桀纣之失天下也，失其民也；失其民者，失其心也”。周之勃兴也在于民心所望，“文王视民如伤，望道而未之见。武王不泄迩，不忘远”。在此基础上，孟子提出：

图 3-3　孟子画像①

> 得天下有道：得其民，斯得天下矣；得其民有道：得其心，斯得民矣；得其心有道：所欲与之聚之，所恶勿施尔也。

因此，以德服人之王道远胜于以力服人之霸道。在此基础上，治理国家，应重视民意，“取之而燕民悦，则取之。古之人有行之

---

① 国学整理社：《圣哲画像记》，上海世界书局 1936 年版，第 29 页。

者，武王是也”。

既然君王权力源自百姓，统治合法性在于民心所向，那么在民本的理念下，仁政便成为合法统治之道，“不以仁政，不能平治天下”，“保民而王，莫之能御也”，而如何施行仁政，“王如施仁政于民，省刑罚，薄税敛，深耕易耨，壮者以暇日修其孝悌忠信，入以事其父兄，出以事其长上，可使制梃以挞秦、楚之坚甲利兵矣”。

实际上，在海岱地区，孔孟之道不仅仅是停留在经典，它被儒生引为人生信条，也被城乡民众融入习俗之中。在孔孟之乡，圣哲思想充盈在社会的各个角落，渗透到各行各业，我们能在祠堂中见到“忠厚传家久，诗书继世长”的对联，能在教书先生口中听到“不学礼，无以立”的教诲，即便是在言必称利的商人那里，也能听到“仁义礼智信”。换言之，在海岱地区，孔孟之道不仅是王朝宣教内容，更是一种人生态度。

儒家思想与海岱文化有渊源，而道教文化的形成也与海岱地区关系密切。

道教是中国原始宗教在演变过程中，将各种方术、民间祭祀、民俗信仰、神话传说等综合起来，借鉴道家、阴阳家等学说，融合儒家、墨家、医家等理论思想，而形成的多层次宗教体系。

在这一宗教体系中，自然崇拜等信仰因素具有不可忽视的地位，海岱地区的神山信仰则为之提供了先验借鉴。海岱先民以泰山为代表的神山信仰起源极早，并对国家祭祀体系产生重要影响，《尚书·舜典》云：“岁二月，东巡狩，至于岱宗，柴，望秩于山川。”《礼记·王制》亦云：“天子祭天下名山大川，五岳视三公，四渎视诸侯。”在古史中，先民较早的封土为坛的祭天地点便有泰山，并由此沿袭成后代的泰山封禅仪典，在泰山周围的海岱大地上，出土过很多先民祭天所用之陶器。张守义《史记·封禅书》正义曰：“此泰山上筑土为坛以祭天，报天之功，故曰封。此泰山下小山上除地，报地之功，故曰禅。”这一封禅典礼为后世道教的“泰山主知人寿”等理论提供了先验依据，泰山神成为道教“主治死生，百鬼之主帅”。

海岱地区产生以泰山为代表的神山崇拜的同时，因近海之便又为方士的神仙理论提供了条件。春秋之后，齐国、燕国等地产生渤海之上有蓬莱、方丈、瀛洲神山之说，并衍生出寻仙采药、追求长生不老之方术，青齐之地方士在秦汉之际频繁活动于社会之中，并与皇室建立起互动，史称“齐人之上疏言神怪奇方者以万数”。

海岱地区除为道教形成提供自然崇拜、天神崇拜等理念外，亦是道教制度化理论——黄老之说的发源地之一。郭沫若先生提出黄老学派“培植于齐，发育于齐，而昌盛于齐”。在稷下学宫中，道家思想与法家、儒家、刑名家、阴阳家等思想融合，产生“因道全法”之稷下黄老学派。①

海岱地区为道教的形成发展提供了诸多支撑因素，道教成为制度化宗教以后，又以海岱地区尤其是青州为重镇。历史上，青州道教发展经过数个高峰，尤其以全真教在青州的传播具有代表性。

宋金元时期，道教在海岱地区的传播进入新的阶段，全真教创始人王重阳在今烟台牟平创教传道，待弟子丘处机赴西域大雪山向成吉思汗传授“敬天爱民”之道后，全真教成为道教之首，作为全真教重镇的青齐之地遂道观林立。青州作为金元时期山东重要的政治中心，也是全真教传教重镇。全真七子中的马钰便曾多次前往青州传教，为全真教发展打下基础，之后，丘处机倡议在青州建太虚

① 吴成国：《齐鲁文化与道教起源论略》，丁鼎主编：《昆嵛山与全真道——全真道与齐鲁文化国际学术研讨会论文集》，宗教文化出版社2006年版，第17-22页。

宫，元代初年，驼山昊天宫建成，青州成为全真教在全国传播的枢纽。①

儒学、道教等本土文化流派与海岱地区有密切的渊源，佛教作为外来文化，其在海岱地区传播的过程中也与地方文化之间有着频繁的互动。

作为海岱中心的青州具有地利之便，政治军事地位重要，而且经济相对发达，因而受到诸派宗教青睐，将之作为传播教义的重镇。

魏晋南北朝时期，青州佛教发展进入高峰期，此时，青州是北方军政重镇，佛教传播者多以此为中转地，同时，地方统治者也注重佛教安定民心的作用，推动佛教传播。公元 412 年，高僧法显自印度取经归返，由海路在崂山登陆，受到青州地方官长邀请，在青州居住一年，为佛教传播提供了机遇。

再者，魏晋南北朝时期，统治者多有崇信佛教者，如北魏文帝曾令州郡县建立寺院，鼓励佛教发展。到魏太武帝灭佛时，青州时归南朝刘宋王朝管辖，因而躲过此祸，并逐渐成为北方佛教重镇。这一时期，青州建有宁福寺、广福寺、兴国寺、南阳寺等著名寺庙。

北魏之后，青州地区的石窟造像逐渐兴起，驼山、云门山、尧王山等地都有摩崖造像。

其中，驼山石窟建于南北朝至隋唐时期，是中国东部最大的摩崖石窟造像群之一，有石佛造像 638 尊。驼山之佛教文化遗产除石窟外，另有天下一绝的山体巨佛。

此外，龙兴寺是青州另一重要佛教建筑。龙兴寺初建于南朝，前身为青州刺史刘善明旧宅。刘氏在宅院内供奉佛祖，四方民众前

① 王树国主编：《古韵青州》，青岛出版社 2013 年版，第 44–45 页。

往祭拜。之后，宅院不断扩建，北齐时被赐名“南阳”，隋朝又改名长乐寺，唐武则天时改名大云寺，为全国八大寺院之一，玄宗年间改名龙兴寺。①

经过南北朝到隋唐时期的发展，青州龙兴寺已经成为海岱地区最大的寺庙之一，日本名僧圆仁入唐求法时，便曾在龙兴寺居住。龙兴寺与青州之驼山、云门山等共同形成北方佛教文化的一个中心。②

综上，以青州为中心的海岱地区在文化发展演进过程中体现出了底蕴深厚而又带有包容性的特点，这一特点对海岱地区的世人有很大影响，如本书所讲述的青州衡藩，即受多元而厚重的地域文化影响，呈现出尚文而兼容的发展趋势。在衡藩身上，我们既能看到皇家宗室文化的符号，也能看到海岱传统文化的因素，王府文化与地方文化之间产生了密切的互动，成为海岱文化“银河”中的一颗“明星”。

明代藩王的设置是基于政治目的，明朝建立后，朱元璋借鉴元朝灭亡的经验教训，将皇室宗亲分封于各战略要地，是为了让朱氏子弟在政局危机之刻拱卫京师、固守地方。但是，这些被册封的皇家贵胄到达地方后，却逐渐体现出由“监视性客居者”向“土著化定居者”的转换。一方面，诸藩王独立于地方行政体系之外，自身带有监视性，同时，他们却也被周边官员所关注；另一方面，受封的藩王及其后嗣虽有皇室宗亲的身份，但在生活习惯、思想意识等方面受到地域文化影响，地方性特点不断增强。

朱祐樿由帝王之都分封于青州，但其太祖子嗣的身份并未改

---

① 王树国主编：《古韵青州》，青岛出版社 2013 年版，第 35-43 页。

② 青州市博物馆：《青州龙兴寺佛教造像艺术》，山东美术出版社 2014 年版，第 5 页。

变，甚至在远离北京之后，朱祐楎等藩王的皇家宗亲形象更为凸显。第一代衡王受封青州后，于此定居百余年，在一个多世纪的时间中，将明代皇室文化的诸多要素传播于海岱地区，为齐鲁文化注入新的内容，丰富了齐鲁文化体系。

首先，衡藩将明代的皇家宗室文化与王府文化进行推广。明代皇家宗室文化自明太祖朱元璋登基之后便逐渐成型，朱元璋虽不是名门显贵出身，但他对子弟教育却颇为重视，明朝建立之初，朱元璋便重视子弟文化方面的培养教育，认为“诸子将有天下国家之责”，遂于洪武元年（1368）“建大本堂，取古今图籍充其中，征四方名儒教太子诸王，分番夜直，选才俊之士充伴读”。在教师选择上，朱元璋也是慎之又慎，“明初，特重师傅。既命宋濂教太子，而诸王傅亦慎其选”。

至于教授内容，朱元璋在勉励诸师傅执教时曾说：

> 必先养其德行，使进于高明，然后于帝王之道，礼乐之教，及往古成败之迹，民间稼穑之事，朝夕与之论说，日闻谠言，使无非僻之干。积久而化，他日为政，自能合道。①

诸王就藩之后，皇帝仍相当重视对亲王及宗室子弟的文化教育，时常赐予劝诫类图书如《昭鉴录》《纪非录》，律令礼仪制度类图书如《大诰》《祖训》，此外，还有儒家经典等书籍。

万历年间，各王府开设宗学：

> 宗室子十岁以上俱入宗学。若宗子众多，分置数师，或于宗室中推举一人为宗正，领其事。令学生诵习《皇明

---

① 〔清〕夏燮：《明通鉴》（一），线装书局2009年版，第174页。

祖训》《孝顺事实》《为善阴骘》诸书，而《四书》、《五经》、《通鉴》、性理亦相兼诵读。①

万历二十三年（1595），朝廷开“宗室不仕”之禁，宗学又规定“子弟入学者，每岁就提学官考试，衣冠一如生员”。②

以朱元璋为代表的明代皇帝对诸藩及宗室文化教育的强调不无提高其文化素养、树立皇室形象的考量，但是，对朱氏子弟进行文化教育的另一层深意在于防范诸藩王自重进而威胁中央权威，因此，朱元璋令吏部尚书陶凯、主事张筹等采汉唐以来藩王善恶事例，辑录为《昭鉴录》，以为藩王行为之借鉴。此后，明朝历代皇帝亦以此方式加强对诸藩教育，借以彰显帝王权威，劝勉诸藩。靖难之变等事件表明皇权与藩王体制之间矛盾不断明显化，此后，明王朝逐渐改变宗藩政策，地方藩王的兵权、事权等被收回，皇帝对宗藩的防范措施不断升级。在此背景下，宗室不再享受政治实权，但仍有优越的政治地位与经济特权，这使得他们有权势、有时间、有财力从事文化活动，“海内名人乐与之游……每当佳辰，招呼宴集，弹琴对弈，饮酒赋诗”③。

受此类因素影响，明代诸藩逐渐形成重文之宗室文化。而受封青州之衡藩，更因齐鲁大地为孔孟之乡，圣人之道影响深远而表现得尤为突出。作为孔孟之乡，山东地方官员强调圣人之道的践行，对忠孝、仁爱等行为给予表彰，在山东，行贤哲之道者遍及城镇乡里，形成浓厚的礼仪风俗。青州衡藩亦受到这种社会风气影响，在

① 〔清〕张廷玉等：《明史·选举》，中华书局 1974 年版，第 1689 页。

② 同上，第 1690 页。

③ 〔清〕陈田辑：《明诗纪事》（一），上海古籍出版社 1993 年版，第 55 页。

其王府文化中有诸多体现。例如，朱祐楎受封青州之后，醉心诗书的同时，令王府子弟熟读儒家典籍，领会先哲思想，并献力于地方教育的发展，为青州等地区的读书人提供了接受教育的处所。志书中将此事迹记录为“辟书堂，淑诸王子授经讲诵，务令晓解。一时诸王贤声籍籍。官校子弟，复建育秀馆教之，多入庠校者”①。可见，朱祐楎在自己接受圣人之道教诲的同时，亦将之作为子弟教育的重心，从而为青州衡藩百余年文化史奠定基调。青州衡藩对礼乐文化较具代表性之琴瑟甚为喜好，高唐王朱厚煐撰有《琴谱》《瑟谱》；青州衡藩对忠孝之道甚为熟稔，新乐王朱载璽撰有《洪武圣政颂》《皇明政要颂》等。这些言行、作品体现出宗室文化之特色，同时，宗室文化与山东地区的齐鲁文化相融合，二者相得益彰，互为推动。

例如，衡王府的宗教喜好对齐鲁大地道教、佛教等宗教发展有一定程度的影响。明中期以后，皇室对道教持以尊崇，尤其是明世宗在位期间更是对道教崇信有加。在王朝时代，皇帝的喜好对社会风气影响巨大，在皇帝信奉道教的气氛影响下，衡王府亦崇奉道教，如万历十六年（1588），高唐王支持重建修真宫，“贴金身，套院落，疏圣水，修拱桥，辟荷塘，植碧柳，令修真宫成为‘双龙环抱流潺潺，玲珑别致一道观’”②。重修后的修真宫“香火云集，诸众祈祷”，成为鲁中地区道教传播的重要场所，对山东地区的道教发展产生较大的推动作用。

历代衡王多有好学者，他们在正统教育中熟识孔孟之道，在与地方贤达交往中将之升华，在此基础上，有明一代，衡王府成为以

---

① 嘉靖《青州府志》卷十二《封建传》，明嘉靖刻本。

② 庄明军、李宝垒、崔照忠编著：《海岱雄藩衡王府》，济南出版社2019年版，第212页。

青州为中心的海岱区域士人接受儒家思想熏陶的一处重要场所。一方面，作为皇家宗室在地方的象征，衡王府对士人影响较大，王府中人的行为在某种程度上成为地方人士的标尺，衡王等人对孔孟之道的崇敬，自然影响到地方人士；另一方面，衡王在与地方人士互动的过程中将孔孟之道融会其中，无论是宴飨地方贤达还是诗书交往，“圣人之道”往往是重要的话题，在互动中，孔孟思想得到推广。

围绕孔孟之道，衡王府与海岱地方文化频频互动，以朱祐楎为代表的衡藩宗室将“忠孝观念”“孝悌之道”等信条熟稔于胸，“仁者爱人”、爱国情怀等意识亦在他们身上有所体现。同时，衡王与王府中人善于结交世人，与儒释道诸流派交往密切，能包容多种信仰而不加干涉，体现出兼容并包之胸怀，以至于衡王府逐渐成为青州乃至山东地区文人墨客的聚集场所。

以孔孟思想为代表的齐鲁文化在历史发展中秉持了先哲理念，重视诗书继世，讲求忠孝传家，在强调社会责任、民生意识的同时，也强调个人品质的修养，无论是孔子关于志士仁人“无求生以害仁，有杀身以成仁”的定义，还是《大学》中关于个人品行之“修身、齐家、治国、平天下”的阐述，都体现出儒家思想在塑造个人素养的同时强调社会责任感，受此影响，后世儒者都将“仁义礼智信”作为人生信条。他们在求学、从仕乃至日常生活中强调人格的塑造、性情的培养，重视家国意识的养成，渐而有“居庙堂之高则忧其民，处江湖之远则忧其君”的领悟，达到“安得广厦千万间，大庇天下寒士俱欢颜”的境界。

自孔孟之后，儒生不断传播先哲思想，作为圣人故里的齐鲁大地为以儒家文化为核心的中华文明延续发展持续地贡献着力量，如伏生传《尚书》，郑玄遍注儒家经典等，这些先人为文化脉络的传承起到不可忽视的作用。在此氛围下，齐鲁大地涌现出无数立志于国计民生的人物，活跃在政治、经济、文化等领域，如忧国忧民之辛弃疾、抗倭保家之戚继光、潜心农事之贾思勰、针砭时弊之蒲松龄等，他们在齐鲁文化熏陶之下形成心系天下、推己及人之思想。

不唯如此，在海岱地区浓郁的文化氛围下，外来者亦深受地域文化影响，如元末曾出任山东宣慰使、以身表忠的达鲁花赤普颜不花等。

（三）九州重镇

青州一地，自周武王封姜尚为齐侯便归齐管辖。姜尚治齐，采取“因其俗，简其礼”的政策，民心遂归。之后，历经春秋战国五百余载，该地均属齐国。这一时期，外来文化与东夷文化不断碰撞，春秋战国以降，原生之东夷文化与周文化、楚文化等并包交融，对中华文明产生了深远而持久的影响。作为东夷文化重要分布地的青州，成为璀璨文明的重要组成部分。

秦始皇吞并六国，统一天下，设置齐郡管辖原齐国故地，青州一地由之前的诸侯属地成为封建王朝同质化行政区划的组成部分，青州地区实现了由诸侯封地到政府辖区的转化。

汉承秦制，汉武帝元封五年（前 106），设青州刺史部，驻于广县，称青州城。此后，青州一地无论是在政治还是军事方面，均属重镇，历东汉至三国间，青州城以其枢纽地位及重镇身份在中国历史上享有盛名。

西晋时期，怀帝永嘉五年（311），曹嶷弃广县，筑广固，以之作为青州刺史治所。

永嘉南渡之后，东晋建立。安帝隆安三年（399）慕容德陷广固，定为南燕国都，青州一地成为地方政权政治中心。仅十载之后，义熙六年（410）刘裕灭南燕，另筑东阳城，并将北青州刺史移治于此。

北魏献文帝皇兴三年（469），北魏占据东阳城，仍将之作为青州刺史治所。孝明帝熙平二年（517）又增建东阳城南郭，是为南阳城。北齐、北周时期，青州属北齐地，北齐文宣帝天保七年（556）迁益都县治于东阳城，移青州府治于南阳城。

隋朝建立之后，青州仍为山东重镇，隋政权于此设置总管府治，后改为北海郡治，北海之名彰显。李唐王朝建立之后，先于青州设置总管府治，后又改为北海郡治。

宋朝建立之后，吸取唐亡教训，在地方行政区划方面采取分权之策，尽可能降低地方势力崛起的可能，此时，青州作为京东东路路治。

宋金之战后，金军南下，据有黄淮海地区，在汉族聚居地区采取相对灵活的统治策略，以汉法治之，青州为山东东路益都总管府治。

元代元太祖二十一年（1226），元政权在青州先设益都路总管府，益都路与益都县同城而治。元世祖中统三年（1262），又设山东东西道宣慰司，治所设于济南，青州一地为益都路宣慰司，后山东东西道宣慰司治所改设于益都。

明朝建立以后，改益都路为青州府，洪武元年（1368），设山东行中书省，治所曾设于青州，与青州府同城而治。清朝建立之后，清廷在汉族地区采用的地方行政模式与明朝接近，青州一地仍为青州府辖治。雍正年间，清廷在青州设将军级八旗驻防，自北京调派八旗兵弁及家属万余人赴青州。乾隆年间，裁青州将军，改副都统辖之。

民国建立后，政权鼎革，地方行政区划随之而变，撤销青州府，益都县改为直属山东省辖。

1948 年益都全境解放，这一历史悠久的地区迎来新的发展阶段。新中国建立后，鉴于益都县的历史地位及区位条件，加之其系乡村兼城市的县，对探索城乡建设具有重要意义，华东局决定设立青州特别市，1949年，青州特别市并入益都县。1986年3月，经国务院批准，益都县改回青州市，这一拥有数千年历史的名称再度恢复。

通过对青州行政区划演变过程的梳理，可以看出青州一地因其重要的战略位置备受中央政权青睐，无论是汉族王朝基于禹划九州之悠久历史，将此地作为地方政治重心，还是元、清时期充分利用青州居重驭轻之枢纽位置作为屯驻重兵、监视地方的军事重镇，都凸显出青州的历史地位。

明朝时，太祖朱元璋分封诸藩王驾驭军事重镇，控制地方，屏卫中央，封藩体系渐次完备，但自建文帝之后，分封诸藩除遵守祖制，置宗室威严于地方之外，还加强了对藩王的监视。青州作为传统的军事政治重心，其战略地位不言而喻，而其周边登莱济兖等地亦是军事重镇，因此，册封衡藩于青州，其内中寓意可以说是较为丰富的，这从衡王府的封地与王府规制等方面便可窥见端倪。

衡王府建藩青州后，按《明孝宗实录》记载，仅明孝宗时期衡王便获封地数次，其中，弘治十五年（1502）赐寿光、潍县田地一千二百四十余顷，弘治十六年（1503）又赐青州府山川等坛旧址六百余亩及齐府所遗花果园二顷，正德三年（1508）衡王奏讨“未税地”约四百八十顷。经过数次赐赏与奏讨，衡王府所占田地分布在寿光、潍县、安丘、临朐、昌邑、诸城、日照、莱州、平度等地。① 可见，分封于青州的衡藩已然成为山东规模较大的封建地主。(图3-4)

除拥有数额惊人的田地外，衡王府规模在山东地方亦是最高规格。有明一代，藩王作为皇室威严在地方的展示，其王府修建颇具

---

① 庄明军、李宝垒、崔照忠编著：《海岱雄藩衡王府》，济南出版社2019年版，第6-9页。

章程，早在洪武二年（1369）即“定封建诸王国邑及官属之制”之后，诸王宫室以既定格式起盖。弘治八年（1495），对王府修建进行具体规定：

> 王府制：前门五间，门房十间，廊房一十八间……大小门楼四十六座，墙门七十八处，井一十六口。寝宫等处周围砖径墙通长一千八十九丈，里外蜈蚣木筑土墙，共长一千三百一十五丈。①

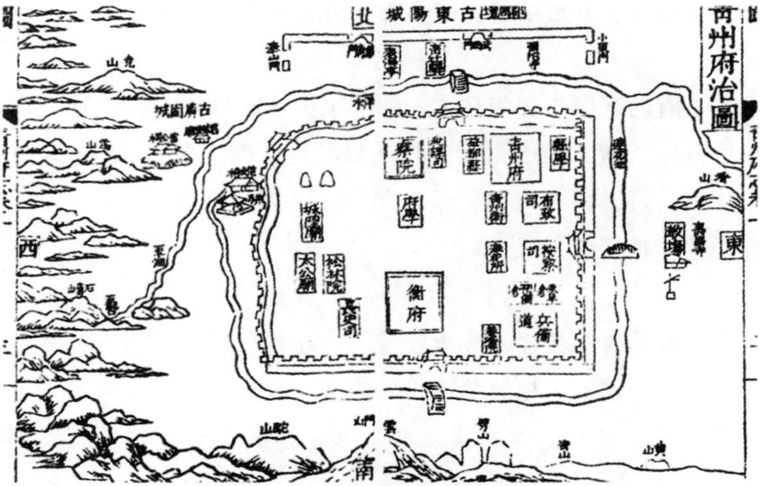

图 3-4　衡王府位置示意图②

亲王府的修建亦在朝廷主持下进行，初由工部派官与营建地行省长官商议，嘉靖年间改由工部与抚按、地方三司及营建地府卫官

---

① 赵用贤撰：《大明会典》卷一百八十一《工部》一《王府》，明万历内府刻本。

② 嘉靖《青州府志》卷一《青州府治图》，明嘉靖刻本。

商议。[①] 青州衡王府规制按照明代亲王府建设标准而定，由朝廷及地方官员协商修建。今天，我们已无法目睹衡王府原建筑全貌，只能以遗留的石坊等建筑物揣摩其昔日景象。好在方志及时人记述为我们留下图文，让我们能够想象这一建筑之盛况。

根据嘉靖版《青州府志》，我们可以看到衡王府在益都县的位置。衡王府大致在益都县城中轴线南端，其所占区域处于县城中心。而且衡王府建筑面积较大，从图中我们可以看出，作为地方政府治所的青州府衙与衡王府相比仍然有一定差距。所以衡王府的特点是，位置处于县城中心，规模大于青州府衙，所体现出的威仪不言而喻。

衡王府的规模与奢华在古人的记录中也有体现，清代地方学者安致远曾在《游云门山记》中描述自己远观衡王府景象："北眺郡城中故王宫殿，绿瓦朱楹，映日可辨。"[②] 此外，他还在《青社遗闻》中描述衡王府近景：

> 青郡衡藩故宫，最为壮丽……继甲申以后，衡王已被逮北上。予偕都人士历游其中。其正殿七级，王座尚有朱髹金龙椅在其上。西甬道旁紫薇成行，垂露摇风，红紫映日。拱北亭外，名花周匝，望春楼下，清沼回环。楚王章华之盛，梁苑平台之游，拟斯巨丽，未为远过。[③]

---

① 若亚：《明代诸王府规制述略》，《明史研究》1993年第3辑。

② 魏道揆著：《安静子文选译注》，中国文联出版公司1998年版，第196页。

③ 安致远等著，丁昌武等编校：《青州史料笔记四种》，青岛出版社2010年版，第11页。

可见，即便是在衡王府没落之后，王府华丽依旧，盛景不减。如此富丽堂皇、威严壮观之衡王府，在明代，曾是地方人士眼中皇室庄严与威仪的体现。

除衡王府外，衡藩陵墓的选址与规制也体现出皇家特点，这些肃穆的建筑对青州地方文化产生了重要影响。在明代，宗室陵墓选址考虑因素众多。首先位置要在封地附近，便于施工和下葬；其次要考虑礼法因素，陵墓规制不能僭越；然后要考虑风水等因素，以保证福佑子孙后代。

明嘉靖十八年（1539），衡王朱祐楎病逝，是年八月十八日，朱祐楎葬于青州三阳山。因衡王葬于此，遂有王坟村之称。传闻，朱祐楎在就藩青州之后，便曾派人为墓地选址，最后相中三阳山。三阳山四周有一片形似莲花瓣组成的峰群，称为莲花山。前有月牙河，即流经王坟村南的石河。北边东侧为青石崖，西侧为白土崖；南边西侧是青石崖，东侧是白土崖。青石崖称青龙，白土崖称白虎。龙虎由此形成呼应。衡王墓规模宏大，由墓区、神庙和神道三大部分组成，占地五十余亩。南门墓区前首，是墓地外城城门，高约 5 米，宽约 6 米，居中为砖石拱形门洞，高约 4 米，宽约 3 米，上嵌青石匾额，阳刻楷书“衡恭王墓”，雕云龙图案。过石门后有长 100 多米的神道，两旁排列石人、石兽，有文臣、麒麟、骆驼、象、羊、马及其他神兽，石像或立或蹲或卧，形态各异，栩栩如生。中国古代陵墓建筑有严格的等级制度，依石人石兽的品种与数量来表现墓主地位和等级。衡恭王墓石人石兽将朱祐楎的身份地位进行了直观的展示。

走进城门北行约 200 米是内城墙，围墙内，神路两边殿宇重重，金碧辉煌，墓前是神庙。隔不多远有一座高大巍峨的明楼，整齐威严。每有祭祀、修葺、册封、旌表，都刻碑以记。走进内城门 30 米左右，有几统明代的石碑。其中有一统石碑高约 3 米，宽约 1

米，碑额精雕盘龙，绕日盘旋。从此处再往北进约百米就是内城的北墙，有石阶直通坟墓，上有四座石牌坊，石鼓夹抱，四根四棱石柱上各蹲踞一石兽，两侧的坊额上雕有奇花异草，正中坊额嵌有“衡恭王墓”四个大字。过牌坊后便是衡恭王墓。坟墓正面下边呈方形（传统观念认为方形为贵），以金字塔式层层砌筑，共计六层，高大巍峨。陵墓顶部呈圆形，顶部半径 6 米，封土高 6 米。基底直径 18 米，周长 70 米。关于明代陵墓建制，洪武三年（1370）有定制：

> 一品，茔地周围九十步，坟高一丈八尺。二品，八十步，高一丈四尺。三品，七十步，高一丈二尺。以上石兽各六。四品，四十步。七品以下二十步，高六尺。五年重定。功臣殁后封王，茔地周围一百步，坟高二丈，四周墙高一丈，石人四，文武各二，石虎、羊、马、望柱各二。一品至六品茔地如旧制，七品加十步。一品坟高一丈八尺，二品至七品递杀二尺。一品坟墙高九尺，二品至四品递杀一尺，五品四尺。一品、二品石人二，文武各一，虎、羊、马、望柱各二。三品四品无石人，五品无石虎，六品以下无。

衡王去世后，为防盗墓和明楼、神庙的损坏，皇家先从井塘迁来衡府仪宾的吴姓族人看守衡王墓，后觉不妥，又从临朐请来朱姓族人主管陵墓。朱、吴两姓恪守其职，严加监看，为保护衡王墓做出了贡献。①

除衡恭王墓外，在青州还有衡庄王墓、衡康王墓、衡定王墓，

---

① 庄明军、李宝垒、崔照忠编著：《海岱雄藩衡王府》，济南出版社 2019 年版，第 27-28 页。

在临朐有衡宪王墓等墓。

按丧葬习俗，到明代，一般有墓志记述逝者家世、生平事迹等内容。衡藩墓志已发现者有衡康王朱载圭圹志、衡安王妃王氏圹志、衡定王朱翊镬圹志、衡宪王朱常濂圹志、玉田怀简王朱厚烃圹志、玉田怀简王妃于氏圹志、新乐端惠王朱厚熑圹志、高唐端裕王朱厚煐圹志、邵陵王朱厚熢圹志、邵陵王妃李氏圹志、汉阳温惠王朱厚熯圹志、汉阳温惠王妃傅氏圹志、平度康惠王朱载埱圹志、平度恭懿王朱翊鏊圹志、平度恭懿王妃韩氏钦赐圹志及墓志、平度恭懿王继妃杨氏圹志、商河庄懿王朱翊鋑圹志。①

诸王墓志强调墓主世系对青州地区宗族谱系文化的发展具有一定的示范作用，强调忠孝德行也对地方士人思想观念产生不可忽视的影响。例如《衡定王圹志》说：朱翊镬“宪宗纯皇帝玄孙，衡恭王曾孙，衡安王子，母妃王氏”。墓志还有朱翊镬的生平、世系等内容：

> 王生于嘉靖三十一年四月二十六日，嘉靖四十二年七月十九日封武定王长子。伯父康王薨，乏嗣。王父以武定王进封衡王。王于万历十一年五月初九日进封衡世子，万历十七年五月二十日袭封衡王。万历二十年十一月十二日以疾薨，享年四十一岁。
>
> 配妃吴氏，生子六位：长子常濂，封世子；二子常濬，封辅国将军，卒；三子常潰，封镇国将军；四子幼卒；五子常源、六子常津，俱在童年，未及请封。女三位，皆殇。
>
> 上闻讣，辍朝三日，遣官谕祭，赐谥曰“定”。特命有司

① 庄明军、李宝垒、崔照忠编著：《海岱雄藩衡王府》，济南出版社2019年版，第33页。

治丧，营葬如制。仁圣懿安康静皇太后、慈圣宣文明肃皇太后并遣祭，在京文武衙门皆致祭焉。以万历二十一年九月二十二日葬于尧山之原。呜呼！王以宗室至亲，享有大国，为朝廷藩辅，贵富□隆，宜享寿年，溘焉长逝，岂非命耶？爰述其概，纳诸幽圹，用垂不朽云。①

围绕衡王陵墓，形成王坟村等聚落，今日青州市王坟镇之名便由此而来。

可见，以衡王府遗址与诸王陵墓、墓志为代表的明代衡藩遗产，为青州的历史发展提供了形象的展示。

（四）青州文脉

如前文所述，青州地处山东半岛与内陆的衔接点，该地历史悠久，处东夷文化中心区，自禹分九州，便一直作为地方军事、政治要地，秦汉以后更是数度作为山东军政中心。这种政治优势使得青州能够较多地接受“王化之道”的熏陶。

再者，青州居齐鲁中心，一方面受鲁文化影响深远，崇文重礼；另一方面受齐文化影响，思想开放。在齐鲁文化影响之下，该地民众重视后代培养，世系绵延，同时兼容并包，善于吸收外来文化，为我所用。

不仅如此，作为重要的地域中心城市，青州拥有较为发达的农工商贸及便捷的四向交通，在自然区域与社会人文因素综合作用下，青州历来为文人墨客垂青，佛教、道教等宗教也以此地为区域传播中心，诸多因素共同促成青州浓厚的文化氛围。历史上，青州文化名人辈出，有生于斯长于斯者，有在此从仕或居住者，他们共

---

① 《衡定王圹志》，转引自庄明军、李宝垒、崔照忠编著：《海岱雄藩衡王府》，济南出版社 2019 年版，第 36-37 页。

同构成青州文化的盛景。

青州文脉之盛，在科举考试上有典型表现，郇志侠主编的《青州进士传略》中收录自唐代至清代进士 206 名，其中文状元 6 名、武状元 1 名、武进士 17 名。①

如，王曾，字孝先，北宋咸平年间参加科举考试，解试、省试、殿试皆第一，成为少有的“三元及第”状元。王曾入仕之后，不仅在文学方面崭露头角，在治国理政方面也取得不菲成就，他勤政爱民，重视教育，廉洁简朴，处事公允，最终身居相职，能把握大局，敢于直言。此外，王曾在外交领域也能从容应对，出使契丹期间，不卑不亢，据理力争。在文学界与政界都取得较大成就的王曾，还知人善任，范仲淹、包拯等人都曾得到他的推荐。皇祐年间，仁宗为其篆写碑额“荆贤之碑”，并将其故乡改为荆贤乡。仁宗驾崩后，神主迁入太庙，英宗下诏选择配享的将相，王曾列首位。可见，王曾的成就不仅在于个人，对故乡贤德思想的普及也有推动。

再如，赵秉忠，字季卿，明末著名文人。赵秉忠生于文人之家，其家族重视子孙教育。万历二十六年（1598），赵秉忠参加殿试，考取第一甲第一名，中状元。入仕之后，赵秉忠曾出任礼部会试主考官、江南乡试主考官，选拔出孙承宗等名臣。在担任翰林院侍读学士时，为神宗讲解经学。此外，赵秉忠在担任礼部侍郎期间，与东林党一起对阉党进行揭露，试图扭转朝局风气。赵秉忠为后世熟识，主要是凭借其状元卷真迹，该状元卷是我国目前所见唯一一份状元卷真迹，卷中，赵秉忠对帝王该如何执政、用何种思想指导执政等问题作出解答。状元及第之后，赵秉忠为家乡读书人树立起一个入仕榜样，他的忧国忧民的精神对家乡读书人也产生不小

---

① 详见郇志侠主编：《青州进士传略》，济南出版社 2019 年版。

的影响。①

不唯科举果实丰硕，青州士人还活跃在各条文化战线上。有钟情祖国山水者，如元代著名历史地理学家于钦，编写青齐地域志书《齐乘》；有保护祖国山河者，如明代名将邢玠，“为人易直，能肩艰巨”，以和平方式处理播州之乱，维护西南稳定，赴朝抗倭，防止倭寇对海疆的侵袭。除此之外，为《世说新语》做注的刘孝标，在科技方面颇有成果的燕肃等人亦是青州文化深厚底蕴之例证。

图 3-5　范公亭公园

青州据有便利的地理位置，是沟通沿海与内地的枢纽，久为区域政治中心，官吏流动频繁，所以除本地区文化名人外，不乏驻足其间流连忘返的外地学者。这些学者的到来，一方面他们自身受到青州文化影响，丰富了阅历，另一方面他们的学识及事迹也为青州

① 王志民主编：《山东重要历史人物》（第 3 卷），山东人民出版社 2009 年版，第 320–323 页。

文化增加了厚度。

在青州古城西门外，有一亭园，名范公亭公园，园内有三贤祠，初建于宋代。（图 3-5）三贤祠右邻南阳河，背靠明代古城墙，坐东向西，依势筑室。该祠是当地人为纪念宋代任职青州的范仲淹、富弼、欧阳修而建。①

“三贤”均曾任青州知州，且在青州留下贤能名声。北宋皇祐三年（1051），范仲淹调任青州知州，适逢河北水灾，大量难民涌入青州，造成城内粮价上涨，民众难以承受。不仅如此，此时，青州民众还面临着需到博州缴纳赋税，因距离过远耗费巨大的问题。范仲淹到任后迅速了解情况，决定采取以款代粮的方式缴纳赋税，避免本地粮食外流，保证民众所需，防止粮价进一步上涨，在平抑粮价的同时解决远距离缴纳赋税的问题。此外，范仲淹还采取积极举措，寻访名医，解决困扰青州地区民众的眼疾问题。在短短的任期内，范仲淹数度解决青州民众的疾苦，青州百姓感恩范仲淹功绩，遂修建范公亭以示纪念。②

范仲淹到青州时虽已是迟暮之年，但仍保持积极乐观态度，游历青州山川名胜之际往往作诗文以寄托情怀。其中，较出名者有《石子涧二首》，诗云：

凿开奇胜翠微间，车骑笙歌暮未还。
彦国才如谢安石，他时即此是东山。

---

① 贾祥云、戚海峰、乔敏主编：《山东近代园林》，上海科学技术出版社 2012 年版，第 284–285 页。

② 崔旭编著：《范仲淹传》，中国书籍出版社 2018 年版，第 161–166 页。

飞泉落处满潭雷，一道苍然石壁开。
故老相传应可信，此山云出雨须来。

《登表海楼》，诗云：

一带林峦秀复奇，每来凭槛即舒眉。
好山深会诗人意，留得夕阳无限时。①

诗文之中，范仲淹既将青州山水之壮丽收入笔下，又将自己虽已年迈但不改为国为民的情怀寄托笔墨，这种豁达之心胸，以天下为己任之抱负，给青州人民留下深远影响。

除范仲淹外，另外两位贤者亦对青州社会做出较大贡献，受到地方民众数百年的传诵。富弼就任青州知州时，兼任京东路安抚使，上任之际，恰逢河朔一带洪水成灾，灾民涌向青州。富弼以简单可行、周密可靠的方法进行赈灾，此举受到宋仁宗的肯定，继而将之任命为礼部侍郎。青州民众将富弼善举记录到《青社赈济录》中。欧阳修在出任青州知州时，在任期间奉行宽简而不扰的政策，为政不求政绩，不求声誉，以与民方便为出发点，通过休养生息，推动了青州社会经济的发展。欧阳修对政事删繁就简后，有更多时间寄情山水，传闻，他在府衙边建立“山斋”，作为静养之处。在青州时，欧阳修时常有感而作，在青州东郊水磨亭子吟诗《水磨亭子》，悼念父母时，则作《泷冈阡表》。②

此外，还有很多历史名人曾在青州留下足迹，如郦道元父

① 李勇先、刘琳、王蓉贵点校：《范仲淹全集》，四川大学出版社 2002 年版，第 136 页。

② 王树国主编：《古韵青州》，青岛出版社 2013 年版，第 98–99 页。

亲曾出任青州刺史，郦道元随其父在青州生活，畅游周边，这对其钟情山水性格的养成有重要影响。赵明诚、李清照夫妇亦在青州居住多年，在此期间，得益于青州悠久的历史，赵明诚在金石方面的造诣不断深化，李清照也在这段相对安谧的生活中创作了大量词作。

可见，青州文脉兴盛，本地、外来学者数量繁多，呈现出兼容并包的特色。待衡王就藩青州之后，一方面，带来具有王朝宗室特色的皇家文化，为青州文化注入了新鲜的血液；另一方面，衡藩也受到地方文化影响，王府文化与海岱文化呈现融合的趋势。在这种互动中，文化的开放与包容得到较好的展示，衡王府成为青州及周边地区重要的文人聚集地，衡王朱祐楎等也成为集藏书家、书法家等身份于一身的文人代表。

明代藏书盛行，各地藩王亦不甘其后，朱祐楎就是其中的代表。朱祐楎就藩青州后与书籍产生不解之缘，无论是方志还是民间传说，都描述其藏书甚众，甚至建立专门场所供地方人士前往读书，在今国家图书馆藏有嘉靖二十七年（1548）衡王刻本《洪武正韵》一书①。明朝定鼎之后，太祖朱元璋“以旧韵出江左，多失正音，命与廷臣参考中原雅音正之”，令乐韶凤、宋濂、刘基等十多人编撰《洪武正韵》，该书继承了唐宋音韵体系，以宋代毛晃父子的《增修互注礼部韵略》为基础改定，于洪武八年（1375）成书，共收一万二千二百余字，分十六卷，它基本如实地记录了明初读音的状况。该书作为明代官修音韵学典籍，于学术教育等方面影响较大。此外，衡王府还曾于弘治年间编刊篆字蓝印本《便于搜检》一书，刻有《书经白文》六卷；嘉靖年间刊刻《事亲述见》

① （日）竹越孝、远藤光晓主编：《元明汉语文献目录》，中西书局2016年版，第92页。

十二卷；隆庆三年（1569）刊刻《摄生众妙方》十一卷附《急救良方》二卷《伤寒金镜录》一卷，隆庆四年（1570）刊刻《四书集注》十九卷；万历十二年（1584）刊刻《胥台先生集》二十卷。衡府藏书还编有书目一卷，颇多佳椠秘本。据郭孟良对明代藩府图书的研究，衡府藏书丰富，在众藩王中名列前茅。衡藩藏书分为两支：一为朱祐樺子高唐王朱厚煐，一为其孙新乐王朱载壐。高唐王朱厚煐有"高唐王府图书"印。明清易代后，高唐王府藏书散落民间，王士禛曾于康熙四年（1665）在青州购得高唐王藏本《春秋权衡》与《意林》。"衡王图书"曾钤于明仿宋刊本《史记》中，清代时此书入内府，可见其质量不凡。①

图 3-6　衡王书印②

与衡王藏书相关的其他实证还有"衡王图书"印。（图 3-6）"衡王图书"印为寿山石材质，印体为正方体，长、宽、高均为 8 厘米，瓦形纽。印面为正方形，印文以阳文篆书刻"衡王图书"四

① 吴芹芳、谢泉著：《中国古代的藏书印》，武汉大学出版社 2015 年版，第 281、125 页。

② 伊葆力：《明代朱祐樺的"衡王图书"印》，《东方收藏》2014 年第 4 期。

字，字序为右起两行竖排，每行两字，右上起顺读，书法严谨端劲。印身一侧阴刻“天字第廿八”五字，为千字文编号，表明此印为朝廷颁制，字体为楷书体而略有隶意。此印以老印盒装藏，印盒方形，盝宝顶，红木，有黄铜饰件。按今人推测，“衡王图书”印章，很有可能颁制于成化十五年（1479），是在朱祐楎敕封王爵时所得。因为朝廷在敕封王爵时，会同时授予一些证明身份的器物，“衡王图书”印，大概是其中的一种。“衡王图书”印钤印在《地理秘诀》等书中，相传朱祐楎性嗜地理研究，有“藩王堪舆家”之称。在北京万隆2009秋季艺术品拍卖会上，曾拍出一套明代抄本唐代杨叔茂著《地理秘诀》十册，此书以黑格绵纸精抄，书内有大量朱、墨笔批点，内钤印有“衡王图书”，可知系朱祐楎的藏书。①

如此高水准的藏书活动，一方面丰富了衡王府文化内容，为衡王及其亲友提高自身文化素养奠定了基础；另一方面，藏书之盛也为青州地区手抄、印刷书籍事业发展提供了范本，在当时历史条件下，这为地方人士获取珍本书籍提供了一条重要途径。叶昌炽在《藏书纪事诗》引清王士禛《居易录》中关于衡藩藏书的描述，可以让我们了解衡藩藏书之于地方文化的意义：“岳珂《玉楮集》，衡府高唐王家抄本，流传绝少。高唐王……工篆隶，癖嗜古书，写录多秘本。”② 在此记录中，我们可以看到，高唐王以其特殊身份可以接触到当时士人难以获取的珍本书籍，文中所提岳珂，为岳飞之孙，南宋文学家、政治家，曾出任户部侍郎、淮东总领兼制置

---

① 伊葆力：《明代朱祐楎的“衡王图书”印》，《东方收藏》2014年第4期。

② 陈清慧：《明代藩府刻书辑考》，《中国典籍与文化》2010年第2期。

使。《玉楮集》为岳珂诗集，取《列子》刻玉为楮叶三年而成之意，收录自理宗嘉熙戊戌迄于庚子三年中所作诗共三百八十五首，到明代，该书存世不多，非藏书之家或官宦人士已不易获得，因此高唐王家抄本《玉楮集》为青州士人提供了一个知悉此书的绝佳途径。

除藏书、书法外，衡王及其后裔好琴者众多，这与明代社会风气有关。在明代，琴学在制谱、著述、制琴等方面有长足发展，不仅文人雅士好琴，皇明宗室也普遍喜好琴艺。流传至今的三十余部明代琴谱中，皇室宗亲所制者有六部。有别于前朝的是，明代皇室除有著述琴学之举外，还常有监制或斫琴之举。明代宗室造琴之多，可谓空前，《琴学丛书》曾对此做出描述："明宁、衡、益、潞四王皆能琴，潞琴最多，益次之，宁、衡最少。"① 可见，衡藩在明代藩王中属于琴艺上乘者。后人所归纳之衡王系琴一般包括衡王府恭王朱祐楎、庄王朱厚燆、高唐端裕王朱厚煐所制古琴。

衡王琴传世甚稀，今所知者大致如下：

天一阁所藏古琴中有一古琴，为伏羲式墨漆古琴，龙池内有行书"嘉靖乙卯岁孟夏，皇明衡国藩翁制"，由此可知该琴为衡王在嘉靖年间所制。②

张子谦曾藏衡王所制仲尼式"清英"琴，该琴后转由戴微收藏。此琴为仲尼式，琴面颜色以朱漆色为主，牛毛断，肩起三徽，以淡黄色玉制徽、轸，花形玉质雁足，龙池、凤沼为长方形，龙池

---

① 杨宗稷编著：《杨氏琴学丛书》，湖南教育出版社2007年版，第96页。

② 谢安良、贺宇红：《弦上的风雅》，孟建耀主编：《浙东文化论丛》2010年第1、2合辑，上海古籍出版社2011年版，第148页。

上方篆刻“清英”二字，龙池下方刻“清修主人”四字细边方印，池内纳音两侧腹款为“嘉靖甲寅仲春，皇明衡国藩翁制”十三字。①

清末民初杨时百旧藏宣和式太古遗音亦为衡王所制，按杨氏所记：

> 今春得衡王琴，极宽而扁，漆纯黑，极坚，大蛇腹断。池上刻“太古遗音”分书四字。池两旁篆书云：“玄微兮其音清，精粹兮其音正。得纯朴之雅，明仁厚之令。”池下印方二寸许“衡藩和斋佳制”六字。池内刻“嘉靖乙卯岁季夏皇门衡国藩翁制”楷书两行。其声清正纯厚，恰如其铭。一二弦如击镈钟，于明琴中得未曾有。

按《天闻阁》记：“衡王琴，嘉靖乙卯冯朝阳斫。”冯朝阳为嘉靖年间著名斫琴家，衡王门客，太古遗音琴所制年代与《天闻阁》记录相符，以著名琴师所制，“宜其精绝也”。因对该琴极为钟爱，杨时百在凤沼左侧铭文：

> 四善具，九德全。虽明制，材千年。不然何为金石声渊渊。宁、益、潞所未见，雷、张、沈所不传。吾将日与尔相周旋。

由此可知，太古遗音琴在斫制之初，挑选的是一块已有千年历史的材料。自古良材难求，王琴斫制时，利用显赫的地位和雄厚的经济实力，既有良材又有善工，不计材料与工时，琴器上自然呈现

---

① 李村：《明代“四王琴”简述》，曾成伟主编：《蜀山琴汇——2013成都琴会论文集》，四川大学出版社2015年版，第102页。

出王者之气息。①

重庆三峡博物馆藏仲尼式“一天秋”琴亦与衡府关系密切，该琴琴面呈深栗壳色，个别处显现朱红底漆色，蚌徽，岳山、雁足、冠角为红木附件，肩起三徽，长方形龙池、凤沼，龙池上方楷书“一天秋”三字，龙池内刻有腹款“万历二年仲春，高唐王忠庵藏”十二字。②

除上述所列古琴外，涂东辰旧藏师旷式无名琴和郑颖孙旧藏伏羲式龙吟秋水等亦是衡藩所制古琴。

衡王府在古琴制作及琴谱编制上的成绩为鲁中地区古琴事业发展提供了助推力，青州衡藩好琴之风对青州及周围地区有不小的影响，其中，诸城古琴派与衡藩便有不解之缘。

对于衡王琴如何影响诸城古琴派，持不同意见者见仁见智。

其中一说，将之归因于衡王府与诸城士人的姻亲关系，在乾隆《诸城县志》中记录有王之埴、丁嗣允二人，其名下都注有“明衡府仪宾”，或许，衡藩琴艺便经由此种姻亲关系传入诸城。对于衡藩来说，给女儿以自制古琴与琴谱做陪嫁，既显示王府之底蕴，又能显示王府之雅好。除古琴派，诸城的“益王琴”可能也来自衡府。再一说，将之归因于衡藩子嗣与诸城士人的文化互动，明代衡藩唯一的举人朱慈僁与王斗枢是明代山东最后一科乡试（崇祯壬午）的同年，二人皆出明末清初文坛领袖周亮工门下，巧合的是，王斗枢之孙王宸嗣（刘墉外祖父）善弹琴，且与朱慈僁之子朱和陆（字蔼庭）又是好友。王宸嗣《闻鸡窗诗集》由朱和陆作序，序后

① 杨宗稷编著，石玉笺注：《藏琴录笺注》，中国书店 2017 年版，第 33–35 页。

② 李村：《明代“四王琴”简述》，曾成伟主编：《蜀山琴汇——2013 成都琴会论文集》，四川大学出版社 2015 年版，第 103 页。

自署“年家世眷弟”。因此，双方互动或许是衡藩琴艺传入诸城的一条途径。

除此之外，安致远在《青社遗闻》中曾记录这样一则事例：

> 朱宸元者，明青郡新乐王之第三子也，少有才调，尝学琴弈于钟老人，皆臻绝品。国亡，潜迹于沂、密之间，佣工自给。长夏作苦麦场边，值两贵人于松下对弈，宸元睇视不移。贵人问曰：“佣亦解此乎？”曰：“亦颇解耳。”遂命之弈，两贵人连局皆北。适钟老人亦寓于此，因呼令对局。时宸元变易姓名，憔悴支离，形容不可复识。才布数子，钟老人悚然惊异曰：“何其似昔年青郡宸元小王子手法耶？”宸元不敢对。俄而琴至，宸元曰：“此雷氏旧制也。”二贵人曰：“佣更能辨琴，亦解弹乎？”应曰：“能。”乃弹《潇湘逢故人》一曲，抚弦拭轸，敛怨含凄，不觉潸然泪下。钟老人乃失声大恸曰：“他人无此指拨，汝竟是青郡新乐三王子耶！”宸元泣，两贵人亦泣。是时，部符捕诸王甚急，乃潜匿数日，为具资装，遁迹淮扬间。事解后，乃复，始为士人云。两贵人今逸其名。①

从此传闻中可以看到，作为山东重要地方音乐文化的诸城古琴之发展受到衡藩影响甚巨。在明代，经衡王府熏陶，山东地区古琴发展已具规模，到清代，诸城古琴派逐渐成为山东地区代表性的古琴流派，在今天，诸城古琴更是被列入非物质文化遗产，2019 年 11 月公布的《国家级非物质文化遗产代表性项目保护单位名单》

① 安致远等著，丁昌武等编校：《青州史料笔记四种》，青岛出版社 2010 年版，第 15 页。

中，诸城市文化馆获得“诸城派古琴”项目保护单位资格。不论衡藩琴艺是经何种途径传入诸城，不可否认的是衡藩的这一喜好为青州及周边地区文化事业的发展做出了相当大的贡献，这也成为衡藩与地方文化融合发展的力证。

二、崇文尚礼府

明代藩屏制度的发展以“靖难之役”为时间节点可以分为泾渭分明的两个时期。明太祖朱元璋建立大明王朝之后，总结前朝历代兴亡之道，得出了宋元之所以灭亡盖因“帝弱臣强”，缺乏来自家族的藩屏，认为“治天下之道，必建藩屏”，于是洪武三年（1370）册封朱樉、朱棣等九位皇子为亲王①，并颁布诏书曰：“众间藩辅，所以广磐石之安；大封土疆，所以眷亲友之厚，古今通谊……”。其时，藩王们被授予兵权，建藩于各省重镇，所选建藩之地很大程度上是出于战略性的考虑，以保证他们服务于帝国中心的藩屏作用。这是藩屏制度创立时期，也是藩府名实相符的阶段。建文帝时期，为强化中央之权，着手弱化藩王势力。明成祖朱棣登基后，继续实施削藩政策，“分封而不锡土，列爵而不临民，食禄而不治事……徒拥虚名，坐糜厚禄”的藩屏新格局建成，此为藩屏制度发展的后一个时期。这一时期，藩王们具有显赫的皇家宗室身世，但这一身份与他们在治国理政方面的无足轻重形成强烈的反差。直到明朝晚期的1595年，他们一直被排斥在科举考试制度之外，而他们曾经拥有的军权也早已被逐步去除。“亲王非迎驾及扫墓，不许出城一步”②，以至于明藩宗亲在后世著述被称为“漆制

① 〔明〕申时行：《明会典》，中华书局1989年版，第346页。

② 〔明〕沈德符：《万历野获编》，中华书局1980年版，第106－107页。

鎏金牢狱”中的囚犯。[①]

（一）礼天下“诸藩之范”

明代藩王制度的特点之一体现在对上古秩序的重建上。《万历野获编》载：“今之亲王，即古之诸侯也。今之郡王，即古之别子也。”[②] 但英国著名明史学家柯律格在充分考证之后认为明代藩王之“王”与两千年之前的梁庄王之“王”已大异其趣，就其实际意义而言，后者指的是“king”，而藩王地位则与“prince”相近，他们被剥夺了属地的政治、军事控制权。[③]

然而，藩王终究是特权阶层，他们是宗室并在礼仪上具有相当重要的地位。明王朝于洪武年间便出台了亲王府格局规制，后经修改完善成明代亲王府建设标准：王府设四门，南曰端礼，北曰广智，东曰体仁，西曰遵义。王府的宫殿配置也有明确规定，前曰承运，中曰圜殿，后曰存心；后又调整为中曰承运殿，十一间，后曰圜殿，次后曰存心殿，各九间，并在承运殿、圜殿、存心殿两侧设东西配殿和左右回廊，共计房屋百八十三间。弘治八年（1495），朝廷再次对亲王府的规制进行调整，对王府内城的宫殿房间数进行了削减，王府的规模远低于洪武时期。衡王府修建于弘治八年，应该是按照调整后的规制修建的。尽管如此，按马文升《马端肃奏议》卷六载，仍“用人夫数十万……先后用银岂止数百万两”[④]。

亲王府的组织框架亦通过一系列皇帝诏书奠定下来。管理皇室

---

① （英）柯律格著，黄晓鹍译：《藩屏：明代中国的皇家艺术与权力》，河南大学出版社 2016 年版，第 4 页。

② 〔明〕沈德符：《万历野获编》，中华书局 1980 年版，第 112-113 页。

③ 同注①，第 2 页。

④ 转引自庄明军、李宝垒、崔照忠主编：《海岱雄藩衡王府》，济南出版社 2019 年版，第 5 页。

宗亲的关键文本是《皇明祖训》。关于衡王府内部机构设置可参见《海岱雄藩衡王府》：

衡王府内设长史司，左右长史各一人，典簿一人。长史的职责是“掌王府之政令，辅相规讽，以匡王失。率府僚各供乃事而总其庶务焉。凡请名、请封、请婚、请恩泽及陈谢，进献表启疏书，长史为王奏上”。司之下有若干所：审理所，正副审理各一人，负责司法刑狱；典膳所，正副典膳各一人，负责王府祭祀，宾客和王、妃的饮食膳馐宴燕；奉祠所，正副奉祠各一人，负责祭祀乐舞，典乐一人，负责王府日常宴会、祭祀等礼乐；典宝所，正副典宝各一人，负责王府印册符牌；纪善所，纪善二人，负责教导亲王子弟礼法，及国家恩义大节，诏王从善；良医所，正副良医各一人，负责王府的医疗卫生；典仪所，正副典仪各一人，负责王府车舆銮驾，仪仗器械；工正所，正副工正各一人，负责王府的房屋修缮。另有伴读四人，教授无定员，引礼三人，仓大使、库大使正副各一人。王府还设有护卫：仪卫正一员，副二员；群牧镇抚二员；正千户一员；副千户二员；百户十九员；旗手千户一员，百户二员，等等。①

此外，据《明史·诸王传序》载：“明制，皇子封亲王，授金册金宝，岁禄万石，府置官属。……冕服车旗邸第，下天子一等。公侯大臣伏而拜谒，无敢钧礼。亲王嫡长子，年及十

① 庄明军、李宝垒、崔照忠主编：《海岱雄藩衡王府》，济南出版社2019年版，第10-11页。

岁，则授金册金宝，立为王世子，长孙立为世孙，冠服视一品。诸子年十岁，则授涂金银册银宝，封为郡王，嫡长子为郡王世子，嫡长孙则授长孙，冠服视二品。诸子授镇国将军，孙辅国将军，曾孙奉国将军，四世孙镇国中尉，五世孙辅国中尉，六世孙以下皆奉国中尉。其生也请名，其长也请婚，禄之终身，丧葬予费，亲亲之谊笃矣。”①

有明一代，所有的节日，地方官都要去拜见藩王，可见明初藩王地位之尊崇。

第一代衡王朱祐楎尊礼教、守祖训、治学修身获圣谕“诸藩之范”。明嘉靖《青州府志》卷十二《藩贤衡恭王传》载：

> （朱祐楎）天姿明颖，神彩庄重，每朔望，先谒宗庙，而后视朝。进表笺，临殿用宝，拱立移时，具冕服，北面端拜，俨睹天颜，为诸王范。春秋祭享，率以三鼓从事，越四十年如一日。享宾躬为酬献，诸王子以次称觞，仍命官属屡伸劝侑，毕，送至露台，及阶，宾退，乃还。暇居斋官，手不释卷，他无玩好，尤精书法，四体皆工，而楷书、行草为最，大书结构有体，诗章足垂世教者，书数千纸，一睹笔法，具见王心。旁及丹青，各臻妙品，积古今书籍千卷一柜者，凡百有奇。著诗文若干卷，题曰《岁寒斋稿》……王以礼为国，上信下怀，册谥以恭，美矣。迄今宗室多礼让之风云。嘉靖十七年八月薨。敕葬临朐西三阳山之原，赐谥曰恭。②

---

① 〔清〕张廷玉等：《明史 · 诸王传序》，中华书局 1974 年版，第 3557 页。

② 嘉靖《青州府志》卷十二《藩贤衡恭王传》，明嘉靖刻本。

（二）工治学府刻独秀

在藩屏制度史上，藩王及其宗室虽在大部分时间内在国家治理层面上无足轻重，但若称之为社会场景中的装饰品，就显失公允了。在《中国科学技术史》的序言中，李约瑟就提到，大明“皇子们跻身治学的洪流之中”①。明代的宗室成员在植物学、炼金术、地理学、物理学以及印刷等方面各有不同贡献。宗室剧作家在戏剧史上也占有重要的地位，比如“王子兼剧作家”朱有燉是跻身《明代人物传》的宗室人物之一。他被称为“15 世纪上半叶最著名的剧作家”。朱载堉在音乐史和数学史上都是重要人物。② 衡藩封地青州，历来山水钟秀，衡王府及其后人亦不乏杰出者。第一代衡王朱祐楎是书法大家，亦是丹青妙手，在文学领域还有《岁寒斋稿》传世。第二代新乐王朱载壐涉猎范围之广、著述之丰，令人叹为观止。经考证其著述有：《丁巳同封录》《楼居稿》《田居稿》《绮合绣扬集》《梦玩仙阁》《神览沧溟》《洪武圣政颂》《皇明政要颂》《黼黼雅唱》《甲戌稿》等。③

明代诸家藩府及其后裔支庶刻印和传抄之书颇见规模，不止一位学者把王府看作明朝的出版印刷中心。④ 明代藩府刻书，其著录与考述最详者莫过于张秀民，其《中国印刷史》开列了有明一代诸家藩府本书目 430 余种。当世则以陈清慧为显，她在张氏《明代藩府印书表》之外，补了 120 种明代藩府本考录

---

① Joseph Needham. Science and Civilization in China, vol. 1: Introductory Orientations. Cambridge, 1954. p147.

② （英）柯律格著，黄晓鹃译：《藩屏：明代中国的皇家艺术与权力》，河南大学出版社 2016 年版，第 19 页。

③ 陈清慧：《明代藩府著述辑考》，《古籍整理研究学刊》2009 年第 2 期，第 66-67 页。

④ 同注②。

之阙。陈清慧在《明代藩府著述辑考》一文中考证了衡藩府刻16种①：

《丁巳同封录》1卷，衡藩新乐王朱载壐撰。《千顷堂书目》卷10。

《楼居稿》1卷，衡藩新乐王朱载壐撰。《千顷堂书目》卷17别集。

《田居稿》1卷，衡藩新乐王朱载壐撰。同前。

《绮合绣扬集》，衡藩新乐王朱载壐辑。《千顷堂书目》卷31总集。

《梦玩仙阁》1卷，衡藩新乐王朱载壐撰。《千顷堂书目》卷32词曲。

《神览沧溟》1卷，衡藩新乐王朱载壐撰。同前。

《洪武圣政颂》1卷，衡藩新乐王朱载壐撰。同前。

《皇明政要颂》1卷，衡藩新乐王朱载壐撰。同前。

《黼赢雅唱》1卷，衡藩新乐王朱载壐撰。《万卷堂书目》4·宗室。

《甲戌稿》1卷，衡藩新乐王朱载壐撰。《中国古籍善本书目》。

《瑟谱》，衡藩高唐王朱厚煐撰。《千顷堂书目》卷2。

《琴谱》1卷，衡藩高唐王朱厚煐撰。《千顷堂书目》卷2。

《事亲述见》11卷，衡藩高唐王朱厚煐撰。《千顷堂书目》卷12·杂家。

---

① 陈清慧：《明代藩府著述辑考》，《古籍整理研究学刊》2009年第2期，第66-67页。

《岁寒斋稿》，衡藩朱祐楎辑撰。《青州府志》卷12。

《篆字便于搜检》4卷，衡藩朱祐楎辑。《中国古籍善本书目》。

《松庵集》，衡藩商河王朱载埏撰。《千顷堂书目》卷17别集。

有学者指出："明代是我国雕版印刷的黄金时代，刻家之多，技术之精，影响之大，都是宋元诸代无与伦比的，藩王凭借其特殊的历史地位，在雕版印刷方面作出了有益的贡献，藩府本被誉为明代官刻的珍品。"①

明藩王或藩王文化在明代乃至有明之后的文人士子著述中占据重要地位。安致远在《纪城文稿》中提及朱祐楎与青州名人杨应奎（号渑谷）交往轶事，缅怀与溢美之辞颇多：

有明当世庙时，吾青文物全盛。有海岱七子，以诗鸣于时，渑谷杨先生其一也。先生以议大礼忤永嘉归，著述余暇，尤精力于草书。所临十七帖，并其所自运，几入右军之奥。衡藩王最爱公书，遣侍医赵柳南往求。值公挥颖作书，墨沈淋漓，纵横几案间，笑曰："王席尊处优，讵辨钟王虞褚笔意耶！"不答而退。柳南乃攫其案上长帧短幅，满袖双笼而去。归以公语白王，王更喜甚，以公书装潢成帙，而更索公序。公赏其高致，为叙其帖，而与王相得甚欢。会王建某殿成，公乃为书"麒麟门"三字，圆阔丈余，以金泥濡毫，擘窠大书，有龙跳虎卧之势。掀髯狂呼，无

① 曹之：《明代藩府刻书考》，《图书与情报》1992年第2期，第45页。

异米南宫殿庭叫奇绝时也。①

衡庄王朱厚燆与诗人吕时等人的交往亦广为流传。

吕时，一名时臣，字仲父，舟山人。早岁有诗名，“为人贞介廉洁，不妄交，不苟取”。后因避仇远游，历齐梁燕赵间。吕时与衡王府的联系主要体现在他与第二代衡王朱厚燆的诗词来往。据文献记载：

（吕时）初名时臣，自称甬东野人，世居木皋峰下山川名胜。山人少喜为诗，不治经生业。及壮，负气不能随俗俯仰，尝于坐隅书“青天白日，名山大川”八字。以避仇远历齐梁燕赵间十年，客食诸王门下，旅寓章丘，与太常李伯华论诗，得其指授。在章历三时，诗大变，一日过伯华江上草堂，值夜雪，伯华为出妓弹琵琶佐酒，山人即坐上作长歌，伯华绝惊赏，谓非复初见阿蒙也。去之青州，客衡藩，衡庄王尝起高楼，东敞瞩远。楼初成，王于望后四日置酒，遍召一时名士，时日景既尽，疏星尚微，王命且未造座，与客东望凭栏，笑语良久。已而月光渐上，遍照四座，王甚欢，因命曰“待月楼”。使客各赋诗以进，王未善也。时山人最年少，下座，徐进一绝句，其词曰：“川原夕气交，瞑色自相向。月犹藏海底，人已坐楼上。”王大喜，谓能得待字义，因手觞延山人上座，遍示诸客，山人遂一日名重。②

---

① 政协寿光市文史资料委员会：《文史资料选辑》第 11 辑，1993 年，第 143-144 页。

② 宁波市鄞州区政协文史资料委员会编：《甬上耆旧诗》（下），宁波出版社 2010 年版，第 677 页。

《青州诗选》有不少诗作与衡王府有关。现选摘部分共飨昔日盛景：

杂诗（四首选一）①

明　朱厚熜

林中茅屋野人家，流水桥边落日斜。
陇上罢耕归路晚，优游只此老生涯。

登玄帝庙钟楼②

明　朱载壐

城枕淄渑汇百川，楼空海岱霭朝烟。
三齐民物歌谣日，九叶宗臣纪颂年。
倚槛凭虚成独眺，对时抚景暂随缘。
共传玄武维持地，会听钟声觐上天。

衡王雪中赐宴③

明　王世贞

鳞鳞积素明鸳甃，片片飞花点翠裘。

---

① 青州市旅游局编：《青州诗选》，中国旅游出版社1990年版，第81页。原书按：朱厚熜，字忠庵，号岱翁，明衡恭王朱祐楎第四子，封高唐王，谥端裕。著有《瑟谱》一卷。

② 同注①，第82页。原书按：朱载壐，字信父，号诚轩，朱祐楎之孙，袭封新乐王。著有《丁巳同封录》《洪武圣政颂》等。

③ 同注①，第105页。原书按：王世贞（1526—1590），字元美，号凤洲，又号弇州山人。嘉靖二十六年（1547）进士，官至刑部尚书。明“后七子“领袖。嘉靖三十六年（1557）前后，以山东按察司副使身份，分巡青州道。著有《弇州山人四部稿》。

上客空惭梁苑赋，何人不羡雪宫游。

宴高唐府①

明　钟羽正

东平世祚爽鸠墟，积善时清乐有余。
前席谬当楚客礼，临池真拟右军书。
牙签锦轴承家运，宝册琅函拜命初。
邺邸自今多故事，数开仙阁引应徐。

林四娘诗②

清　蒲松龄

静锁深宫十七年，谁将故国问青天？
闲看殿宇封乔木，泣望君王化杜鹃。
海国波涛斜夕照，汉家箫鼓静烽烟。
红颜力弱难为厉，惠质心悲只问禅。
日诵菩提千百句，闲看贝叶两三篇。
高唱梨园歌代哭，请君独听亦潸然。

---

① 青州市旅游局编：《青州诗选》，中国旅游出版社 1990 年版，第 133-134 页。原书按：钟羽正（1554—1637），字淑濂，号龙渊。明益都钟家庄人。万历八年（1580）进士，官至工部尚书，赠太子太保。著有《崇雅堂集》。

② 同注①，第 163 页。原书按：蒲松龄（1630 或 1640—1715），清代文学家。字留仙，一字剑臣，号柳泉。山东淄川（今属淄博市）人。一生著作甚多，诗、词、文、赋、戏曲、俚曲均有佳作，短篇小说集《聊斋志异》为其代表作。

嫕嫿诗①

清　曹雪芹

其一

嫕嫿将军林四娘，玉为肌骨铁为肠。
捐躯自报恒王后，此日青州土亦香。

其二

红粉不知愁，将军意未休。
掩啼离绣幕，抱恨出青州。
自谓酬王德，讵能复寇仇。
谁题忠义墓，千古独风流。

其三

恒王好武兼好色，遂教美女习骑射。
秾歌艳舞不成欢，列阵挽戈为自得。
眼前不见尘沙起，将军俏影红灯里。
叱咤时闻口舌香，霜矛雪剑娇难举。
丁香结子芙蓉绦，不系明珠系宝刀。
战罢夜阑心力怯，脂痕粉渍污鲛绡。
明年流寇走山东，强吞虎豹势如蜂。
王率天兵思剿灭，一战再战不成功。
腥风吹折陇头麦，日照旌旗虎帐空。

---

① 青州市旅游局编：《青州诗选》，中国旅游出版社 1990 年版，第 170–173 页。又据《红楼梦》校订。原书按：曹雪芹（约 1724–约 1764），清代文学家。名霑，字梦阮，芹圃，号雪芹。汉军正白旗人，创作了《红楼梦》，是我国古典小说中思想性、艺术性最强的作品之一。

青山寂寂水澌澌，正是恒王战死时。
雨淋白骨血染草，月冷黄昏鬼守尸。
纷纷将士只保身，青州眼见皆灰尘。
不期忠义明闺阁，愤起恒王得意人。
恒王得意数谁行，姽婳将军林四娘。
号令秦姬驱赵女，秾李艳桃临战场。
绣鞍有泪春愁重，铁甲无声夜气凉。
胜负自难先预定，誓盟生死报前王。
贼势猖獗不可敌，柳折花残实可伤。
魂依城郭家乡近，马践胭脂骨髓香。
星驰时报入京师，谁家儿女不伤悲！
天子惊慌恨失守，此时文武皆垂首。
何事文武立朝纲，不及闺中林四娘。
我为四娘长叹息，歌成余意尚彷徨！

游法庆寺①

清　康有为

绿瓦红墙松柏官，闻移衡府殿材工。
树根一几庄严在，磁画双皿色相同。
华屋山邱何所住，王侯帝释尽归空。
元戎小队郊相引，俯仰山河落日红。

---

①　青州市旅游局编：《青州诗选》，中国旅游出版社 1990 年版，第 208 页。原书按：康有为（1858—1927），原名祖诒，字广厦，号长素，又号更生。广东南海人。清光绪进士，近代改良派领袖，戊戌变法的倡导者。

（三）衡藩文化润四方

明代衡藩受封青州之后，带有皇室文化特色的衡王府及其支系与地方文化互动频繁，衡藩逐渐由封藩于此的外来者转变为与地方社会同构的定居者。在这一转变过程中，衡藩与地方社会之间产生了密切联系。这种关系在青州及其周边地区流传的传说典故中有着生动的体现。

在今日青州市区西南15公里处的王府街道有一古村，名井塘村，该村历史有500余年，其布局是以明朝衡王女婿吴仪宾的七十二古屋为中心，以张家大院、吴家大院、孙家大院等为布点，形成风格独特的古民居建筑群。（图3-7）

相传，该村的繁盛，源于吴姓青年与衡王之女的婚恋：

> 第三代衡王朱载圭生有三女，大女儿与二女儿虽嫁入富商或官宦人家，但生活并不幸福。三女儿以两位姐姐为前车之鉴，在择婿方面多了一些主见。十八岁那年，衡王要给她招驸马，她便以泰山老母托梦为由，要求抛彩球选婿。朱载圭依从了女儿的要求，一面为三女儿选择吉日，差人高搭彩楼，一面亲自到云门山碧霞祠上香，求泰山老母保佑。
>
> 选婿这一天，井塘村吴姓青年恰好来青州售卖山草，见街上热热闹闹，官宦商绅子弟身着盛装赶往衡王府，便打听出了什么事。一酒馆伙计告诉他衡王府三公主抛彩球招驸马，并且提供饭菜。吴姓青年自嘲说："招驸马俺没那个福分，混顿酒饭吃倒不错。"酒店的伙计为戏谑，便借罗衫给他，让他去碰碰运气。吴姓青年来到王府客厅，在饮食间被衡王三女儿看中，因此抛彩球的时候有意打中了他。
>
> 王府的总管问明了吴姓青年的姓名住址，禀告了衡王，派快马到他家报喜。报喜之人到了井塘后方了解到吴姓青年是穷

困子弟。衡王心生悔意，王妃劝其多给嫁妆，充实婿家。衡王便送给女儿一片田地做嫁妆，在井塘村给她盖了楼台亭阁，并修了一条从府城通往山里的大路。

图 3-7　井塘村衡王嫁女史话馆

衡王三女儿在出嫁后因家庭背景、生活习惯等不同，与吴姓青年发生争吵，后负气回到王府。衡王知悉后，派管家前往井塘村向吴姓青年问罪。但是，三公主又生悔意，管家便为其出计，化解矛盾。此后，夫妻二人便在井塘村生活下去，为井塘村的发展提供了很多帮助。

这则故事虽带有演绎成分，但是我们从井塘村残留的明代亭台楼阁的基石，以及一条通往青州城的大路等遗迹，还是能够看出昔日衡藩与此村的联系。衡王将女儿嫁到井塘村一农户中，并给予衣食住行诸方面的安顿，其中蕴含的历史意味值得留意。一方面，以衡王嫁女为切入点，可以看到在当时的历史条件下，衡王府公主在婚姻问题等方面多少有一些自主权，所以才能够以抛绣球的方式选择中意的夫婿。另一方面，我们可以通过这一故事看到衡王的诸多历史面相，一则衡王为求选到好女婿，曾前往云门山碧霞祠进行祭拜，反映出其信仰态度，一则以相当数量田地作为嫁妆，并修建道路，可以看出衡王所拥有的经济、政治影响力。在这些因素的综合作用下，衡王三女儿做出自己的决定，最终与吴姓青年结下百年之好。

在这个带有演绎性的传说中，除却后人附加的追求自由婚姻的浪漫情怀之外，我们也能看到身为皇室宗亲的衡藩与地方社会的联姻关系，在封建王朝时期，皇室宗亲姻亲关系的建立大都出于政治考量。在“衡王嫁女”的传说中，于青州已繁衍数代的衡藩将大女儿嫁给富商，将二女儿嫁给官宦后代，便是出于政治联盟的目的。但是，到了三女儿这里，联姻的对象只是青州山村的农夫，为保证女儿婚后的生活质量，衡王府还要馈赠厚重的嫁妆，与利益性联姻相比，这一姻亲关系所体现的更多的是一种衡王府与地方民间社会的互动，这种互动又是根植于衡王府与地方文化之间的相互认可。一个流传数百年的传说，剥离附着其上的种种演绎，我们发现的是当时衡王府与青州地方社会之间的紧密关系。

如果说“衡王嫁女”传说体现的是衡王府与地方文化的互动，那么衡藩文化对地方文化的推动则在地方戏剧等曲艺形式中有所体现。在临朐及周边地区有周姑戏与衡王府相关的传说，这些传说将周姑戏的起源与衡王府的盛衰联系起来。

周姑戏流行于潍坊、日照、临沂一带，作为山东省重要地方戏种已有两百余年历史，传唱区域较广，尤以莒县、临朐两地广受欢迎。周姑戏演唱形式原始朴素，唱腔优美动听，具有浓郁的乡土气息和独特的艺术风格，剧本内容大都反映男女爱情、伦理道德、处世善恶等，语言质朴生动，生活气息浓厚，传统剧目有《四大京》《张郎休妻》《井台会》《赵美蓉观灯》《宝莲灯》等。①

周姑戏虽是一种重要的地方剧种，但是其具体起源却并无定论，关于周姑戏起源，一说是明朝末年灾荒连年，莒县等地流亡难民肘挎自制狗皮鼓进行乞讨演唱，后来，演唱者又在原有调式上杂糅花鼓、秧歌等唱腔，伴奏也由单一击鼓发展为以月琴为主的伴奏。② 一说是周姓父女作为卖唱艺人以临朐等地民歌小调为基础，编排周姑戏之说。③

山东莒县物华周姑戏剧团团长刘世芹自少年便从师学习周姑戏，从事周姑戏演唱已有三十多年，她曾与莒县、沂南、沂水大多数的周姑戏演员搭过戏，对周姑戏剧种特色有深入的了解，此外，刘世芹在登台演唱之余，与周姑戏老艺人互动频繁，对周姑戏发展演变也有着系统的认识。刘世芹在综合梳理逐条线索之后，发现了周姑戏与衡藩之间的关系。

明代末年，青州府中有一知名剧社“洪家班”，帮主洪老汉女儿洪英瑶是剧社鼎角，她相貌娇美，唱腔温柔，观众十分喜欢。末代衡王朱由椒本是戏迷，看当红名角洪英瑶唱戏自然频繁，日久生情，朱由椒终娶英瑶为妃，英瑶为他生一女一男。

后来，清军入关，朱由椒降清。顺治二年（1645），清廷以衡王子弟叛乱为借口，将朱由椒召进北京，实行软禁，次年，以叛乱

---

① 李宗伟主编：《山东省省级非物质文化遗产名录图典》第2卷，山东友谊出版社2012年版，第164–165页。

② 刘树芬：《地方戏曲——周姑戏沿革》，政协日照市文史联谊委员会编：《日照文史》第8辑，2001年，第180页。

③ 赵光宝：《临朐周姑戏简介》，中国人民政治协商会议山东省临朐县委员会：《文史资料选辑》第2辑，政协临朐县委员会，1982年，第165页。

罪名将其杀害，并查抄衡王府。查抄衡府时，英瑶母子在戏班的保护下趁乱逃出王府。之后，清廷为追查英瑶母子严查戏班去向，为避免灾祸，戏班解散。

迫于清廷对衡府后裔的严酷搜捕，衡府后裔以及与衡府有关系的人士四处逃散，有为僧者，有为尼者，有逃至山林者，有隐姓埋名者。他们的后代大多分布在今潍坊地区、临沂地区、日照地区以及淄博地区等处。

英瑶母子以及戏班演员也分散在这些地区中。他们流散各地后，多有以演唱乞讨为生者，用那种如泣如诉的唱腔来抒发内心的情感。后来这些以卖艺为生的人将自己的唱腔艺术与地方传统剧种相结合，逐渐形成了周姑戏的演唱风格。不过，原有的唱腔尾声却较完整地保留下来，或用鼻音顶出落过门，或者拽板压板。至今周姑戏的唱腔给人们的印象，还是那种如泣如诉的感觉。这一现象在五音戏、临沂柳琴戏、诸城柳腔戏、茂腔戏等剧种中也有表现。①

---

① 该材料是对刘世芹之叙述整理所得。刘世芹，1970 年 10 月 26 日出生，莒县碁山镇物华社区纪家坪村人，12 岁开始以师徒传授形式学习周姑戏，16 至 21 岁跟随老师正式演出。2002 年组建纪家坪周姑剧团在周边地区村庄演出，2008 年至 2011 年任纪家坪妇女主任、村计生统计员，任职期间利用周姑戏宣传计生工作。2013 年秋自筹资金六万余元，重组碁山物华周姑剧团，任物华周姑剧团团长、编导、主演。2015 年至今，刘世芹参加“一年一村一场戏文化惠民工程”，并在 2015 年获得庄户剧团业务技能大赛三等奖。2016 年，凭《老汉与镇长》获得莒县原创文艺作品二等奖、技能大赛二等奖。2017 年，获得技能大赛三等奖；2018 年，获非遗博览会二等奖。

第四章

文化果：文化衡藩与精神传承

明代封藩制度是以屏卫帝室、维系王朝统治为初衷而设，因而在设置之初，藩王曾具有较大军政权力。但是，随着加强中央集权的需要，建文帝登基后开始尝试削弱诸藩权力。靖难之役后，明成祖朱棣继续推行削藩之策，对诸藩王军事、政治等权力进行削夺。诸藩王在军政权力不断受限的背景下获得土地等经济“补偿”，他们或以诗书抒发胸怀，或以琴画修身养性。

在明代藩王制度发展的普遍共性之下，衡藩在整个封藩体系中有其特殊性，这在相当程度上是与衡藩分封于青州有密切关系。在齐鲁大地富于文化底蕴的土壤中，衡王府繁衍出为数众多的支系，他们不断地与地方文化互动，为海岱文化注入新的因素的同时，也在接受着海岱文化的熏陶。一方面，有明一代，衡藩及其后裔作为朱明王朝的皇室宗亲，将明代王府文化带到青州；另一方面，衡王就藩青州后，与地方社会进行了密切的互动，在文化活动等方面表现尤甚，出现由“客居者”向“定居者”转变的发展趋势，明清鼎革后，衡藩后裔身上更是体现出地方的特色。这些不同阶段的身份属性与衡藩及其后裔所体现出的文化内涵形成对应，为我们了解衡藩的文化内涵提供了可行的途径。

一、家国情怀

在现代语境中，家国情怀强调国家与家庭、社会与个人之间的整体关系。而在民族国家范畴中，国家由领土、人民、政府等要素组成，它是具有明确疆域界限的政治实体；家庭作为社会构成单元之一，是人类最基本、最重要的一种群体形式。因此，我们日常所谈及的家国情怀可以看作作为社会基本单位的家庭与作为社会共同体的国家之间权利与义务的互动。

但是，在衡藩所处的封建王朝时期，“国”的概念不同于今日，“夷狄入中国，则中国之，中国入夷狄，则夷狄之”，在这一时期，中原王朝与其他政权之间进行区分的主要因素之一是文化，接受华夏文明便可被视为“中国”的组成部分，因此，在这一理念下，“国”作为具有伸缩性的概念而存在，它的构造在一定程度上被视作“家”的扩大，如同家族的社会关系是以血缘远近亲疏为标准，“国”与其他政权之间亦具有此种类同关系，以文化共同与否作为区分标准。因此，在封建王朝时期士人的认知中，“家”与“国”之间存在着不可忽视的关系，这种关系即“家国同构”，在作为构成中国传统文化重要核心的儒家文化中，家国同构理念得到儒家先贤的重视，如儒家文献所说，“仁者，爱人”，“仁者，人也，亲亲为大。义者，宜也，尊贤为大”。在社会中，家庭是一个本位性的实体，它在“国家”观念中具有重要的地位，其伦理规范是一切道德得以存在和稳定的基石。在儒家观念中，建立一个统一的、和睦的政治国家，必然以互爱互敬为前提，但是每个人又各有其名，各居其位，不得僭越，否则将构成对政治秩序的扰乱。因此，“家”这一社会结构稳定与否，直接关乎“国”的根基。到了近代，钱穆先生将这一家国同构理念概括为“父子兄弟夫妇间，尚不能忠恕相待，爱敬相与，乃谓对于家族以外更疏远的人，转能忠恕爱敬，这是中国人所绝不相信的”。①

由此，士人看待社会关系便具有推己及人的理念，正如费孝通先生在《乡土中国》中描述的“差序格局”那样，以个人为中心，向外推延形成同心圆的社会结构。个人及家庭作为构成社会的基本单位，成为人们认识社会、认识国家的基础，士人追求的个人修养也便被界定为“修身，齐家，治国，平天下”。这一理念在《孟子》中的表述中便是：“人有恒言，皆曰‘天下国家’，天下之本在国，国之本在家，家之本在身。”可见，在先哲看来，个人意识之于国家具有基础性功用，这也是范仲淹“先天下之忧而忧，后天下之乐而乐”理念的立足点。

这在一定程度上解释了为何在王朝时期“家天下”三个字能够对家国同构的理念作出形象的展示，一方面，在皇帝视角中，天下属于皇家，皇帝以私产视之，普天之下莫非皇土，另一方面，如嬴政统一六国后以“始皇帝”自居那般，历代帝王无不渴求皇家谱系绵延，子嗣繁多。因此，在现代民族国家概念并未产生的封建王朝时期，“国”在某种程度上就是皇帝眼中的天下，它与“家”的建构具有相似性，是一个核心稳定、四维变动的概念，家之亲属有五服，天子辖域亦有五服，它与纲常伦理密不可分，在不同历史时期，呈现出不同的表现形式。就明代藩王而言，他们作为皇室宗亲对于朱明王朝有守护“祖业”之责，在这一层面，家国情怀体现出“家”的宗族意味，另一方面，藩王不仅是皇家宗亲，也是明王朝的臣民，他们与明政权之间具有“民”与“国”之间的认同意识。在衡藩及其后裔中，家国情怀也呈现出此种表现。

明宪宗成化二十三年（1487），宪宗皇帝册封朱祐楎为衡王，在《册衡王制》中，皇帝对因何册封藩王、藩王有何职责有清楚的

① 钱穆：《中国文化史导论》，商务印书馆 2005 年版，第 50 页。

说明：

> 盖封建诸子所以维宗社无疆之庆，植邦家不拔之基，理固然也。朕恭嗣祖宗之丕图，远鉴帝王之令典，眷念盘维之重，寔资茅土之封，咨尔第五子祐楎，岐嶷恭庄，粹清聪哲，宜锡分茅之宠，以昭立爱之亲，兹特封尔为衡王，世守爵土，永树亲藩。①

在这一席话语中，我们可以看到皇帝分封宗亲用以建构宗室繁茂的体系，继而巩固国本的设想，这也是衡藩家国情怀的出发点。

朱祐楎受册封时，藩王军政之权早已被削夺，因此，就藩青州后，朱祐楎不干预地方政务，亦不涉于朝政，而是醉心书画，安于生活。在日常生活中，朱祐楎亦恪守伦理纲常。按《青州府志》载，朱祐楎“进表笺，临殿用宝，拱立移时，具冕服，北面端拜，俨睹天颜，为诸王范。春秋祭享，率以三鼓从事，越四十年如一日”②。作为皇室宗亲，朱祐楎努力将宗族观念与国家观念相结合，而且，其作为藩王以纲常伦理规束自己的行为，仪礼按章程，并以身作则，令王府上下恪守规仪，最终，朱祐楎的言行举止得到皇帝认可，在其逝世之后，被封以谥号“恭”。正可谓“王以礼为国，上信下怀，册谥以恭，美矣。迄今宗室多礼让之风云”③。政治上的不争，为朱祐楎赢得“藩王典范”的声名。

以初代衡王朱祐楎为代表，有明一代，衡藩的家国情怀可以说是在纲常伦理框架下贯彻皇家的宗族意识。一方面，通过宗庙祭

---

① 嘉靖《青州府志》卷十二《封建传》，明嘉靖刻本。
② 同注①。
③ 同注①。

祀、辈分厘定等形式体现出“家”的概念，作为宗亲，衡藩与其他藩王乃至与皇帝具有同一的祖上，他们在特定时节祭拜先人，并以朱元璋所定谱系命名，以展示出明皇室的脉络延续，体现出家族的概念层面。同时，衡藩及其他藩王又必须竭力维持臣纲，他们无论是服饰规制还是王府建制都必须恪守礼制，藩王与皇帝之间，除有血缘关系外，还有君臣关系。在纲常伦理之下，君臣关系在某种程度上又超越了血缘关系。“一者万物之所从始也，元者辞之所谓大也。谓一为元者，视大始而欲正本也。”① 在王朝时期，权力的一元被视为政局稳定、国泰民安的前提。因此，即便藩王是皇帝的宗亲，亦不逾越臣民身份，从而体现出对“国家”等级有序理念的认同，其家国情怀体现出“国”的概念层面。

到明朝末年，一方面农民起义不断，冲击王朝统治秩序，另一方面，女真族在东北崛起，并有入主中原意图。在此情形下，青州地区时常受到战火袭扰。王朝没落之际，衡王府以其皇室宗亲身份与社会地位受到地方人士重视，并时有与官兵一道守护城池之举。

崇祯十五年（1642）冬季至次年春季，清军长驱南下进入山东，并一度围攻青州城。衡王与地方官组织军民进行抵抗，并起到积极作用。“兵部题为逆虏大众攻青，官兵奋勇堵杀，仰仗宪威，力保藩封事。”衡藩受封青州时日已久，与地方社会安危休戚相关，故而时局危机之际，衡王与驻守青州的官兵能有协同之事：

> 衡藩亲临城头，同部院与本院将前后斩获功级，逐名给赏花红，大张鼓乐，劝勇惩怯，众皆踊跃奋击，人人有杀贼之志……藩王念切维城，多方鼓励，与世子暨臣督率道府厅县，

① 〔清〕惠栋：《周易述》下，九州出版社 2005 年版，第 1006 页。

宿城防御；会移督镇将领，城下列营，各分信堵防。①

关于衡王在此次战事中所起的作用，时人杨士聪在《玉堂荟记》亦有记录，“青州被围，衡王号泣，召各官，出金银于庭，恣其所用，青州得以无事”②。

可见，在此次解青州之围的战事中，衡王与官兵一道守城，并将王府资财作为开支使用以鼓舞军士之心，最终，青州之困得以解除。

崇祯十七年（1644），李自成攻占北京，明王朝的全国性政权瓦解。此后，各地藩王有拥兵自立等举动。

北京被农民军占领后，衡王因是皇室宗亲，曾想弃青州城南下，但当地民众极力劝阻。不久，李自成派姚某前往青州，让其劝说衡王接受新政权，青州守备李士元将姚某杀死，并怂恿衡王进兵中原，衡王未允。之后，李士元归附清政权，并前往青州劝民众归顺。青州民众组织义军进行激烈反抗，并与衡王一道开展抗清斗争。由于时任衡王的朱由棷曾和农民义军有过合作，又没有明显的劣迹，在面对清军的威胁下，他的地位、名号对各阶层都有一定号召力，所以农民义军甚至有奉他为王的打算。以至于顺治二年登莱巡抚记述道：“夫衡王际此天朝开运之会，仅与齐民差一间耳。乃犹居宫殿之内，俨然而王，昨赵贼之变，袭踞青城，竟欲假其（为王？）”③

---

① 《兵部题行〈兵科抄出山东巡按陈昌言题〉稿》，《明清史料》乙编第六本，商务印书馆 1936 年版，第 514-515 页。

② 李光涛：《清入关前之真相》，东莞市政协编《袁崇焕研究论文选集》，广东人民出版社 2005 年版，第 141 页。

③ 王学泰著：《王学泰读史》，安徽人民出版社 2007 年版，第 56-57 页。

通过这些记述，我们能够看到，在明清鼎革之际，衡王因与明皇室具有血缘关系，成为青州地区义军争取的对象，并被当作为对抗清政权的“故国”的符号。而这一现象，也是后来清政府处置衡王的一个重要因素。

除衡王在时局变动之际有抵抗行为外，我们在历史文献中也能发现王妃等人的忠贞行为。衡王府有世子妃李氏，“生而贞慧，明斋读书，略皆上口，于诸女中称最贤”。崇祯甲申年，李氏听闻李自成进入北京后，“尝以死自誓”。后因清军入关，王府中人迁入北京，李氏“聚衣饰器用，悉焚之，自制衣衾殓具毕”，并叮嘱下人：“我死，方下殓，倘再生，必杀汝矣。”遂以赤缣自缢于殿中，去地丈余。但是，“缣忽中断，妃堕于地”，方幸免于难。后来，清廷查抄衡王府，李氏因疾病免于惩处，赎为庶人，并返回故里，削发为尼，名妙祝金。因李氏之烈行，时人赞曰：

> 人以忠孝自期，临事而改节易行者有之矣，安可责之妇人女子乎？李姑从容就义，始终不渝，虽古之名烈，茂以加焉！后之珥彤笔者，光邑乘、荣国史，岂有愧与？①

明清易代之后，作为前朝皇室组成部分，衡王府不可避免地受到冲击。清顺治三年（1646），清廷以私藏金玉银印、欲行谋反等罪名将末代衡王朱由棷处死。经此噩变，青州衡府宗室有“破碗刎颈”者，有“数日不食”者，有“相继自缢”者，衡府中人以此

---

① 《圆寂靖节禅师比丘尼李姑墓志铭》，转引自王宪明著《衡王府与红楼梦》，中国文史出版社 2005 年版，第 95 页。

表明对故国的眷恋。①

康熙初年，清廷又以明衡藩后裔不遵王制之由下令再次查抄衡王府，此次查抄不仅衡府中人受到牵连，衡府故地也被征用。曾经辉煌于青齐大地的衡王府邸零落衰败。随着时局变动，衡藩成为政权更迭的牺牲品，昔日皇亲贵胄沦为阶下囚，威仪的衡藩故宫顷刻颓塌。正如时人所言：

> 不数年间，奉符折毁，铲夷盖造兵房，仅占一隅，余则瓦砾成堆，禾黍苍然。回首繁华，已成昔梦。奇花怪石，全归侯门，画栋朱梁，半归禅刹。②

经过明清易代之际数次查抄之祸，王府中人被杀戮俘获者甚众，衡藩支系的高唐王、齐东王、玉田王等亦被俘获。但是，衡藩在青齐之地时日已久，支系林立，社会关系网络复杂，因此诸王后裔在时变之际也有逃亡者，他们有亲者投亲，有友者靠友，亲友着实皆难依者便只能无奈远走他乡，听天由命，随缘而居。这些衡藩后嗣近藏者隐匿于青州周边山区，距衡府故址不过二三十里，但远遁者则跨境而行，距其故园已达六七百里。后来，随着清廷统治巩固，政治气候回暖，对前明皇室后人的管制也逐渐放松，部分衡藩后人便回原地看护祖茔或到更适合居住的地方去生活。

例如，衡宪王长子朱由棷的王妃洪英瑶携子慈安、女慈嫣趁乱混在戏班中逃走，避难于云门山等山区，并将子女改姓霰，历经千

---

① 参见《明清史料》丙编第六本，商务印书馆 1936 年版，第 566-567 页。

② 安致远等著，丁昌武等编校：《青州史料笔记四种》，青岛出版社 2010 年版，第 11 页。

辛万苦后定居于临朐县城北的亭子村。该支系繁衍数代之后，待清代政治氛围和缓，部分族人因思恋故土，又重新返回青州，在今青州弥河镇壮汉庙定居。（图 4-1）

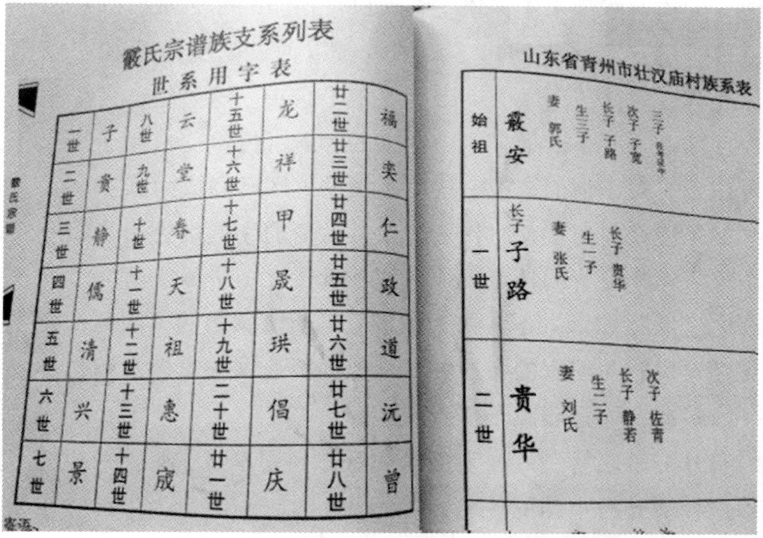
霰氏宗谱族支系列表

世系用字表

一世	子	八世	云	十五世	龙	廿二世	福
二世	贵	九世	堂	十六世	祥	廿三世	奕
三世	静	十世	春	十七世	甲	廿四世	仁
四世	儒	十一世	天	十八世	晟	廿五世	政
五世	清	十二世	祖	十九世	珙	廿六世	道
六世	兴	十三世	惠	二十世	倡	廿七世	沅
七世	景	十四世	宬	廿一世	庆	廿八世	曾

山东省青州市壮汉庙村族系表

始祖	霰安	妻郭氏 生三子 长子子路 次子子宽 三子
一世	长子 子路	妻张氏 生一子 长子贵华
二世	贵华	妻刘氏 生二子 长子静若 次子佐青

图 4-1　青州弥河霰氏世系表①

此外，定王朱翊镬三府次子朱由梗后裔，有逃居临沂市费县东北乡邻邑庄者和青州府北乡小曲集者；平度王后裔有居临朐县东南小王家庄者，有居东莞（今日照市莒县东莞镇东莞村）者；宁阳王后裔有逃至莒县净土寺出家者；昌乐王后裔有逃亡骈邑（今临朐县）桃花里，至丁亥之变迁居于渠丘西部之王家庄（今昌乐县鄌郚镇大王庄）者，等等。

这些散居各地的衡藩后裔在脱离皇家身份之后，开始扎根于地方，从事农工商诸业，成为普通平民百姓，完成“地方化”转型。

① 己丑霰氏宗谱编纂委员会：《霰氏宗谱》，2009 年。

例如，明清易代之后，迁居于今临朐县辛寨街道新王庄（原王家庄）的衡藩平度王后裔逐渐过上了安定生活，不再享受王府待遇的他们开始购置田地，扩建房屋，慢慢达到田足粮丰、生活殷实的境地。大约到清朝末年，该支系人口繁衍至一二百人，所拥有的土地范围扩展到了东至博崖、西到古城以西、南至埠西和王家圈以北、北到王家楼甚至牛山一带，良田千余亩。这些定居各处的衡藩后裔逐渐融入所生活地区，由避难的客居者慢慢变成生于斯长于斯的居住者。对于他们来说，这些生活的地区已经成为家乡。

如果说在封建王朝时代衡王及其后裔的家国情怀带有宗室观念与国家意识相混合的特点，那么到了近代，中华民族面临“三千年未有之变局”的背景下，作为衡王后嗣所流露出的家国情怀则主要表现在对民族与国家的强烈关怀，他们所追求的家国意识已不局限于一家一族，而是着眼于整个民族。

鸦片战争之后，列强为攫取利益，利用军事、政治、经济、文化等途径展开对中国的侵略，“天朝上国”逐渐沦为半封建半殖民地社会。随着列强的侵略，国家主权受到严重破坏，普通百姓也受到极大侵扰，国家与民族陷入巨大危局。这一危机不断加剧，最终在 20 世纪 30 年代迎来大爆发，1931 年 9 月 18 日，日本侵略者发动九一八事变，之后，短短数月之内东三省沦陷，中国人民迎来艰苦卓绝的抗日战争。1937 年 7 月 7 日，伴随着卢沟桥事变的爆发，日本侵略者发动全面侵华战争，战火迅速蔓延至山东地区。为了保卫家乡，抵抗日寇，山东军民浴血奋战，涌现出一个个可歌可泣的生动事例，在这场事关民族存亡的战争中，不计其数的齐鲁儿女走上前线，用血肉之躯铸成捍卫家乡的钢铁长城。在他们身后，是数以千万计的父老乡亲，他们肩挑担扛，用尽最后一丝力气，支撑着民族的脊梁。

已经融入地方的衡藩后裔，在乡土遭遇兵燹之祸的关头，也纷纷投入挽救危亡的洪流之中，他们虽不再是显赫一方的王侯显达，但是拳拳赤子之心异常火热，利用各种方式贡献着自己的力量。今临朐县辛寨街道新王庄（原王家庄）朱氏一族，面对日军侵略，毫不退缩，勇于抗争，与抗日军民并肩作战。他们中有的加入到抗战队伍中，英勇参战，有的贡献粮食等物资，积极支前，为夺取家乡抗日斗争的胜利做出了积极贡献。在抗日战争中，新王庄朱氏涌现出许多奔赴抗日前线的勇士、开展敌后斗争的骨干，其中杰出代表是在前线浴血奋战的抗战英雄朱迪贤。可见，在面对日本帝国主义侵略之际，在国家生死存亡之际，朱氏族人超越小的“家”的意识，以驱逐侵略者、实现民族的独立作为奋斗目标，此时，家国情怀呈现在有国才有家的层面，国在，家便在。

1945 年，日本帝国主义投降，艰苦卓绝的抗日战争终于取得胜利。

在随后的解放战争时期，衡藩后裔不乏投入革命浪潮、为人民政权而奋斗者。以临朐县辛寨街道新王庄（原王家庄）朱氏一族为例，在解放战争时期，朱氏一族投身解放大军者有十多人。他们中有的追随解放军南征北战，投身于全国解放事业，并参与到莱芜战役等著名战役中，涌现出以朱迪贤、朱先智等为代表的战功显赫的一线指战员，以朱迪方、朱迪和、朱先美等为代表的为全民族的最后解放而英勇献身的革命烈士。除参与前线作战的勇士，朱氏一族还涌现出以朱迪武、朱先平、朱先鸿等为代表的敌后武装斗争民兵和儿童团。这些朱氏族人，无论是亲赴前线作战，还是坚守后方支前，都为国家的独立富强、民族的解放复兴和家乡的安定繁荣做出不可磨灭的贡献。

随着临朐等地解放事业的推进，巩固解放成果，政权建设的工作有序进行。1948 年 7 月，在临朐战斗已久的朱迪贤又参与到基层政权建设中来，出任保平分署副乡长。①

随着东北、华北等地的解放，解放战争进入后半程，人民解放军在战略决战后迅速向长江以南的广大地区推进。与此同时，伴随着解放进程的加速，大量国民党统治区域被解放，这些新解放区亟待人民政权接管，因此，政务工作人员出现极大缺口。在此背景下，一方面，华北、东北的解放军战士离开故土，远赴南方，其中许多战士驻留他乡；另一方面，作为老解放区，山东等地的各级党组织遵照中共中央的指示，周密部署，精心调派，打破地域界限，克服困难，多批次、大规模地组织派遣各类干部南下新解放区。这些南下的干部不仅适时完成了对广大新解放地区的有效管辖，为新民主主义革命在全国的胜利提供了有力的管理和组织人事保障，并且对解放以后所在地域社会的发展变迁产生了重要影响。② 在这场人民军队与干部南下的大潮中，衡藩后裔亦踊跃其中，如朱迪欣、朱迪三、朱先杰、朱先信等为代表的干部、战士远离熟识的北国，奔赴人地两生的南疆。此时，他们的家国情怀已经超越地域的界限。

二、忠孝家风

“孝”，《说文解字》将之解释为“善事父母”，段注引申其为“顺于道，不逆于伦”，在先人看来，孝是社会伦理的基本准则，是人之为人的基本道德理念，故而《孝经》曰：“夫孝，德之本也，教之所由生也。”“忠”，德之正也，《说文解字》将之解释为“忠，

① 中共临朐县委党史资料征集研究委员会编：《中共临朐党史大事记（1921 年 7 月至 1949 年 9 月）》，1990 年，第 120 页。

② 刘大可：《解放战争时期山东干部南下的组织调配与派遣》，《东岳论丛》2014 年第 6 期。

敬也”。关于何为忠，《论语》中有一段鲁定公与孔子的对话，鲁定公问孔子：“君使臣，臣事君，如之何?”孔子曰：“君使臣以礼，臣事君以忠。”可见，忠是君臣之间基础性的关系。

在上文中，我们提及中国传统文化理念中的家国同构特点，家是国的基础，而家的伦理关系在于“孝”，国的纲常之本在于“忠”，在家国同构的基础上，孝与忠在实践中是紧密相连的，孝是忠的基石。正可谓“君子之孝也，忠爱以敬，反是乱也”。曾子将之概括为“君子立孝，其忠之用”（《大戴礼记·曾子立孝》）。

儒家文化素来认为忠孝为安身立命之本，《论语》中说：“孝弟也者，其为仁之本与!”将孝悌之道视作其“仁”的学说之本。在王朝时代，以儒家思想为代表的伦理道德对维系统治有重要意义，受到王朝统治者重视，以《孝经》为代表的经典亦成为士人必须掌握的典籍。

在推己及人的观点下，孝的观念被王朝统治者加以利用，构建起忠孝一体的观念。正如古代先贤所言：“父子君臣，天下之定理，无所逃于天地之间。”明太祖朱元璋亦认为藩王“固其国者，当敬天地在心……谨兵卫，恤下民……勤民奉天，藩辅帝室，允执厥中，则永膺多福”①。

第一代衡王朱祐楎彰行孝道，在当时被奉为诸王典范。朱祐楎受封青州之后，其王府建制根据明代宗制而行。其中，有左右长史各一，其职责为“掌王府之政令”，以及“辅相规讽，以匡王失”，请名、请封等事宜均由长史操办，以免因藩王不熟悉流程而出现不符礼制之举。此外，典膳所有正副典膳各一，负责王府祭祀等饮食；奉祀所有正副奉祀各一，负责祭祀乐舞，典乐一人，负责祭祀

---

① 《明太祖实录》卷五十一，洪武三年夏四月乙丑，台北“中研院”历史语言研究所校印，1962年。

等礼乐；典宝所有正副典宝各一，负责王府印册符牌；纪善所则负责教导亲王子弟礼法、国家恩义大节，诏王从善。① 可见，在王府肇建之初，府内各机构设置便在宗制的规矩之下敦促藩王恪行孝义之道，以礼制规束藩王举动，使得藩王养成遵制习惯。

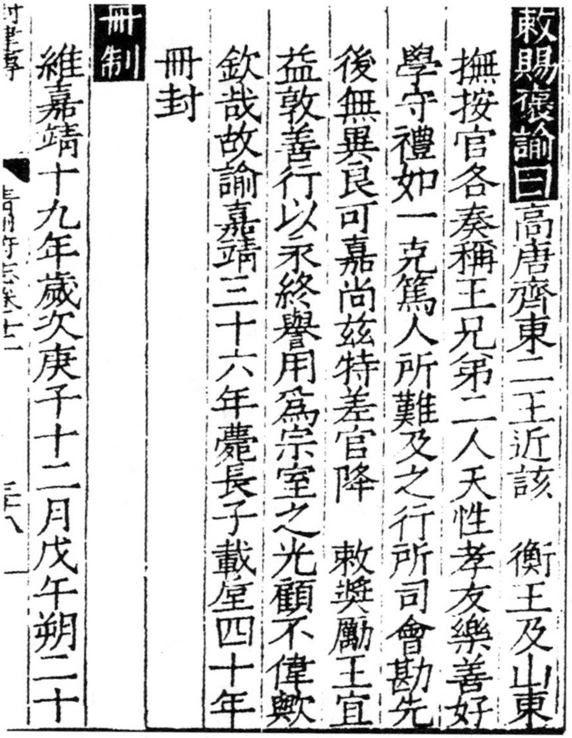
敕賜褒諭曰高唐齊東二王近該　衡王及山東
撫按官各奏稱王兄弟二人天性孝友樂善好
學守禮如一克篤人所難及之行所司會勘先
後無異良可嘉尚茲特差官降　敕獎勵王宜
益敦善行以永終譽用爲宗室之光顧不偉歟
欽哉故諭嘉靖三十六年薨長子載垕四十年
冊封
冊制
維嘉靖十九年歲次庚子十二月戊午朔二十

图 4-2　敕赐褒谕高唐、齐东二王

在朱祐楎的影响下，其子孙后世信守家教，笃于忠孝，传承了衡王优良家风。例如，朱祐楎之子高唐王朱厚煐、齐东王朱厚炳尤

① 参见〔清〕张承燮等：《益都县图志》卷四十七《人物志・外传》，凤凰出版社 2004 年版，第 623 页。

以孝行著称，明嘉靖《青州府志》卷十二《封建传·敕赐褒谕》中有如此记载（图4-2）：

> 高唐、齐东二王，近该衡王及山东抚按官各奏称，王兄弟二人天性孝友，乐善好学，守礼如一，克笃人所难及之行。所司会勘，先后无异，良可嘉尚。兹特差官降敕奖励，王宜益敦善行，以永终誉，用为宗室之光，顾不伟欤！钦哉，故谕。①

可见，朱厚熑、朱厚炳兄弟二人恪守孝悌之德行，不仅受到山东主政官员的赞许，同时得到了皇帝的认可，故而令有司嘉奖，以之作为倡导孝道之示范。

高唐王、齐东王在衡恭王及王妃逝世之后的孝道表现更为明显，曾在山东任职的婺源人潘滋在其著录中对高唐王、齐东王的孝行作如此描述：

> 二王含哀茹荼，饬之以敬，足不入于宫，肉不登于俎者三年。及居恭王妃沈氏之丧，亦如之……天子赐敕书，遣中翰褒之。有“能人所不能”之语。以贤孝旌其堂，以金帛重其赉。某为守臣，五年于青，知王之德。②

可见，高唐、齐东二王之孝行并非乡贤为地方声望而加以演绎，二王之德被时人所公认，正因于此，其事迹不仅见于地方志，亦见于时人著述之中。正因高唐、齐东二王之孝行，皇帝才给予其

---

① 嘉靖《青州府志》卷十二《封建传》，明嘉靖刻本。

② 〔明〕潘滋：《浮槎稿》卷六《杂文·高唐、齐东二王贤孝颂》。

“能人所不能”的评语，并以“孝贤”褒赞之。

高唐王、齐东王之后，衡恭王之孙平度王朱载埘也能承其家风。据记载，朱载埘生而颖异，崇尚礼教，其性情“质朴无伪，幼知孝弟，长能尽伦”。在孝悌之道的涵养之下，对忠孝之礼极为熟稔，渐成生活之习，以至于“凡遇圣节，夙夜端肃持敬，如见天颜”①。

在地方有司呈请、嘉靖皇帝褒奖高唐王、齐东王四十余年之后，万历十七年（1589）八月，山东巡抚李戴等上书，称“衡府商河王载埁贤声素著，乞赐旌奖，许之”②。至此，又一衡藩支系在地方主政官员的推荐下，受到皇帝的褒赞。

两年之后，万历十九年（1591），第五代衡王朱翊镬又因孝贤之德行被山东抚臣宋应昌题荐于朝廷，之后，礼部请差官奖励，给予坊匾，以示表异。③

到万历二十八年（1600）三月，衡王府再次因行孝道而受到皇帝与朝廷的赞扬，按礼部题“山东巡按刘易从等题，衡王常仁孝素著，乞赐褒奖”，奉旨“衡王孝友慈仁，笃行可嘉，依拟赐敕奖励”。④

除却历代衡王及支系王以外，衡藩之孝还表现在女眷身上，汉阳温惠王元妃傅氏为青州府益都县东城兵马副指挥使之女，受封王

---

① 庄明军、李宝垒、崔照忠编著：《海岱雄藩衡王府》，济南出版社2019年版，第53页。

② 官美堞等编：《明实录类纂·山东史料卷》，武汉出版社1994年版，第1093页。

③ 同注①，第19页。

④ 同注②，第1093页。

妃之后，“肃整闺仪，恪遵妇道，内助家邦”①。平度王妃韩氏为益都县东城兵马副使之女，而且其父亦是儒学生员，因此，韩氏自幼便受到儒家经典教育，受到孝悌之道的熏陶，年少时便“德性温雅，邻里咸以闺秀称之”，及至选为王妃之后，其品行更为端庄，与王府中人甚为和睦，“及进宫闱，善事孀姑，侍膳必悉备珍味，侍疾必亲尝汤药。敬戒以事夫，子少无狎溺，相待如对严宾，而鸡鸣脱簪，其意恳恳”。可见，韩氏在封为王妃之后，不仅做平度王之贤内助，时刻告诫其勿越规制，还严格要求子女，不对其溺爱。在相夫教子的同时，对婆母更是敬重，不仅每日膳食务求精致，在婆母生病之时更是悉心照料。不唯如此，韩氏还“勤俭持家”，教育下属有方，将王府事宜打理得井然有序。鉴于韩氏之修为，明神宗在钦赐之墓志铭中褒赞其“以冲年而练达，以女流而通敏，勤俭孝敬，若是宜寿鹤龄，永垂母范”②。

可见，衡王府王妃等女眷有许多是地方官绅之女，她们自幼熟识礼教，故能以身守孝道，并严格要求后代遵循，从而推动了王府秩序的建构。但是，从另一个角度来看，衡藩女眷在信守礼教的同时，不可避免地受到三纲五常伦理教条的约束，她们在践行孝道之外，亦有人为恪守纲常而做出不值得提倡的极端行为。万历十七年（1589）九月，衡王府汉阳王长子朱载尘去世，其妻子崔氏“自缢以殉”，山东按察使听闻，“建坊旌表，赐名贞烈”。③

---

① 庄明军、李宝垒、崔照忠编著：《海岱雄藩衡王府》，济南出版社 2019 年版，第 51 页。

② 同注①，第 57 页。

③ 官美堞等编：《明实录类纂·山东史料卷》，武汉出版社 1994 年版，第 1093 页。

正是在历代衡王及其他支系诸王践行孝道之下，衡藩与青州地方之间产生互动，相互促进，地方士人以皇室衡藩为楷模，用以自勉。衡藩诸王及其子嗣则在青州孝文化影响下，将孝义作为重要施教内容。

如前文所说，在封建王朝时代，孝行往往与忠义关联，在伦理纲常之下，对父母之孝可以引申为对君主之忠心，因此，忠孝两全成为评判士人的重要准则。这也就是为何嘉靖皇帝在第三代衡王朱载圭最初受封东昌王的册制中告诫道“夫为子莫先乎孝，为臣莫大乎忠，惟忠惟孝，可以立身而永禄，尚克时忱，以膺宠命”。在封衡世子时，册制中亦有“其尚允服诗书，恪敦忠孝，永承藩制，用副亲亲”之语①。

明代藩王作为皇室宗亲，其册封之意即在分封诸子拱卫帝室，衡藩将对朱氏列祖之孝与对皇明王朝之忠结合起来。按方志记载，第一代衡王朱祐楎“天资明颖，神采庄重，每朔望，先谒宗庙，而后视朝”②。由此可见，朱祐楎对其双重性的身份有很好的认知：既是朱元璋后代，为皇室宗亲；又是皇帝之下属，大明臣子。

衡藩及其亲友属员对明王朝之忠在明朝末年时局危急之际有更为明显的体现。崇祯十五年（1642），吴三桂引清军入关，十月末至十一月初，清军抵山东，攻占济南、兖州等地，山东地方官员预计清军将挥师东进，连发报警檄文，让诸州县尽快完善防务。檄文传至诸城后，诸城知县召集乡绅公堂议事，以“燕翼厥谋，众志成城”来号召，参与者有投诚与抵抗两种不同声音，武进士、衡王驸马王之埴等以守土有责驳斥投诚之说。腊月初十，清军进至诸城，王之埴与城内官员乡绅一同守城，抵抗数日，最后城破阵亡，其家

① 嘉靖《青州府志》卷十二《封建传》，明嘉靖刻本。

② 同注①。

人亦不知去向。①

图 4-3　衡府石坊横匾“孝友宽仁”

图 4-4　衡府石坊横匾“大雅不群”

衡藩在孝悌方面的坚持及忠于皇室的表现，让忠孝理念得以在王府中贯彻，因此，在衡王府石坊中，北坊刻有“孝友宽仁”“大

① 佟海燕主编：《琅琊文化史略》第三卷，山东人民出版社 2010 年版，第 120-122 页。

雅不群"①。孝友宽仁，强调对孝道的重视。"大雅不群"，何尝不是说衡王以风雅自居，不参与党争，不干预政事，亦是宗室忠于皇帝的一种表现。(图 4–3、4–4)

综上，在封建王朝时期，"忠孝"既是个人素养之追求，也是统治者维系国本之必需。在明代皇帝看来，"忠孝"与国势关系密切，明成祖朱棣对忠孝做出如下解释："平居以德行为乡里所称，既仕以直言为朝廷所重，此即忠孝之谓也。"永乐十五年（1417），朱棣为《孝顺事实》一书撰写序言，将"孝"与"忠"的关系做了进一步梳理。朱棣称孝为百行之本，万善之源，"大足以动天地，感鬼神，微足以化强暴，格鸟兽，孚草木"。在朱棣看来，孝道无论是在自然界还是在人事中，都意义重大，而孝最终又落脚到忠，"夫孝，始于事亲，终于事君。盖事君之忠，即事亲之孝也，人惟父生而君食之，故事之如一也"。

在皇帝的倡导下，明代士人也极为看重忠孝观念，为忠臣孝子树立起天地之正气，同时，在已仕者中逐渐建构起"忠以成孝"的理论，认为这些为国尽忠的忠臣与为亲尽孝的孝子，其忠与孝都是孟子所谓大丈夫的浩然之气。②

三、仁爱之心

"仁"是中国传统文化的重要组成部分，尤其在封建王朝时代，"仁"之思想是政治哲学的核心之一，在纲常伦理中，"仁"具有当仁不让之地位，"仁义礼智信"，五常之排序就是参照。作为儒家

---

① 青州市志编纂委员会编：《青州市志》，南开大学出版社 1989 年版，第 854 页。

② 参见陈宝良：《明代士大夫的忠孝观念及其行为实践》，《西南大学学报（社会科学版）》2013 年第 1 期。

思想的奠基者，孔子对“仁”的思想做出凝练概括。孔子弟子樊迟曾向夫子问“仁”，孔子以“爱人”作答，即“仁者爱人”。不仅如此，在孔子思想体系中又有“节用而爱人”“泛爱众而亲仁”等普遍性的爱人之说。由此形成以“爱人”和“泛爱众”为标识的儒家仁爱博爱观念，后人在《三字经》中利用“泛爱众，而亲人”这一朗朗上口的话语进行孩童启蒙。另一方面，“爱”作为一种普遍而深厚的情感，其所体现的是人内在的深层心理需要。孔子答仲弓“问仁”时提到“己所不欲，勿施于人”，它是一种带有包容性的感情，是一种“亲社会”行为。孔颖达在解释《礼记·中庸》时说：

> “仁者，人也，亲亲为大”者，仁谓仁爱，相亲偶也。言行仁之法，在于亲偶。欲亲偶疏人，先亲己亲，然后比亲及疏，故云“亲亲为大”。……“亲亲之杀，尊贤之等，礼所生也”者，五服之节，降杀不同，是亲亲之衰杀。……礼者所以辨明此上诸事，故云“礼所生也”。

仁爱落实于相互间的亲爱致意，其具体实施是一自然的过程，即先亲己亲，然后由亲及疏，爱及他人。因此，爱虽是由近及远实施，但最终归于以恭敬有礼的博爱之心对待所有人，即子夏所闻“四海之内皆兄弟也”。

这种仁爱的思想在衡王及其后裔的日常行为中得到一定程度的体现，第一代衡王朱祐楎自幼饱受儒家文化熏陶，对仁义之理念甚为熟识，在其受封青州之后，时常以仁爱理念践行诸事。朱祐楎号乐善子，他在就藩青州之后，在民生方面尽量避免与民争利，在处理王府与地方纠纷时也时常以退避态度应对，面对矛盾，朱祐楎

“未尝诘责于有司，事或相涉，则曰‘吾左右过也’，人益惭愧”①。他不因自己是皇家宗室而干涉地方政府事务，不以皇室身份欺压乡民，甚至将责任揽至己身。

关于衡王朱祐楎行善一事，在青州有“转世衡王”的传说：

相传，明宪宗时期，朝廷派大臣前往青州巡视，该大臣素闻青州丛林寺规模宏大，便到寺中观赏，却闻厢房传来悲号之声，该大臣质问住持，佛门圣地缘何有刑讯犯人之声，住持向其解释道，此声音乃善人王衡病危疼叫。

原来，青州城北有河名南阳河，每年六七月份山洪暴发，淹死人命；枯水期则清溪断尽，阻碍交通。地方热心人士倡议集资修桥。青州城内有一年迈老者，名叫王衡，一生以挑水为业，却急公好义，他听闻修桥之事后，便将多年积蓄全部捐赠。但是，桥修成之后，王衡身患重疾，无钱医治。丛林寺住持见其可怜，便将之接入寺中，予以照料。无奈百医无效，病情日重，乃至于悲号不断。大臣听闻此事，便想去看望王衡，谁知，刚见面不久，王衡便病逝。大臣垂泪浩叹，在王衡脊梁大书七字“王衡行好不见好”。

之后，大臣回京复旨，忽见大街上贴出皇榜，说皇上新添一子，背上写有“王衡行好不见好”，无人可解，且该婴儿日夜啼哭，万岁忧伤。满朝文武束手无策，故而悬赏破解。

该大臣获知此事后，便知该婴儿为王衡转世，于是揭下皇榜，入朝奏禀王衡一事。皇帝听闻此事，龙颜大悦，传旨后宫将皇子抱来让该大臣观看。大臣见到孩子后，趋前施礼道：“王衡，王善人，别来无恙？前生修桥补路，德被黎元；今天

---

① 嘉靖《青州府志》卷十二《封建传》，明嘉靖刻本。

富贵荣华，善报不爽分毫。奈何日夜悲啼？难道有故土之恋，不舍青州吗？若是，待我奏明圣上，把你封在青州可好？”说罢，婴儿停止啼哭，安然睡去。

图 4-5　今日南阳河上桥梁

因为这段缘由，宪宗对此婴儿十分钟爱，后来，在册封藩王时，将“王衡”倒过来，以“衡王”册封之。衡王到青州之后，某年，南阳河发洪水，将北大桥冲毁，衡王听闻后，令长史转告地方官，限期修复此桥，并且不惜花费，务求大桥宏伟壮观，如若未能，则奏明朝廷，严惩不贷。青州官员得令后，不敢怠慢，严命催科督查，将北大桥修复。(图 4-5)

地方传说，作为地域文化的组成部分，深受地方自然环境、社会人文因素影响。在“转世衡王”的传说中，我们能够看到，青州一地降水时节集中，该地山川丘陵众多，雨季容易诱发山洪，对百姓生命财产构成威胁，旱季便降水较少，河流干枯，不利水路交通。在这种自然地理条件之下，百姓对兴建水利自然甚是渴望。但是，他们一则财力不足，二则号召力不大，所以，为达成水利兴建，便只能借助某些外力介入。在“转世衡王”的传说里，外力条件便是善人王衡的捐赠之举，以及衡王动用政治力量的推动之举。在两种力量的促成下，方有桥梁修建的成功。通过这个传说，我们可以看到，在自然条件对社会生活构成挑战的情况下，民众会将克服此种挑战的希望寄托在某些特定力量身上。朱祐楎受封青州之后，并未过多占用民产，且多有善举，加之此时适逢青州风调雨顺，收获颇丰，因此，民众便将克服自然条件挑战的事业以传说的形式附加于衡王身上。

衡王朱祐楎就藩青州之后，不仅在言行上自我规束，而且还在地方文化发展等方面作出许多贡献。如前文所说，青州一地自古文风兴盛，民众素有重视教育的传统，但是，限于财力等因素，仍有许多聪颖少年难以获得教育途径，朱祐楎鉴于此，便力主修建育秀馆，供地方才俊读书学习，这在一定程度上推动了地方文化教育发展。①

可见，作为初代衡王的朱祐楎对影响王府与地方关系的事宜持谨慎态度对待，以不扰民为原则。之所以如此，一方面如上文所述，朱祐楎乐善；另一方面，也与明代政治生态相关。明太祖时，整顿吏治便是政务之重，成祖之后，对藩王控制也趋于严厉。朱元璋分封诸子时，本意是让藩王承担拱卫王室的重任。但是这些分封诸地的藩王在某程度上是中央集权的潜在威胁，因此建文帝时期整顿藩王事宜便提上日程，待朱棣登基，鉴于其称帝经历，对藩王采取更为严格的管制措施，朱棣尝谓“一家有一家之尊，一国有一国

① 参见青州市政协文史资料委员会编：《青州文史资料·选本》，山东人民出版社 1991 年版，第 311 页。

之尊，天下有天下之尊卑，不逾尊古之制也”①。自此以后，藩王在地方不得擅权，其行为受到中央集权较为严格的约束。在这一背景下，朱祐楎以衡王身份就藩于青州，其封地历史悠久，物产丰盈，数千年来一直是地方军政重镇，而且青州在地理空间上是山东咽喉，战略意义重大，藩王的一举一动都会对朝局产生影响，因此皇帝对衡王投入更多的关注。朱祐楎深知这一点，所以尽量避免因琐事引起朝廷的关注，把安分守己作为第一要务，最终成为“诸藩之范”。

图 4-6　衡府石坊横匾“乐善遗风”

朱祐楎在青州避免与民冲突，且多行乐善之事得到时人的认同，王府亦将之作为衡藩善行的代表人物，在衡王府石坊中，南坊便刻有“乐善遗风”“象贤永誉”等匾额。② 如前文所说，“乐善

---

① 《明太宗实录》卷四十四，永乐三年秋七月癸卯，台北“中研院”历史语言研究所校印，1962 年。

② 青州市志编纂委员会编：《青州市志》，南开大学出版社 1989 年版，第 854 页。

子”为朱祐楎之号，“乐善遗风”则表明了朱祐楎好善行为对后代的影响。（图4-6、4-7）

图4-7　衡府石坊横匾“象贤永誉”

四、兼容之德

“兼”，许慎在《说文解字》中谓之“并也”，“兼持二禾，秉持一禾”。段玉裁将之解释为：“并，相从也。”关于该字的意义，孟子的一段话可以让我们更加明晰：“鱼，我所欲也；熊掌，亦我所欲也。二者不可得兼，舍鱼而取熊掌者也。”“容”，许慎《说文解字》释为“盛也”。《尚书·秦誓》有语：“其心休休焉，其如有容。”在此基础上，又引申出宽恕之意，如“有容，德乃大”。此外，有“适宜”等意。由此可见，兼容合二为一，强调更多的是兼容并包的一面。兼容并包，可以有不同的指向，人之信仰不同，人之学术不同，皆可以兼容而包之。

于青州衡王府而言，兼容之态的表现较为广泛。如待人方面，衡王能够对不同性情的文人持以包容之态；宗教信仰方面，对佛教、道教、伊斯兰教等都持有包容心态；清雅喜好也有多样性，能以书法、古琴等结交地方名士，彰显自身才学。这种兼容的姿态一方面让衡王获得礼贤之名，能够较快地融入地方社会，实现由“客居者”向“定居者”的转换；另一方面，衡王乃皇室宗亲，其封国于青州，代表的是皇家权威辐射此地，其言行举止对地方人士的示范作用不言而喻。因此，衡王府的兼容之态对于地域社会发展产生一定影响。

（一）宽以待人

如前文所述，青州自古文风兴盛，涌现出一大批留名文坛之雅士，及至明代，青州凭其文化底蕴及悠久历史让许多文人墨客驻足此间。衡王府作为王室封藩，无论在政治还是社会影响力上，都成为青州乃至山东的佼佼者，成为许多文人交往之对象。因之，衡王与名士之间便留下许多趣闻逸事。在这些信息中，除透露出历代衡王对诗词曲赋的喜好外，也显示出他们礼贤下士的包容心态。

第一代衡王朱祐楎富有礼贤下士之名，不仅对其宾客持以礼节，对地方文人亦是较为尊重。《青州府志》曾记载，朱祐楎“享宾躬为酬献，诸王子以次称觞，仍命官属屡伸劝侑，毕，送至露台，及阶，宾退，乃还”①。可见，作为皇室宗亲且受封藩王的朱祐楎并未因自己殊荣之身份而怠慢宾客，无论在宴会中还是宴毕，都会表现出对宾客的重视。

第二代衡王朱厚㸅与当时的名士交流密切，其结交之人所涉领域广泛，作为藩王，地方文人墨客与之往来频繁，常有诗文唱和。除此之外，一些个性独特或醉心宗教者，亦与朱厚㸅之间留下不少故事传说，如前文提及之吕时便是其中事例。吕时，是一厌倦官场污浊的正直文人，朱厚㸅与其有诗词交往。如时人所述，吕时不善结交，为人正直，他在诗歌中将自己描述成“短衣不蔽胫，蓬发自

---

① 嘉靖《青州府志》卷十二《封建传》，明嘉靖刻本。

吹面”的贫士形象，并谓有“纵令万黄金，焉能夺吾贱”的节操，但正是这样一个不为五斗米折腰的傲骨之文人，与朱厚熵成莫逆之交，这也从一个侧面反映出朱厚熵的待人之道。

（二）尊重诸教

如前文所述，青州自古文脉兴盛，乡民重视诗书传家，忠孝继世，孔孟之道为民众所笃信，在科举取士与程朱理学兴起之后尤甚。至明代成化年间，科举采取八股取士，试题出自朱子集注的《四书》，这使得儒家经典成为士人必须精研之项。在此情形之下，科举与孔孟之道实现“无缝衔接”。而青州科举成绩在江北地区较为突出，万历二十六年（1598）殿试一甲第一名进士赵秉忠即为力证。受此影响，就藩于青州的衡王府对孔孟之道持以礼敬之态度。

今青州博物馆收藏有一件出自衡王府的孔子像石刻，该石刻高142厘米，宽79厘米。石像为线刻，为孔子半身像。石像中孔子头戴折冠，中贯长簪，冠有丝带系于颌下，眉目清朗，眼神灼烁，美髯飘逸，富有神气。石像下部有新乐王朱载壐在嘉靖三十七年（1558）所撰文，题首为“恭刻先师孔子圣像记”，落款为“衡藩新乐王谨”。正文云：

> 元气萃而玄圣生，喆人萎而梁木坏。夫阴阳变化，象形而发，如烬之在膏化。穷数尽归浮于休，如云之去岫，有生禅续，无间凡庸，阙里宣圣，独受一元之气，卓冠三代之英。其姓氏世系，详左丘明、司马迁、戴圣、王肃。而左氏谓宋孔父嘉始以孔为氏，当无疑。其生卒岁月见齐太史、公羊高、谷梁赤、司马谈、服虔、贾逵、孔若古、孔宗翰、胡舜陟、洪兴祖、冯去疾诸家纷然不一，虽宋濂亦无定论。其道德言论载《语》、《孟》、六经，不可殚纪。其诔谥赞颂，为鲁哀公、汉高帝、张超、祢衡、曹植、孙楚、陆机、湛方生、崔行功、苏

轼、阎复，不得万分其辩，论疑似为沈约、洪迈、朱熹、罗泌，而喜谓家语，驳而不纯，是为得之。其模写圣容者非一家颂扬，玉质者非一喙，周大夫苌弘语刘文公曰：仲尼，圣人之表，河目而龙颡，轩黄之形貌也。修肱而龟背，成汤之容体也。非圣人之兴者乎。老莱子遇先圣，以告人曰：孔子修上而趋下，末偻而后耳，视若营四海，谓忧世之容可掬邪。齐子与适鲁，见孔子曰：闻夫子之名不睹夫子之形久矣，今而后知。泰岳之为高，渊海之为大矣。王维绘宣圣，眼中神彩，殊不类常。兹刻圣容为吴道子所图鲁司寇之像，仅得半躯，所谓四十九表，一十二彩，六十四理。面如蒙倛，耳垂珠庭，手下过膝，立如凤峙，坐如龙蹲，掌握天文，足履度宇，望之如偃，就之如升，身长九尺六寸，腰大十围，其胸有文曰，制作定世符。於戏，此圣容之见乎外者也。如天地之大，日月之明，四时之运，万物之生，以见诗书仁义之泽，罔有穷极，所以立生民之命，开太平之治，实蕴于此，由是发而为，申申夭夭，温厉恭安之盛，凡有目者，拳得见也。若夫高坚前后，玉振金声，虽颜渊、孟轲亦莫能得其仿佛。壐也□□虽功，何足以知之。嘉靖三十有七年岁次戊午夏六月望日。①

由刻文而知，画像是朱载壐以吴道子所绘孔子像为蓝本进行摹刻而作。文中话语生动，呈现出圣人之神迹以及后世对圣人之敬仰，诸此描述也显示出朱载壐对孔子的崇敬态度。这种态度，一方面是基于儒家思想之于王朝政治的意义，一方面亦是出于其对儒家思想的信奉。

① 青州博物馆编：《青州博物馆》，文物出版社 2003 年版，第 192-193 页。（原书引文有误，已校改）

儒家思想，自董仲舒宣扬天人感应、纲常伦理之后，便渐渐上升到封建王朝政治哲学的高度，自两汉至明清，伴随着儒家思想与王朝统治关系的密切，孔子的身份也不断发生变化。从汉和帝时期的“褒尊侯”到唐太宗时期的“先圣”，从唐玄宗时期的“文宣王”到宋真宗时期的“至圣文宣王”，元成宗时期的“大成至圣文宣王”，明世宗时期的“至圣先师”，清世祖时期的“大成至圣文宣先师”……这些不断变化的称号背后显示的是儒家思想与统治哲学的关系，反映的是孔子在王朝统治系统中的重要地位。在此情况下，孔子与天下的信仰关系紧密，而孔子与帝王的关系便可以说是圣权与王权的关系，或是理和势的关系。因此，“帝王要听孔子的，这种惯例从汉代到明清一直都被遵守”，虽然间或有帝王在实际行动中暗地里破坏这一惯例，但他们起码在口头上还是不敢明目张胆地违反。不仅如此，在统治阶层将孔子塑造成维护伦理纲常的圣人的同时，在民间，孔子也开始呈现出圣人身份，“在两千多年的历史上，孔子是中华民族全体成员的共同的圣人，而不只是帝王的圣人，不只是所谓‘统治阶级’的圣人”①。

在这一时代背景下，有明一代，统治阶层在大部分时间借孔子之道厉行“教化”。地处青州的衡藩亦将孔子作为圣人而备加尊崇，对圣人之道尤为崇信。

除对圣人之道持以崇信之外，衡藩对宗教信仰持以较为宽松的态度。作为鲁中咽喉的青州，交通便利，人员往来频繁，加之经济、文化较为繁荣，政治地位较高，其宗教发展成熟，体系较为发达，佛教、道教、伊斯兰教等均有一定影响，尤其前两者，进入青州时间悠久，并以青州作为重要的传播地点，直到今日，我们仍能

① 周炽成：《论孔子成为圣人之过程及其他》，《孔子研究》2010 年第 4 期。

从历史遗存中窥察昔日盛况。在如此浓郁的宗教氛围之下，衡王府及其支系深受熏陶，对宗教持以包容态度，从历史文献中可以看到，衡王府与佛教、道教、伊斯兰教都曾产生过密切联系，这一方面反映出地方文化对曾经是“客居者”的衡藩施加了怎样的影响，另一方面，也能够看到以衡藩为代表的皇家宗室以其社会威望对宗教发展具有何种促进作用。

青州是道教圣地，在明代，衡王受封青州之后，受地域文化影响，笃信道教，时至今日，我们仍能看到许多与衡王有关的道教遗存。

其中，最具代表性的是云门山摩崖巨寿，围绕这一巨寿产生的传说及对该寿字真实撰写者的考察，都能看到衡藩与道教之关系。在“衡王献寿”的传说中，该寿字为雪蓑道人所作。在历史文献中，关于雪蓑道人的记录大都将之作为饱含才学、善于琴棋书画而又隐逸无形之道人：

> 雪蓑者，不知何许人，亦不知其姓氏。能诗善书，弹一弦琴，诸技博通，精绝过人。尝游泰山徂徕，卧烟霞深处，啸咏自若，见者知为神仙中人……后辞中麓，入山采药，往来于海岱间，数年不知所终。①

今人在搜集雪蓑生平及作品的基础上，对其生平大概作出如此描写：

> 雪蓑，名苏州。自号雪蓑、雪蓑道人、雪蓑渔者、八都散

---

① 汤贵仁、刘慧主编：《泰山文献集成》第 2 卷，泰山出版社 2005 年版，第 327-328 页。

人、五湖散人以及三十六洞牧鹤使者，杞县城苏家街人，明代大书法家、诗人、著名道人、思想家。①

雪蓑在海岱地区畅游期间，与衡王府有数次交往。在青州，今日仍流传着“雪蓑献寿”的传说：

明嘉靖年间，雪蓑游历至青州，这时，适逢衡王过寿发出告示：寿礼最珍者，请首席首座。一时间，青州的官员豪绅为了讨好衡王，争相携带厚礼前往拜寿。献礼毕，官绅们各怀鬼胎，无一人敢去首席就座，全在偏席吃茶。时近正午，寿宴就要开始了，官绅们注视着首席之座，猜测谁有运气坐上去。这时，从王府大门外进来一个衣衫褴褛的穷道士，身材矮小，其貌不扬，且两手空空，但是旁若无人地径直坐到首席，此人便是雪蓑。官绅见状即惊又妒，责问雪蓑献上何等宝物，敢如此傲慢？雪蓑微微一笑，让全体宾客到院子里看云门山景。官绅们南望云门山，只见云雾依旧，并无异样，于是便责难雪蓑。雪蓑却不慌不忙，用手里的马尾甩子向云门山挥动了一下，一瞬间云消雾散，只见云门洞西侧的悬崖处有一金光闪闪的寿字凸起在峭壁之上，光芒直逼衡王府。衡王与众官绅被此景象震惊，但是定眼一看发现寿字下面的“寸”少了一点。雪蓑并不着急，让衡王找来数十名书童磨墨，又要来白绸子，待墨磨好后，雪蓑以白绸蘸墨，向空中抛去，白绸径直向寿字飞去，恰好补上“寸”缺少的那一点。

有此神迹，雪蓑受到衡王礼遇，稳坐首席，衡王亦是

---

① 杞县地方史志办公室编：《杞县人物大典》，杞县地方史志办公室，2013年，第66页。

暗自盘算雪蓑用了多少金子才铸成了这个寿字。酒足饭饱后，衡王带领大家浩浩荡荡地来到了云门山上，可到了寿字前一看，衡王才发现自己上了当，原来这个寿字是用红泥糊在山崖上，外面贴了一层麦秸皮，阳光照在上面一反射，便金光闪闪。衡王虽恼怒，却又舍不得这个寿字，于是找来青州著名的石匠，把寿字刻在了山崖上，寿字留住了，金光却永远消失了。

关于雪蓑献寿的传说，我们在结合史事的基础上，已经知悉其中有诸多演绎之处，如但根据“寿”字东侧题款“大明嘉靖三十九年九月初九日，衡府内掌司冀阳周全写”，可明白知悉此字为周全所作。但是在传说中，我们还是能够从里面获知一些衡王与道教之间交往的信息，例如，衡王最初笃信雪蓑能力，将之引为上座。

这一“寿”字镌刻于陡峭的悬崖上，字高 7.5 米，宽 3.7 米，仅“寿”字下面的“寸”便有 2.3 米，以至于在当地有“人无寸高”的说法。嘉靖三十九年（1560），衡王之位由朱祐楎之子朱厚熵继任。按周全题款，巨寿作于九月九日重阳节，这一天是斗母与重阳帝君吕洞宾诞辰，明廷在这一天祭祀三皇、北极真武，摩崖巨寿的镌刻与这次道教祭祀典礼有关。寿字的书写者周全，直隶冀阳人，先后担任衡王府内典膳、内掌司。周全擅长书法，今人评价云门山寿字“笔法古朴苍劲，气势磅礴，虽千凿百斧雕成，却不露分毫痕迹”[①]。(图 4-8)

在云门巨寿往东不足百米，有一石洞，石洞上方刻有“万春洞，衡府内典膳冀阳周全开造”，此洞往里深入 5 米，南侧雕有“陈抟老

---

① 王树国主编：《古韵青州》，青岛出版社 2013 年版，第 47 页。

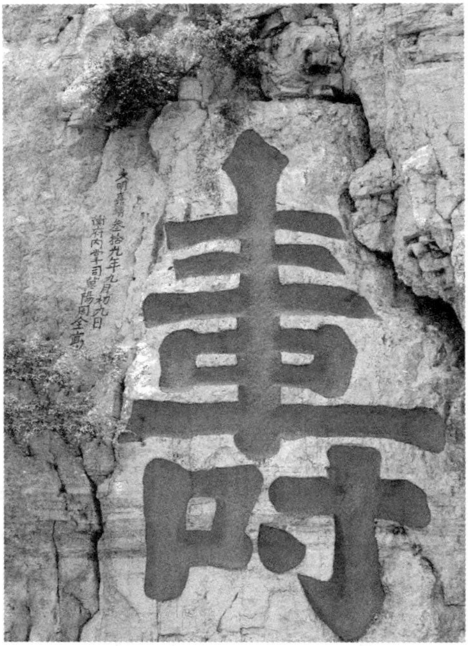

图 4-8　云门山“寿”字

祖”睡卧石像，神态安详。[①] 此外，万春洞石像上方有雪蓑题诗《山居吟》：

野宿石床类洞天，斗笠脱放海东边。夜深熟睡白云起，莫管龙来榻下眠。[②]

由石洞所刻文字可知，这一石洞由衡王府内典膳周全开凿，这又体现出石洞与宗教遗迹的建造与衡王府有着密不可分的联系。

在云门巨寿左边，还有一处马丹阳打坐真相浮雕，该浮雕高 80 厘米，宽约 60 厘米，浮雕从侧面雕刻，周围较大面积减地以突出主题。真相微低颔，长眉簇须，长须轻飘自然；头发挽簪束起，整装条理；身穿道袍，盘膝而坐，双手置于两膝之上。这一浮雕真相显示出道教淡泊宁静的意境。真相左侧题有“马丹阳祖师打坐真相”，右侧题有“甲意子”“王西祁”“冀阳书”。其中“冀阳”二字便将此真相浮雕与周全拉上关系，可见，这一道教人物浮雕的凿

① 王树国主编：《古韵青州》，青岛出版社 2013 年版，第 47 页。

② 庄明军、李宝垒、崔照忠编著：《海岱雄藩衡王府》，济南出版社 2019 年版，第 99 页。

刻依旧带有浓厚的衡王府因素。①（图 4-9）

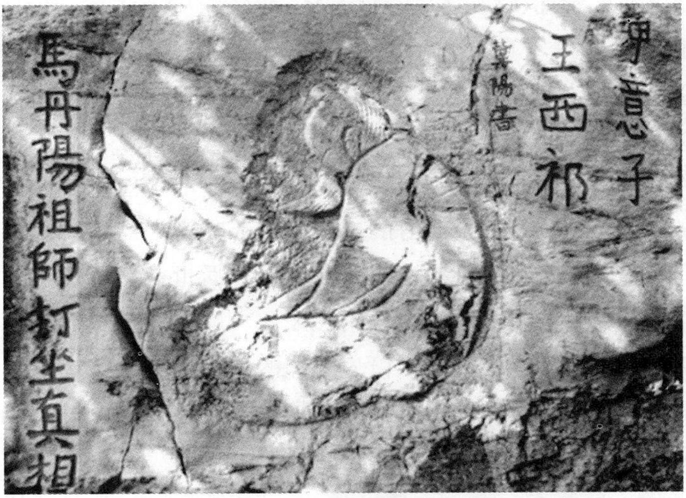

图 4-9　马丹阳祖师打坐真相浮雕

在云门巨寿附近的这两处道教遗迹中，万春洞主题人物为陈抟老祖，陈抟（？—989），五代宋初时期的道士。字图南，自号扶摇子，亳州真源（今河南鹿邑）人，另一说为普州崇龛（今重庆潼南区西境）人。后唐长兴年间，陈抟参科举，不第，隐居武当山，服气、辟谷二十余年，之后移居华山。后周世宗曾召陈抟问道术，命为谏议大夫，固辞不受。宋太宗赐号希夷先生。陈抟认为万物一体，只有超绝万有的“一大理法”存在。其学说被周敦颐、邵雍加以推演，成为宋代理学的组成部分。浮雕主题人物为道教人物马丹阳，马丹阳（1123—1183），金代道士，全真道北七真之一。原名从义，字宜甫，后更名钰，

---

① 庄明军、李宝垒、崔照忠编著：《海岱雄藩衡王府》，济南出版社 2019 年版，第 99 页。

字玄宝，号丹阳子，山东宁海（今山东烟台牟平区）人。他除精通道义外，还擅针灸疗法。金大定七年（1167），马丹阳与妻孙不二同拜王重阳为师，后开全真遇仙派。元世祖至元六年（1269）赠封为丹阳抱一无为真人，世称丹阳真人。

通过对陈抟、马丹阳两人物的分析可见，这两处与衡王府关系密切的道教遗迹并非随意创造，而是带有一定的蕴意。此两者均为封建王朝时期统治者给予赐号的道教名士，其学说对王朝统治思想都具有一定的借鉴意义。换言之，在当时或后世中，陈抟与马丹阳的学说具有为封建王朝助力之功用。因此，以周全为代表的衡王府属员便在云门山这一当地民众极为敬仰的名山中，创造这些道教名士的石洞、真相，从而体现出建造者具有一定道教信仰的基础，同时利用这些道教因素达到施加影响的目的。

图 4-10 铁仙鹤

实际上，有明一代，衡王府的典膳、典宝、礼官等职官时常参与青州地区的道教建筑修建活动，在当时的社会环境下，下属职官如此高频率地参与宗教活动应当是得到了王府的首肯，这些事例的出现与衡王本人笃信道教故而下属亦积极参与不无关系。

青州的道教建筑与衡藩有直接关系的还有多处，且多记录于方志中。按康熙《青州府志》，青州有北极观两座，其一在城西北，为明洪武十六年（1383）重修，其二在西门内，由衡王府修建。光绪《益都县图志》中亦数次提及衡王府与道教建筑的关系，一则记录真武庙，该庙在城西门内，由明衡藩创建；一则记录铁鹤观，该观在城南十三里时家店，由明衡藩创建，万历年间，衡府仪宾时松等铸两只铁鹤，立于龟背之上，高丈许，故而以“铁鹤”命之；一则记录老君堂，该堂在城内东北，明万历四十年（1612）修建，堂内有高唐王镇国将军朱常沨碑。（图 4-10）

除此之外，今日可见的道教文化遗迹中也有很多与衡王有关者，如造型别致的醉道士石，这块奇石上有苏轼《杨康功有石状如醉道士为赋此诗》：

楚山固多猿，青者黠而寿。化为狂道士，山谷恣腾蹂。误入华阳洞，窃饮茅君酒。君命囚岩间，岩石为械杻。松根络其足，藤蔓缚其肘。苍苔眯其目，丛棘哽其口。三年化为石，坚瘦敌琼玖。无复号云声，空余舞杯手。樵夫见之笑，抱卖易升斗。杨公海中仙，世俗那得友。海边逢姑射，一笑微俯首。胡不载之归，用此顽且丑。求诗纪其异，本末得细剖。吾言岂妄云，得之亡是叟。

这块奇石与衡王府的关系可从民国年间周贵德《青州纪游》中寻得线索，“闻该石原在登州，明衡府搜运来青，后由法庆寺转存益都县民众教育馆”①。（图 4-11）

另外，在今青州博物馆藏有衡王府铜钟两座，其中之一铸有道

① 原芳芳：《道教文物中的青州历史》，《东方收藏》2011 年第 11 期。

图 4-11 醉道士石①

教图案及经文，该铜钟是明崇祯十二年（1639）由衡王铸造，铜钟高161厘米，底口直径达123厘米。铜钟为丰肩束腰之形，下侧钟翼外侈，钟肩部有4个不规则形孔，钟顶有一大孔。钟肩上下饰变形回纹，两组回纹间铸饰8个突出的涡纹状的圆形，直径约17厘米。该铜钟下为八翼翅，一翅残，钟翅上分别饰八卦图形。该铜钟铸一周铭文，字径约4厘米，其铭文：

混元六天，传法教主，修真悟道，济度群迷，普为众生，消除灾障，八十二化，三教祖师，大慈大悲，救苦救难，三元都总管，九天游奕使，左天罡北极，右垣大将军，镇天助顺，真武灵应，福德衍庆，仁慈正烈，协运真君，治世福神，玉虚师相，玄天上帝，金阙化身，荡摩天尊。

铭文后落款为："大明崇祯十二年岁在/己卯十一月丙子朔越/十五日戊辰吉日/衡王建造/监造官承奉王信/金火匠王世永、王世

① 紫瑜编著：《固意凝云　中国古代赏石鉴赏》，湖南美术出版社2012年版，第88页。

杰、王世全/住持道人司教严。”① 通过铭文，可以感受到衡王对道教的信仰态度，衡王希冀借助道教神灵护佑众生的愿望也跃然于器物之上。（图4-12）

图4-12　青州博物馆藏衡王府铸铜钟

青州地区不仅是道教重镇，佛教也极为兴盛。在魏晋南北朝时期，佛教发展速度加快，与中国传统文化的联系更趋密切。在当时，政治、经济地位都较高的青州成为佛教发展的区域中心。在北魏、北齐时期，青州地区有寺院数百座，如广福寺、兴国寺、龙兴寺等都是当时的名刹。1996年，龙兴寺出土400余尊佛像，工艺精湛，被考古界列为20世纪100项重大考古发现之一。佛教的兴盛，使得青州石窟造像蔚然成风，驼山、云门山、尧王山、仰天山等都留下了佛像石窟。其中，驼山石窟有佛教造像638尊，大者高逾7米，小者不过方寸，是中国东部最大的摩崖石窟造像群。② 自魏晋以降，青州地区的佛教发展一直未曾断裂，在如此浓郁的佛教文化氛围中，衡王就藩青州之后，便与佛教结下不解之缘。这种缘分在今日可知之文物遗迹中有较好展示。

柳炳武收藏有出土于衡王府遗址的观音像一座，观音像身高16

① 青州博物馆编：《青州博物馆》，文物出版社2003年版，第107-108页。

② 王树国主编：《古韵青州》，青岛出版社2013年版，第34页。

图 4-13　宝石观音

厘米，厚 4 厘米，重 1 公斤。宝石紫中泛红，晶莹瑰丽。观音坐于莲台之上，眉宇慈祥，为保持宝石的自然形状，雕刻者刻意将宝石雕刻出柔软缥缈的天衣，轻轻顶于观音之首。雕刻莲台时，又力求保持璞玉原貌。整座观音像融天然与技巧、珍石与艺术为一体。①（图 4-13）

今日青州博物馆门前蹲守的两座石狮子亦是衡王府遗物，石狮子历经四百余年沧桑而威仪依旧，昂首挺胸，神态威猛。青岛市南区湛山寺山门前的一对石狮，也是衡王府遗物，这对石狮雕琢精细，工艺精湛。②（图 4-14）

再者，衡王府有一珍宝，为“衡王荆座”，“荆座乃衡宫故物。清初，衡宫被抄，此座即归法庆寺保存，近又移于县立图书馆保管。今犹完全无缺，系一极大荆根就其天然之势而成之，古干玲珑，诚罕见之物”③。根据文献记录，在清初衡王府被抄之际，荆座流落于法庆寺，这一遭遇或许也是衡王府与佛教因缘的一部分吧。

---

① 柳炳武：《宝石观音“诉说”明代衡王家族的兴衰》，《东方收藏》2010 年第 1 期。

② 庄明军、李宝垒、崔照忠编著：《海岱雄藩衡王府》，济南出版社 2019 年版，第 88 页。

③ 山东省政府秘书处编：《山东古迹名胜大观》第 1 集，山东省政府秘书处，1933 年，第 170 页。

图 4-14　青州博物馆门前石狮子

除此之外，如上文所说青州博物馆藏衡王府铜钟两座，其一为道教铜钟，另一座为佛教铜钟，该铜钟是在万历三十六年（1608）商河王朱翊鏌募捐所铸。铜钟高 140 厘米，底口直径达 110 厘米，铜钟上所载铭文为佛经、佛咒等，并有精美的佛教图像。该铜钟为丰肩，束腰，下侧钟翼外侈。钟肩处有 4 个不规则孔，钟顶另有一大孔，钟上部铸有两周佛像，上栏由 8 组佛像组成，每组由上面 1 尊佛像与下面并列 2 尊佛像组成，一共有佛像 24 尊。下栏由 4 组佛像组成，每组并列 6 尊，一共也是 24 尊佛像。佛像高约 12 厘米，头饰螺发，双耳垂肩，眉间饰以白毫，项饰三道，裙腰外露，每尊佛像结跏趺坐于莲花座上，手施无畏、与愿印。莲花为盛开状仰莲。钟腰所铸佛经为“诃叶心咒”“黎哞随心咒”“佛顶尊胜陀罗尼咒”等。之后，有落款：

大明万历龙飞戊申四月八日甲子/衡国主喜舍内资敬造宝钟一口/仝妾滕李氏/遣承奉夏元吉监造/心寺主人少林嗣法圆智/商河王翊鑊发心募化/成造匠人王世杰等/监工内官黄成/校尉严尚仁、杨成、赵可贤。

图 4-15　佛教铜钟

由铭文可见，该铜钟由衡王府主持铸造，参与铸造之工匠、监工等皆有名可考。佛经下层铸饰一周铭文。铭文计 37 字，字径约 3 厘米。铭文为："念七遍，鸣钟咒，闻钟声，烦恼轻，菩提长，智慧增，出地狱，离火坑，超净土，莲花生，唵伽啰谛耶莎诃。"另，该铜钟为八翼翅，每翅上饰一菱形绶带，下系圆环。①

该铜钟与上文所提到的道教铜钟作为衡王府遗宝有许多共同之处，两件铜钟皆为龙形钟钮，龙头相向，龙身相连，龙身上饰鳞纹，有鬃毛，头上有角。铸饰佛像、佛经的铜钟，其钟钮的龙爪和龙身相连接成为一体；而道教钟钮的龙爪、龙身分离成透雕。②（图 4-15）

衡王府铸造佛、道两种宗教的铜钟，一方面，说明在明代后

① 青州博物馆编：《青州博物馆》，文物出版社 2003 年版，第 107 页。

② 同注①，第 108 页。

期，青州地区的佛、道两教影响力较大，与王府有较为密切的关系，另一方面，也能透露出衡王府在宗教信仰中的态度，在青州地区文化氛围影响下，衡王府的宗教信仰呈现出兼容状态。

除道教、佛教之外，衡王府与伊斯兰教也曾有过联系，这一联系的建立，与青州地区回族聚居不无关系。

青州是一个多民族聚居的地区，除汉族外，另有回族、满族、蒙古族等少数民族人口，其中又以回族人数最多。根据历史记载，青州回族可追溯至唐朝，当时青州地区有波斯人、大食人通过陆路或海路前来开展贸易，唐朝廷在青州设置“青州押两蕃使司”，管理蕃客事务。

自元代开始，青州形成稳定的回族聚居区。青州城里清真寺建于明嘉靖二十五年（1546），据青州市原仪门南碑记载，青州城里回族因雨雪天气时道路泥泞，到城东关真教寺做礼拜不方便，遂在此建立清真寺。① 城里清真寺的修建，不仅有时任青州知府的张连登题写寺额，宁阳王朱载埣亦曾参与其中。该清真寺内现存镌刻“皇明宗室”“衡王图书”王印的“清真教寺”匾额，匾额题文者正是宁阳王。②

此外，济南清真南大寺内有朱红底、金字木匾一方，上面题有“清真”二字，字大逾斗，落款亦为崇祯年间宁阳王书。③

这些清真寺题文一则表明在明代，以衡藩为代表的皇室宗亲在地方具有较高声望，以至于宗教场所时常请其题写匾额，借以提升

---

① 庄明军、李宝垒、崔照忠编著：《海岱雄藩衡王府》，济南出版社 2019 年版，第 88 页。

② 山东省地方史志编纂委员会编：《山东省志 · 少数民族志宗教志》，山东人民出版社 1998 年版，第 502 页。

③ 山东省政协文史资料委员会编：《山东文史集粹 · 民族宗教卷》，山东人民出版社 1993 年版，第 347 页。

自己在地方社会的影响力；另一方面，数处匾额的存在也表明衡藩与地方社会互动之频繁，王府中人受青州社会人文因素影响，对地方宗教持以积极对待的态度。

（三）雅好广泛

青州历史悠久，文脉长远，加之该地为齐鲁咽喉，文人墨客往来其间，不仅本地人才众多，外地来青者亦不乏鸿儒大家，他们在醉心学术的同时，时常以琴棋书画、钟鼎奇石作为陶冶性情之途径，如赵明诚、李清照夫妇等即为其中代表。受此地域文化影响，衡王府中人亦有诸多文雅之喜好。

国人对文雅的追求在很多方面都有所体现，居住环境的优雅便是代表之一，今日青州偶园在明代曾为衡王府后花园。关于这一景致别雅的北方园林，我们已不能确认其原貌，但是，偶园中留下的不少文物还是能够让我们窥察它昔日之景象。

偶园作为北方园林的典型代表，其山水布置较有特色，园内假山贴墙而筑，呈环抱之势，“峰岭涧壑相连属，瀑泉下坠，石梁飞架”，偶园之山，突出了山的巍峨，偶园之水，溪床连缀贯通。在山水溪涧之间，分布石桥数座，现存的四座桥与清泉漱石相辉映，其中大石桥的设计将明代园林造桥技术做了绝妙的展示：

> （该桥）为平桥，作三小拱横跨池沼，四面浅雕牡丹纹，从整体看此桥稳重大方。该桥为明代衡王府奇松园遗存，具有明代建筑之风格，整体洗练简约而不失奢华，是不可多得的园林古桥精品。①

---

① 庄明军、李宝垒、崔照忠编著：《海岱雄藩衡王府》，济南出版社2019年版，第73–74页。

园无草木则失灵趣，偶园除保留原衡王府后花园的山水景致外，所存有的许多古树、奇花也是原衡王府后花园遗物。此外，偶园内有奇石数处，亦多为衡王府后花园旧物，正如安致远在《青社遗闻》“明衡藩故宫”中所提“奇花怪石尽归侯门”。偶园松风阁北侧有狮状奇石，此石宽 0.9 米，高 1.9 米，该石为新乐王朱载壐在交游时所得，并在石背上刻：

惟石名狮，明师负荷。介我广居，棹楔之左。与尔订盟，似无不可。百千万祀，永怀无堕。我藉明师，明狮自我。珍重珍重，安妥安妥。

图 4-16　偶园奇石

因诗文缘故，该石又被称为“订盟石”。除诗文外，奇石上还有朱载壐落款“万历九年辛巳八月望日，新诚信壐铭”。落款融合了朱载壐封号、室号、字、名诸要素，即由新乐王的“新”、号诚轩的“诚”、字信父的“信”、名载壐的“壐”组成。[①]（图 4-16）

除订盟石外，偶园另有四方太湖石，造型别

① 寿嘉华主编：《中国石谱 · 五 · 中国观赏石图典》2，中华书局 2016 年版，第 350 页。

致，酷似“福、寿、康、宁”四字，故以之命名，相传这四块奇石是衡王举办寿宴时地方官员进献的，“福”石，高2.4米，宽1.63米，体姿华贵，玲珑剔透；“寿”石，高2.4米，形态雍容，神韵兼备；“康”石，高3.7米，丰满大度，婀娜俊秀；“宁”石，高2.3米，英姿卓然，玲珑奇巧。①

文字的描述难以将偶园及其草木桥石的优雅展示出来，无论是作为明代衡王府后花园还是清代大学士冯溥家宅，这一园林均以其精致而成为北方园林的典型代表。偶园之所以能达到如此艺术水准，与其修建之初所定基调关系密切。光绪十三年（1887），李焕章在《奇松园记》中将衡王府对园林的重视作出详细描述：

> 奇松园，明衡藩东园之一角也。宪王时以其府东北隙地，结屋数楹，如士大夫家，青琐绿窗，竹篱板扉，绝不类王公规制，盖如宋之艮岳，元之西苑也。中有松十围，荫可数亩，尽园皆松也，故园以松名，效晋兰亭流觞曲水，管弦丝竹，吴歈越鸟，无日无之，亦吾郡之繁华地。迨府第毁后，兹园赖其地处偏隘，园亭池沼，颇有烟霞致。又老松虬枝霜干，日长龙鳞，故国乔木，人所羡仰。郡丞朱公以其值买之，以饷四方之宾客。后朱公去转，售之今相府，深锁重关，游人罕至矣。念斯园自旧朝来，隶帝子家，辱于阉竖、舞女、歌儿，其后胥徒啬夫，皁圉夏畦，皆过焉。卒未有文人骚客，载笔携筒，拈韵赋诗，以邀以游，骋目娱心……癸亥夏闰六月二十八日雨中记。②

---

① 庄明军、李宝垒、崔照忠编著：《海岱雄藩衡王府》，济南出版社2019年版，第75−77页。

② 同注①，第78页。

文中所提之艮岳、西苑分别是宋代、元代之帝室宫苑，都以奢华著称。其中，艮岳建于宋徽宗时期，景致别雅，取天下瑰奇特异之灵石，移南方艳美珍奇之花木，筑设雕阑曲槛，修葺亭台楼阁，彰显雍容之态。但是，衡王府之奇松园与前述宫苑不同，奇松园所栽植树木以松柏竹木为主，诸此树木无不以笔直坚韧为特点，园内有池沼之盛，亦有如兰亭集会之曲觞流水雅事。园内有丘阜小山，与流水相映。总体而言，奇松园景色别致但又带有质朴特色，体现出的更多是“士大夫家”对幽雅环境的追求而非“王公规制”之于奢华的推崇。

青州衡藩之“兼容”，既有结交文人雅士，礼尚诸种宗教，又有喜好青松奇石曲水庭园，在今日所遗留的衡王府牌坊中，衡藩所具有的兼容之态有着集中的体现。

衡王府石坊坐落于青州市玲珑山南路南段，占地面积 4000 余平方米，1992 年被列入山东省重点文物保护单位。该石坊为南北两座，建于明嘉靖年间，当地俗称“午朝门”。两座石坊均为坐北向南，为 4 柱 3 门式牌坊结构。每坊东西宽 11. 5 米，南北进深 2. 78 米，高 7. 25 米。两座石坊的间距为 43. 5 米，建筑风格相同，尺寸一样，都是由 28 块巨石组成。石坊的底座呈须弥状，高 1. 2 米，宽 1 米，分 3 层，底层高出地面约 25 厘米，刻兽足状案底纹和仰莲纹；中层内收 10 厘米，高 40 厘米，雕荷花、牡丹等花卉图案；上层与底层齐，镌刻有狮子、麒麟、缠枝牡丹、覆莲图案，每块巨石上狮子 12 只、麒麟 2 只，形态奇伟，四角的 4 个狮子形状尤为特殊。底座之上有石柱，呈方形，分立于底座中部上，中间 2 柱各高 6. 02 米，两侧 2 柱各高 3. 95 米。每柱南北各置透雕立式的龙一只，高 2. 12 米。四柱上方嵌横匾，匾上浮雕二龙戏珠与斗拱的图案。中门嵌有两匾，匾文以阳文剔刻。南石坊匾文“乐善好施”“象贤永誉”，北石坊匾文“孝友宽仁”“大雅不群”。①

牌坊，在封建王朝时期主要作为表彰功勋、科第、德政以及忠孝节义的建筑物，具备标榜功德的作用。这类建筑在今天往往被认作一种礼仪标识，在它身上汇聚着诸多历史信息：“既有当地社会制度的表达，也有国家制度的表达；既有主流文化的表达，也有异端的表达；既有精英社会的表达，也有普通民众的表达……简言之，它们的这种多样性说明，它们是日常生活的表达，它们是生活世界的一部分。”②

正因如此，在衡王府原貌已不能呈现的今天，我们仍能通过衡王府牌坊所记录的历史讯息窥察王府文化之一斑。

在衡王府牌坊中，有许多图案透露着建造者付诸此建筑的蕴意。例如，牌坊中出现的如下图案：

> 麒麟形状像鹿，鳞片像龙，尾巴像牛，表示祥瑞，也有驱妖镇邪的作用，而且这些题材的选用显示了皇家的威严，是王府崇高权威的象征性牌坊。狮子寓意吉祥，喜鹊寓意“喜上眉梢”、好运，牡丹象征着雍容华贵，荷花、莲花象征清白，兰花象征高雅。③

在这些图形中，狮子、麒麟两种神兽形象的塑造尤为生动，狮子神情肃穆，毛发丰满，麒麟虽皆为蹲式，但具体到细节方面各有

---

① 青州市政协文史资料委员会编：《青州文史资料》第 11 辑，1995 年，第 177-178 页。

② 赵世瑜：《历史人类学的旨趣》，北京师范大学出版社 2020 年版，第 196-197 页。

③ 严屏、孙建、张振伟：《山东青州衡王府牌坊的雕刻艺术》，《文艺争鸣》2010 年第 14 期。

不同，有的嘴巴微张，给人以威严，有的嘴巴紧闭，胡须自然下垂，给人以温和感觉。这些形象的生动塑造与青州地区雕刻技术之精湛及地方历史文化之深厚有很大的关系，早在南北朝时期，青州地区匠人便能以复杂之雕刻技艺塑造出细腻传神的龙兴寺佛像。

在牌坊中，狮子、麒麟这两种神兽不仅艺术造诣高超，其蕴含的象征意义亦为深厚。狮子虽是现实中实际存在的动物，但主要是来自中亚、印度等海外地域，是文化交流的一种体现；麒麟虽是产自本土，却是融合诸种动物之特点而成的一种虚构性神兽。(图 4-17)

图 4-17　衡府石坊麒麟

就狮子而言，“狮子在佛教中是护法者形象，又是文殊菩萨的坐骑，孔武有力，凶猛慓悍，它在传入中国后，其形象立即被人们用来作为护卫者和辟邪物，起着保护主人平安、吓阻凶恶的作用，发展成为一种独立于佛教的中国狮子文化”①。可见，狮子因其与

① 刘自兵：《佛教东传与中国的狮子文化》，《东南文化》2008 年第 3 期。

佛教的渊源，在传入中国后被附加越来越多的守卫、避灾功能，其神兽形象的塑造带有明显的中国化特点。

就麒麟而言，此种神兽早在两千多年前就被先民“塑造”出来，《礼记·礼运》云：“何谓四灵？麟凤龟龙，谓之四灵。”《春秋左传·哀公十四年》杜注：“麟者，仁兽，圣王之嘉瑞也。时无明王，出而遇获，仲尼伤周道之不兴，感嘉瑞之无应。”可见，在古人认知中，麒麟不仅是仁兽，更是嘉瑞的直接体现，它与凤凰一起被视为太平盛世的瑞应灵物，世上有明王圣君时才出现，没有明王圣君就避而不出。所以，麒麟崇拜既是一种祥瑞崇拜，又是古人向往社会安定、政治清明、生活富足的体现。

衡王府牌坊中选用的两种神兽融合外来者狮子与本土者麒麟，且一为佛教中护卫、辟邪神兽，一为象征祥瑞之神兽，它们来源不同，寓意不同，却完美融合在一起。（图 4-18）

图 4-18　衡府石坊

再者，在衡王府石坊中出现其他地方性牌坊较少采用的图案——鼎，鼎作为中国古代一种重要礼器，象征着统一和权威，是代表威严与昌盛的吉祥物，是国家和权力的象征。“鼎”字也被赋予“显赫”“尊贵”“盛大”等引申意义。① 这一图案的运用与衡王身份关系密切，同时，也与明王朝设置封藩以携天子威仪震慑地方不无关系。

可见，在衡王府石坊中不同蕴意的组件之间互相配合，协调一致，融为一体，所表达的共同含义是和谐统一、庄重、敦厚、大方。而在诸多组件兼容的同时，石坊之匾文如“孝友宽仁”“大雅不群”等又将衡王礼贤名士、雅好广泛等特点予以彰显，兼容之德在文字中得到体现。

五、修为之境

明太祖朱元璋将皇族子弟封王建藩，设想以之屏卫中央，能够有效保证王朝的长久治安。但是，藩王势力过于强大，也会威胁到皇权的统治，故而明成祖朱棣在承袭明初封藩制度的基础上，订立了更为严格的制度对藩王进行约束。因此，一方面，藩王在封地有一定的政治、经济特权，成为地方上的特殊阶层；另一方面，朝廷又实行严格的藩禁政策，对各地藩王加以约束和钳制，部分藩王养尊处优，无所事事，狂妄骄横，不知礼义，受到皇帝斥责，严重者甚至获罪被废。在这一环境之下，诸藩王或寄情山水，或沉心书画。明代先后有 6 位宗室亲王封藩于山东，分别为齐王、鲁王、汉王、德王、衡王、泾王，其中衡藩一系传六代七王，前后长达近 160 年，算是存续时间较长的藩王。探寻其中原因，宗族兴衰延续与重视自身修为有着密切的关系。

---

① 严屏、孙建、张振伟：《山东青州衡王府牌坊的雕刻艺术》，《文艺争鸣》2010 年第 14 期。

明朝皇帝非常重视对亲王以及宗室子弟的教育，将宗室教育作为维护长久统治的重要措施。再者，自明成祖之后，藩禁制度规定各地宗藩不得干预兵事、政事，不许入仕做官。这导致各地宗藩难以在政治上有所作为，纷纷转向文化活动。衣食无忧的成长环境，良好的宗室教育，使得宗藩子弟大多有着较高的文化修养。就藩封地后，他们或者积极参与地方的诗文创作等艺术活动，利用诗词歌赋、书法绘画等抒发胸臆；或者热衷于宗教事务，通过整修道观等途径增进福祉；或者与地方文人交好，相互唱和，融入地方文化事务的同时推动了地方文化发展。

青州衡藩就是如此，自朱祐楎就藩青州后，历代衡王多有醉心书画者，他们将书法作为修身养性之途径，提高文化素养的同时，借以疏解内心感情。

书法，自两汉以后逐渐成为一门独立的艺术，尤其自魏晋至隋唐时期，门阀世家将书法作为彰显门第文化造诣、体现子弟才能抱负的重要表现形式，之后，又成为文人官绅展示自我修养的重要途径。到了明代，皇帝重视书法，朝中有以书法入仕者，有以书法获宠者，朝廷之外，世人亦受到影响，看重书法。作为封地于青州的衡藩，受到时代变化与所在地域文化传统的影响，也将书法作为显雅之方式。前文提及衡王与杨渑谷、雪蓑道人等人的交际中，一个重要载体便是书法，可知衡王对书法的喜好。明代藩王喜好书法，有其历史背景。近现代益都藏书家、版学家黄裳收集到高唐王所刻《早朝诗》，该书通体为篆书，书内有“嘉靖壬戌仲春高唐王岱翁序”，在序中，高唐王朱厚煐以自嘲口吻解释为何衷心于篆书练习，“宗室为今时无用之人，篆书为今时不急之学。以无用之人习不急之学，不亦宜乎”①。有明一代，皇帝为避免藩王有逾规之举，设

---

① 黄裳：《黄裳散文》，浙江文艺出版社 1998 年版，第 211 页。

置了诸多约束措施，因而，藩王生活虽豪奢，但活动范围较为局限，不许随便活动，因为无趣，便寻找一些刻书、写字等途径，聊以慰藉。

高唐王虽自嘲书法是作为消遣之用，但王府中人在“消遣之余”取得较高艺术水准者亦有之，按地方志记载，衡王朱祐樿的书法造诣较高，朱祐樿受封青州后：

> 暇居斋宫，手不释卷，他无玩好。尤精书法，四体皆工，而楷书、行草为最，大书结构有体，诗章足垂世教者，书数千纸，一睹笔法，具见王心。旁及丹青，各臻妙品，积古今书籍千卷一柜者，凡百有奇。著诗文若干卷，题曰《岁寒斋稿》。①

按此记载，朱祐樿喜好书法，不仅对历代书品书作广泛涉猎，自身亦擅长楷书、行书。朱祐樿所作书法，在今日可见者有一楷书《陋室铭》，此作在中国嘉德国际拍卖有限公司 2006 秋季拍卖会上，以人民币 18.7 万元的价格拍出。② 该作品为立轴，水墨纸本，作品尺寸为 98.5 厘米×108.5 厘米，题识“右陋室铭”，上有钤印“皇明宗室”“衡王图书”“乐善堂”等，朱祐樿号“乐善子”，“乐善堂”或为其室号。这一书作结体巧妙，整体布局有序，体现出朱祐樿较高的书法水准。(图 4-19)

衡藩以书法等作为修身之径，亦在精神信仰方面寻找提升修为之途。在道教、佛教等宗教信仰中，出家者参道是修行，居家者参与宗教事务亦是一种功德的体现。衡藩受地方宗教信仰影响，对此

---

① 嘉靖《青州府志》卷十二《封建传》，明嘉靖刻本。

② 伊葆力:《明代朱祐樿的“衡王图书”印》，《东方收藏》2014 年第 4 期。

功德修为亦有认知，并时常参与地方宗教事务。一方面，如前文所言，这是崇礼宗教的体现；另一方面，王府中人也将之作为提升修为的途径。

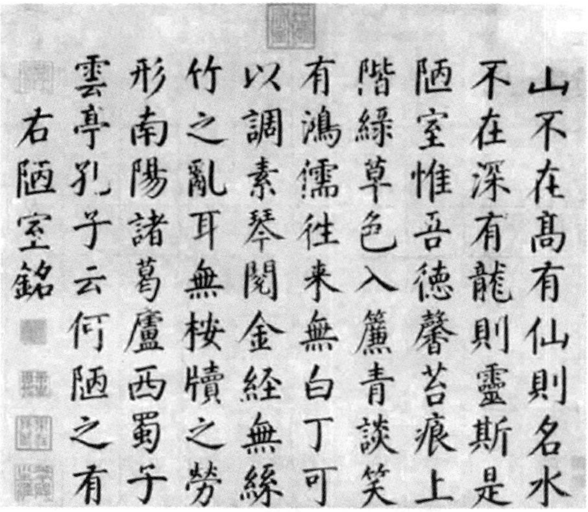

图 4-19　衡王书作

青州是道教圣地，自两汉以后，青州道教发展经历数个高峰期。在宋元时期，青州成为全真教传播的中心地区，丘处机更是倡建太虚宫，将之作为全真教传播的重镇。衡王受封青州之后，积极对这些建筑进行修缮，客观上推动了道教文化的发展。此举背后或有统治阶层利用宗教信仰教化百姓的政治目的，亦不乏有衡王将之作为祈求现世及后代福祉途径的考量。

青州衡藩积极参与道教建筑修整，诸如云门山碧霞元君行宫、驼山昊天宫等道教建筑都曾留下衡王府的痕迹。

碧霞元君，是道教神名。传说是东岳大帝的女儿，宋真宗时封为“天仙玉女碧霞元君”。与陈抟、马丹阳一样，碧霞元君也受到封建王朝统治者的青睐，在元明时期，统治者不仅给予“天仙玉女碧霞元君”的封号，还让地方官员为碧霞元君建造祠堂。青州云门山碧霞元君行宫，最早建于元代，到明代，由衡王府重修。从云门山阳云窟往西，有两块摩崖刻石，记录了重修碧霞元君行宫的经过，其一为《重修天仙玉女祠记》，该刻石仅存碑额，另一处刻石为一题记，保存完好。该题记全文加落款共五行，有五十多字，云：“嘉靖拾叁年五月拾叁日，衡府内典宝正贾玉曾登此山，遇道士黄云、王清富，一同发心修建太山娘娘行宫并各殿庙，永远为记耳。冀阳书。”按题记，贾玉为衡王府管理内库的官员，在登山时候遇到两道士，共同整修道教名神天仙圣女碧霞元君行宫。①（图 4-20）

图 4-20　天仙玉女祠

题记内出现的“典宝”为王府内职官，分属长史司下典宝所、承奉司下典宝所。按县志所载，衡王府典宝参与道教建筑修建者较

① 王树国主编：《古韵青州》，青岛出版社 2013 年版，第 47 页。

多，如上文所提到的贾玉，在“嘉靖十五年城隍庙碑，碑亦有贾玉题名”。此外，典宝贺然，“见隆庆三年驼山平道路碑”；典宝陈洪谟，“嘉靖二十一年驼山昊天宫碑有知印所选官陈洪谟，知印或即典宝欤”①。

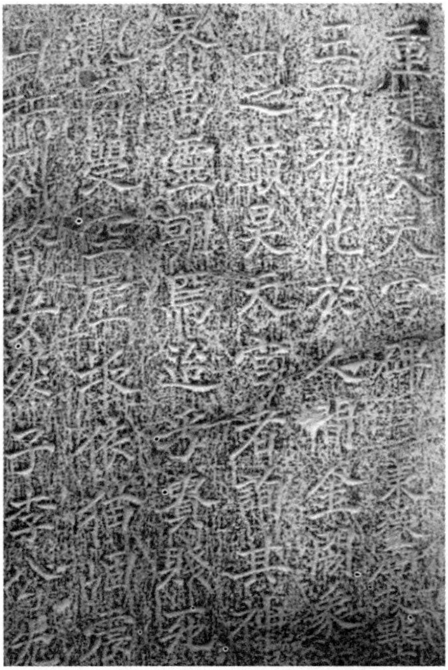

图 4–21 《重修驼山昊天宫记碑》局部图

在青州另一处道教名山驼山中，与衡王府有关的道教建筑也有数处。驼山昊天宫现存《明嘉靖十八年重修驼山昊天宫记碑》，记载了衡王府礼官重修昊天宫之事（图 4–21）：

岁久，风雨震凌，日就颓圮……由是祀废址存，民生易心，远迩见闻，罔不兴恻。存耕李子大纶，衡府礼官也。休暇登谒，惕然于衷，率道士杨永钦，日夜经营。伐木于阿，采石于巘，辟径咏茅，扶倾补弊，葺其殿宇，饬以藻绘，缭以周垣，益之重门，居室廪厨，损益得宜，百年庙貌，一旦焕然。②

① 王宪明著：《衡王府与红楼梦》，中国文史出版社 2005 年版，第 128 页。

② 赵卫东主编：《山东道教碑刻集 · 青州　昌乐卷》，齐鲁书社 2010 年版，第 15 页。

时至今日，在昊天宫的石碑上仍能一窥当年衡王与昊天宫之关系，石碑的碑顶“昊天宫”三字以行书书写，在其右边落款处有“乐善子”之题款，“乐善子”即朱祐楎之号，下面另有两方图章，其一为“皇明宗室”，另一为“衡王图书”。①

此外，全真教道观修真宫也曾得到衡王府的修缮，据《明正德八年重修碑》载：

> 正德癸酉岁，羽士张守安时为本宫住持，为人清心寡欲，居养淡薄，晨昏香火，暮礼朝参，奉道至诚。兼充衡府家庙司香烛道士，乃发虔心，募缘修造，大兴土木，建正殿三楹，后殿三楹，神门三楹。

由碑文可知，此时，修真宫住持还兼任衡王府家庙司香烛道士，修真宫的复建得到衡王府的支持：

> 朽腐者易之，倾颓者更之。林樵坚良，工惟精致，瓦必陶贞，石必砻密，山节藻棁，栋宇翚飞，规模深邃，巍然耸出云霄之表。神像重为金饰，侍卫森然，焕然一新，足以起人心之敬畏，为四方之观瞻。禳灾祈福者有焉，誓神免祸者有焉。②

万历十六年（1588），在衡王府的支持下，修真宫再次得到修整，据《明万历十六年重修碑》记载：

---

① 王树国主编：《古韵青州》，青岛出版社 2013 年版，第 46 页。

② 詹石窗主编：《百年道学精华集成》第三辑《人物门派》卷二，上海科学技术文献出版社 2018 年版，第 498-499 页。

青有养老园，实古名区，当益研坌境。有宫曰修真，内有庙二：曰玉皇殿，曰三清殿。制度完美，气象森严，不知建自何代。衡高唐老千岁，命匠鸠工，坛壝焕然，视前尤称大壮。跂翼矢棘，鸟革翚飞，伟哉！妥神之祈，迄今山无乖异，而岵屺原隰，亿兆安堵大郡，皆神护庇也。是以英灵所感，香火云集，诸众祈祷，靡不类应，御灾捍患，神休居多，而庙貌之壮丽，金碧之辉煌，高唐千岁之重建于前，住持李一从之继成于后也，前有石以勒之矣。①

根据碑刻，我们可以知道，万历十六年，修真宫在时任高唐王的朱翊镶支持下得到重新修建。

根据现在能够获知的石碑刻文，学者们梳理出修真宫发展轨迹，在以道众人数、庙产数量为参考标准之下，自明正德至清光绪这段时间内，修真宫最兴盛的时期是明正德至万历时期。这一时期，统治者一改明初对全真教实施压制的政策，对道教采取宽松态度，其中又以明世宗对道教崇信有加。上行下效，衡王府对道教也采取信奉态度，直接体现便是衡王府数次参与修真宫的修建。万历中期以后，修真宫失去了衡王府与高唐王府支持，便逐渐走向衰败。（图 4-22）

青州衡藩与道教的关系并未随着衡王府的衰败而结束，有明一代衡藩对道教持以扶持态度，到清代，道教又为衡藩后裔的延续提供了帮助。传闻顺治年间，末代衡王朱由椒的八王妃洪英瑶在衡王府被查抄时携儿子朱慈安和女儿朱慈嫣趁乱逃出，在圣水峪的道观（即今上院村圣水峪风景区的修真宫）落脚。在明代，修真宫曾得

① 詹石窗主编：《百年道学精华集成》第三辑《人物门派》卷二，上海科学技术文献出版社 2018 年版，第 499 页。

到衡藩的数次修葺，并得到田地之赏赐，修真宫附近另有道教建筑数座，亦与衡王府渊源颇深，例如修真宫西侧白衣观音庵石质牌匾即由衡藩宁阳王载埒题写，并加盖了王印。因此，洪英瑶逃往此处或是考虑到衡藩与修真宫的密切关系，在此停留期间，洪英瑶及其子女依靠耕种宫田生活。而且，洪英瑶到圣水峪时，恰逢天降霰雪，在面临清军搜捕及天气恶劣的双重危机下，洪英瑶决定隐姓埋名，以求自保，便将子女之朱姓改为霰氏，“霰”，意在“雨字当头，雨从水从云”，寄托天难过后，必将甘霖重来，福泽润化天下万物之感情。

图 4-22　修真宫

修为既讲求个人品德、诗书学问等内在提升，还讲求对国家、社会的外在贡献。明朝藩王受封之后，不仅在言行上自我规束，还在地方文化发展等方面作出自己的贡献。第一代衡王朱祐楎，少年时期接受过良好的宗室教育，他尊礼教，守祖训，治学修身，安分守己，获圣谕“诸藩之范”。朱祐楎就藩青州之后，除按礼制拜谒宗庙、朝见天子之外，平时便暇居斋宫，醉心书画。同时，重视王府子弟教育，并热心地方教育事务，因之，“辟书堂，淑诸王子授经讲诵，务令晓解。一时诸王贤声籍籍。官校子弟，复建育秀馆教之，多入庠校者”①。

朱祐楎不仅恪守礼制，熟稔儒家经典，而且在日常生活中也时常以仁义礼智作为行为规范，他就藩青州期间重视农事，爱护百姓，因恐王府占用民田而辞拒皇帝之封赏，《青州府志》将此事记录：“孝宗与王尤厚，敕齐藩所遗土田悉属之王，虑扰于民，力辞不受。上嘉允，特赐祖训一，誓剑一。”朱祐楎到青州之后，还注意与民以利，如方志所言“青故多饥，王来，雨旸时若，岁比丰稔。及薨，村氓野老，每集数十人，具香楮，望灵哭吊，尽哀而去”②。气候调和之事属自然现象，今人对此以理性态度解析，但古人往往将风调雨顺与政治清明相联系，正因朱祐楎在青州期间不以掠夺民产为业，且有体恤民人之心，因此，地方人士才会将“岁比丰稔”与之相联系，并将之记入方志，以至于在朱祐楎逝世后仍有民众对其遥拜。

在中国传统文化中，读书人因其传承圣贤之道备受世人推崇，这既是对读书人掌握知识的崇敬，又是对他们修身、齐家、治国、平天下抱负的认可。青州历史文化悠久，文脉兴盛，名人辈出，人们对于知识阶层往往持有礼敬之态。衡王朱祐楎就藩青州后，虽位居藩王之位，却富有礼贤下士之名，与地方文化人士交往频繁，并多以礼待之，体现出推己及人之修养，正因如此，衡藩在青州留有较好名声，得到地方士人的认可，这也正是后来衡王府经历王朝更

---

① 嘉靖《青州府志》卷十二《封建传》，明嘉靖刻本。

② 同注①。

迭等难关时，地方士人数度出手相援的原因所在。关于朱祐榑善交名士、体现修为的事例有很多，其中一些被当地人口口相传，青州当地“衡王纳贤”的传说便是其中一例：

> 朱祐榑好书，王府内有藏书数百种，数量达千卷，他到青州之后乐于结交文士，当地文人才子时常进出王府与之谈文弄墨，衡王府一时成为青州文人集聚之地。当时有一个名士叫杨渑谷，善诗书，草书尤为精奇，但是此人才高自傲，不擅结交权贵。相传杨渑谷曾在皇帝驾前为官，但因性情傲慢，冒犯天威，被削官，杨渑谷回青州老家隐居后，衡王慕名请他到王府做客，杨氏称病拒绝。于是衡王派侍医登门看望，侍医到杨渑谷家时候，恰好杨氏在提笔写字，侍医告知杨氏衡王爱才，诚心邀请杨氏入府。杨渑谷笑而不答，在纸上写了一句“自知性僻难为客”，然后返回卧室。侍医将条幅带回王府，将此事告知衡王。衡王看到杨渑谷的字，很是喜欢，并对出下联“且喜身闲不属人”。之后，令人将对联装裱起来，让侍医将对联送给杨渑谷。杨渑谷看到衡王对出的下联，正合自己心意，于是便前往拜见衡王。朱祐榑待杨渑谷如上宾，请他展示书法。杨渑谷饱蘸浓墨，信笔写出“春风大雅能容物”，借以称赞朱祐榑礼贤下士之风雅，朱祐榑亦解读出其中的蕴意，连说“岂敢，岂敢”，接过毛笔，对出下联“秋水文章不染尘”，用以褒赞杨渑谷清高之风。杨渑谷也明白此句话语之意，连说“惭愧，惭愧”。

这一传说中的历史人物皆有章可循，可信度较高。杨渑谷，即杨应奎，字文焕，号渑谷，青州人，回族，明正德六年（1511）进士，历任仁和县令、兵部主事、礼部员外郎、临洮知府、南阳知府，他性直敢谏，任礼部员外郎时因上书谏帝而出为临洮知府。在临洮任地方官时，整顿驿政，开凿水渠，深得民心。后至南阳，荒年开仓救济百姓，引民众修筑堰堤，引水灌溉，南阳百姓感其德，立生祠祀之。再后来，杨渑谷归于家乡，返回青州居住。杨渑谷是明代中后期山东诗坛重要代表，《四库全书总目提要》云：“其诗皆清雅可观，无三杨台阁之习，亦无七子摹拟之弊，故王士禛称其各体皆入格，非苟作者。”可见，杨渑谷确属耿直之人。

王士禛在《古夫于亭杂录》也曾提及：

> 吾乡六郡，青州冠盖最盛。世宗时，林下诸老为海岱诗社，倡和尤盛。其人则冯闾山、黄海亭、石来山、刘山泉、范泉、杨渑谷、陈东渚，而即墨蓝北山亦以侨居与焉。倡和诗凡十二卷，无刊本。余近访得钞本，诗各体皆入格，非浪作者。

海岱诗社众人“山间林下自适性情，不复以文坛名誉为事，故不随风气为转移。而八人皆闲散之身，自吟咏外无别事，故互相推敲，自少疵类，其斐然可诵，良亦有由矣”①。由此可知，杨渑谷文采出众，且性情随意。

我们将时人对杨渑谷的记述整合一下，便梳理出此人信息：杨渑谷，深有才性，性情自然，敢于直谏，不附权贵。正是这样一个人物，出现在“衡王纳贤”的传说中，且在传说中，他先是拒绝衡王之邀，之后因衡王尊其性情，解其心意，二人便以诗文唱和，留下佳话。在历史记录与传说演绎的结合中，衡王朱祐楎不因杨渑谷性情自高而斥之责之，反而以礼相待，对其采取包容态度，最终得

① 青州历史名人研究会编：《海岱会集》（注释本），中国社会出版社 2006 年版，第 22 页。

到杨渑谷的敬重，此种包容态度，可视为衡王为人处世之修为。

可见，有明一代，衡王子孙大多能够恪守礼制，遵循祖训，重视自身修为，风范地方，家族才能兴盛发展。至明末，衡藩却以腐败奢华之势示于人，故而乡人认为此为其衰败之兆。安致远《青社遗闻》载：

> 明末宗室悍横，而青郡诸藩尤为暴虐。予所居北一里，为高唐王庄田，是居民孟氏所投献者。居民有好树，即以朱涂其上，路人相戒，无敢息荫其下者。此亦亡国之一征也。①

由此可见，藩王修为与家族、王府兴衰有着莫大的关系。

---

① 安致远等著，丁昌武等编校：《青州史料笔记四种》，青岛出版社2010年版，第8页。

墓志、谱牒参考文献

1. 《衡宪王墓圹志》，青州博物馆收藏。

2. 《朱氏族谱》，昌乐鄌郚大王庄朱猷庆收藏，丁卯年孟春中浣抄录。

3. 《平度王康惠王朱载埗圹志》，青州博物馆收藏。

4. 《玉田怀简王圹志》，青州博物馆收藏。

5. 《玉田怀简王妃于氏圹志》，青州博物馆收藏。

6. 《衡康王圹志》，青州博物馆收藏。

7. 《衡安王妃圹志》，青州博物馆收藏。

8. 《衡定王圹志》，青州博物馆收藏。

9. 《衡宪王圹志》，临朐县博物馆收藏。

10. 《新乐端惠王圹志》，青州博物馆收藏。

11. 《高唐端裕王圹志》，青州博物馆收藏。

12. 《邵陵王圹志》，青州博物馆收藏。

13. 《邵陵王李妃圹志》，青州博物馆收藏。

14. 《汉阳温惠王圹志》，青州博物馆收藏。

15. 《汉阳温惠王元妃傅氏圹志》，青州博物馆收藏。

16. 《平度康惠王朱载埗圹志》，青州博物馆收藏。

17. 《平度恭懿王朱翊鏊圹志》，青州博物馆收藏。

18. 《平度恭懿王妃韩氏墓志》，青州博物馆收藏。

19. 《平度恭懿王继妃杨氏圹志》，青州博物馆收藏。

20. 《商河庄懿王朱翊鏤圹志》，青州博物馆收藏。

21. 《山东临朐张氏族谱》。

22. 《朱氏家谱》，2016年淄博市临淄区齐都镇邵家圈朱华昌等编印。

23. 《朱氏祖谱》，寿光市孙家集街道呙宋台。

24. 《朱氏谱书》，青岛市黄岛区琅琊镇胡家山村。

25. 《朱氏家谱》，青岛市黄岛张家楼街道朱家屯。

26. 《朱氏族谱》，诸城市枳沟镇后寨朱迪荣收藏。

27. 《朱氏家谱》，诸城市昌城镇西大宋村一九九二年十二月朱合忠修订。

28. 《朱氏世系》，临朐县蒋峪镇常庄。

29. 《朱氏家谱》，安丘市石埠子镇上株梧。

30. 《朱氏族谱》，日照市东港区大城子。

31. 《朱氏家乘》，日照市山海天旅游度假区两城街道青岗沟村。

32. 《炅氏族谱》，淄博市博山区西山脚下炅家庄。

33. 《朱氏族谱》，昌乐县白塔镇山坡西沟村朱仕高收藏。

34. 《霰氏宗谱》，青州市弥河镇壮汉庙。

35. 《朱氏祖茔谱碑》，临朐县辛寨街道新王庄（原王家庄）村南凤凰岭南麓朱家老林。

36. 《朱氏祖茔谱碑》，莒县东莞镇朱家林村墓地。

37. 《朱氏祖茔谱碑》，沂水县沙沟镇西朱家峪子。

38. 《朱氏世系》，昌乐县鄌郚镇大王庄。

39. 《朱氏宗谱》，诸城市桃林镇阿洛子。

40. 《朱氏支谱》，寿光市孙家集街道呙宋台。

41. 《谱书散页》，临沂市临沭县玉山镇坊后村刘富贵收藏。

42.《朱氏祖茔谱碑》，临朐县辛寨镇中白沙。

43.《朱氏族谱》，临朐县辛寨镇中白沙。

44.《朱氏家乘（卷一）》，青岛市黄岛区泊里镇季家村。

45.《皇明衡国邵陵王后裔支系汇总图》，青岛市黄岛区泊里镇季家村朱猷廷整理。

46.《朱氏族谱》，诸城市辛兴镇窦家岭（原都佳岭）。

47.《青岛市黄岛区藏马镇唐家庄朱氏谱系图》，青岛市黄岛区泊里镇季家村朱猷廷整理。

48.《圆寂靖节禅师比丘尼李姑墓志铭》，莱芜博物馆藏。

后 记

本书是2019年山东省社会科学普及应用研究项目“明代衡藩人文传承研究”的最终成果，2018年潍坊市社科规划重点课题“朱明王朝皇室后裔潍坊支脉的传承”的拓展性研究。

王藩文化与齐鲁文化融合孕育的明代衡藩文化，是一道瑰丽的人文景观。本书着重探究明代衡藩文化与齐鲁大地区域文化的融合轨迹，描述并阐释明代衡藩的文化内涵及其精神传承。为系统考察明代衡藩的历史演进和承袭脉络，课题组在对衡藩谱牒、王府历史遗存、文献档案整理研究的基础上，实地考察了省内外，特别是潍坊、日照、临沂、青岛、淄博以及江苏等地仍有衡藩后裔或者朱氏族人的市镇、村落，如临沂市沂水县沙沟镇西朱家峪子、圈里东朱家峪子，日照市东港区大城子、上坳村和开发区两城村、岚山区陈家沟，五莲县许孟镇牛家官庄、朱家老庄，莒县东莞镇东莞村、朱家林，淄博市临淄区齐都镇邵家圈，青岛市黄岛区张家楼街道朱家屯，寿光市呙宋台、安乐、十里铺，青州市戴楼、王坟、郇仁马、壮汉庙、上院，临朐县新王庄、石家河、乜家河、朱家庄、吴家庄、柳行沟、席家河、席家洼、常庄、中白沙村，诸城市后寨、阿洛子，安丘市上株梧、朱家官庄，昌乐县大王庄、山坡西沟，高密市贾塘、张家八里等地，获得了大量的、鲜为人知甚至从未公之于世的资料，尤其是珍藏的古老的家谱资料。

在研究中，我们综合运用历史学、考古学、社会学和民俗学的研究理论和方法，将文献资料、谱牒档案、口述史料和田野调查结合起来，梳理、比对、印证，以明代衡藩的承袭脉络为主线，对明代衡藩的文化成就、审美情趣、价值取向进行了挖掘、解读。关于文化的互动融合与传承，学界成果颇丰，但如何将繁杂的线索梳理出明晰的结构，学者们各有所持。本书的特点在于对衡藩文化与地方文化的互动进行研究时，着眼于明代衡藩由“客居者”向“土著者”的身份转变，把衡藩文化的演变植入海岱—齐鲁文化的历史演进框架中去观照，并希望通过对物质、非物质文化遗产的深入挖掘，为区域历史和地域文化的研究与建构提供补充与借鉴。

课题负责人朱猷武拟定了研究思路和研究方案，主持完成了实地调查、访谈和家谱等资料的收集，策划了本书的框架结构和内容布局，统筹全书、审阅定稿。具体内容方面，马焕明撰写了前言、后记，朱猷武、王俊芳承担第一、二章的撰写，谢金勇、马光川、尹鹏阁承担第三、四章的撰写。

在调研过程中，黄岛朱猷廷、朱猷明、朱先灵，临沂朱晨（翠香）、莒县朱有（猷）军、朱有（猷）会、朱有（猷）文，沂水县朱伟高，淄博市朱华昌，日照市朱先斌，五莲县朱光华，潍坊市何茂广、刘学建，高密市苏忠杰，青州市谢克臣、张伟（东方机电轴承）、朱发起、朱迪明、霰根堂、赵传国，寿光市朱先波、朱荣高、朱峰高，临朐县朱迪武、朱猷杰、朱猷敏、王兆丰、朱光臣、朱正高、朱发起、朱杰见，昌乐县王龙之、夏增杰、赵公万、朱猷庆、朱胜瞻、朱仕高，诸城市朱迪明、朱迪方、朱迪荣、朱猷亮，安丘市朱德福等，向我们提供了无私帮助。限于篇幅，恕不能一一列出他们的名字，感谢他们的鼓励、支持和理解。

我们有幸请到了中国先秦史学会常务理事、潍坊市博物馆资深研究员孙敬明先生为本书作序，孙先生严谨求真的精神和切中肯綮的建议，让我们获益良多且深受感动。此外，潍坊学院的吴存浩教授、赵红卫副教授和孟庆进、孙创业等老师参与了课题讨论和资料搜集，于云汉教授、任怀国教授、尹建民教授给我们的研究提出了宝贵意见和建议，鞠涛副教授、宿峰副教授和工笔画家张丽萍老师对本书插图给予了指点和帮助；本书的出版还得到了齐鲁书社编审贺伟先生和山东大学教授赵睿才先生的大力支持。在此，谨表示衷心的感谢。

鉴于课题所涉及的某些特殊资料搜集困难，我们对个别历史现象或历史人物的评判未必全部准确到位。另一方面，限于作者的学识和研究条件，疏漏不足之处亦在所难免，敬请专家和广大读者予以指正。

2021 年 3 月